# 新右翼

【最終章】

追悼復刻版

鈴木邦男

Suzuki Kunio

民族派の歴史と現在

彩流社

# はじめに

「新右翼とは何か」という本を書いてみませんか、という話はかなり前からあった。しかし、右翼については色々と書かれた本もあるし、その中で新右翼についても書かれている。それで十分ではないかと思っていた。それに当事者が新右翼の本を書いても、果たして買ってくれる人がいるのだろうかという心配もあった。

大体にして、〈右翼〉という言葉が現在ほど嫌われ、ダーティなイメージで語られる時代はない。街を歩けば、真黒のやたら大きな車がボリューム一杯に軍歌を流している。街をゆく人々は顔をしかめ耳をふさいで通り過ぎる。自分達の主張を訴えるのならばともかく、ただ軍歌を流して走り回り、それで右翼運動をしていると思っている人もいるらしい。新聞をひらけば、恐喝や詐欺で右翼が又つかまったという記事ばかり。ともかく、悪いことばかりやっているのが右翼だといった書き方である。ただうるさくて煩わしいし、出来ることなら一生こんな連中とかかわり合いになりたくない。多分、一般の人は右翼についてこう思っているのではないだろうか。

たまに、物珍しさからか、僕も色々なところに呼ばれて話すことがある。先日、あるデパートの幹部の勉強会に呼ばれて話をしたが、そこでも、「右翼とヤクザは同じなんでしょう。どこか違いがあるんですか？」「右翼でも、ものを考えているんですか」などと露骨な、ストレートな質問をされた。右翼といえば一般の人はやはりそう思っているのかと思い知らされ、落ち込んでしまった。

「いくら新右翼といったって、やはり右翼なんだから同じなんでしょう。自分では働かないで企業からお金を脅し取って生活をしているんでしょう」などとも聞かれた。全く嫌になる。

元々、右翼・左翼というのは思想的区分けというか思想的違いのはずだ。事実、左翼は思想的だと思われている。しかし右翼は違う。ただの職業というか生活だと思われている。左翼は日共であろうと新左翼であろうと、やっている事は思想的行動だと思われているし、対立があれば、それも思想的対立だと思われている。火炎ビンを投げ、爆弾を仕かけ、内ゲバで人を殺しても、それでも彼らは思想に基づいて運動をやっているのだと一般の人は思っている。

しかし、右翼は違う。右翼イコール、ヤクザであり、総会屋であり、詐欺師であり、恐喝屋であり、自民党や企業の番犬であり、騒音だけの「移動パチンコ屋」であり…と。ありとあらゆる、この世の悪の代表が右翼であると。どうもそう思われているようだ。

勿論、右翼の中にも、貧乏にもめげず、企業にも頼らず、自分たちで働いて真面目に運動している人たちは一杯いる。立派な人も一杯いるし、勉強している人も多い。戦前からの反体制右翼の伝統を守って運動しているところもあるし、新しい若い感性で運動を創り上げようと努力している。

しかしそうした存在はどうしても地味であり目立たない。派手に目立つのは街を走る街頭宣伝車の「騒音公害」であり、新聞をひらけば目に入るのは社会面を賑わす「右翼の犯罪」の方だ。

こうした現状に対し、心ある右翼の人達も心配している。「このままではダメだ」「何とかしなくては」と思い、「右翼の敵は右翼だ」と断言する人さえいる。つまり、いくら立派なことを言い、日本のために運動していると言っても、こうした右翼の現状が、その理想の足を引っぱっているというわけだ。

マスコミが偏向してるからだと言う人もいる。たしかにマスコミが書きたてる右翼のダーティ・イメージは誇張もあるし、為にする記事も多い。しかし、「全部がウソだ」とは断言し切れないのが何とも悲しい。

そんなジレンマをかかえながら運動をやっているせいか、僕自身もこの右翼〈業界〉に入って、何やら人間が極端に暗くなったような気がする。学生の時は、もっと明るい、溌剌とした青年だったのにと思うことがよくある。それに、「右翼」という手垢のついた言葉は僕は嫌いだ。そう言われるたびにギクッとする。

「新右翼」という言葉も嫌いだ。ただ、マスコミなどからは「新右翼」と言われることが多いし、いちいち弁解するのも面倒なので「何とでも勝手に呼んでくれ」と思っているだけだ。だから、「新右翼」というのは、自分達の意志とは関係なく付けられた〈あだ名〉である。

僕自身としては、右でも左でもなく、当り前のことを主張する、当り前の日本人だと思っている。

ところが、勝手に貼りつけられた「新右翼」というあだ名の方だけが一人歩きをしてしまった。そして、「同じ右翼なのだから、やってることも大差ないだろう」と一緒くたにされて、白眼視される。たまったものではない。「右翼なんて関係ない。俺は俺だ」と叫びたい位だ。

実は、同じく右翼と呼ばれている人の中にも、そう考えている人は驚くほど多い。その辺のことを、もっとはっきりさせようと思った。それがこの本を書く動機にもなっている。

動機になったことは他にもある。昭和六十二年の一月十三日に「YP体制打倒青年同盟」の三人が住友不動産会長宅を襲撃する事件があった。「新右翼」の事件として大々的に報道された。又、五月三日には朝日新聞阪神支局が何者かに襲われ、記者一人が死亡、一人が重傷を負うというショッキングな事件があった。犯人は未だに分からないが、当初は「新右翼のしわざだ」と一方的な報道がドッと流された。

普段は「新右翼は何もしてない」と言われ、こうした事件が起きれば、「奴らは過激派だ。根絶しろ！」とわめきたてる。つまり、右翼については（新右翼については勿論）、何も知っていないのだ。何も知らないのにマスコミは「偏見」や「先入観」だけでわめき立て、批判する。それを見て一般の人もさらに偏見を強くする。これでは、どこまで行っても悪循環だ。だから、少しでも、我々の運動について、思想について書いておく必要があるだろうと痛感したのである。この本によって、その目的が達成されるかどうか、それは分からない。ともかく、それを目指しながら書き始めることにする。

# 目　次／新右翼〈最終章〉民族派の歴史と現在〔追悼復刻版〕

# 第一章　新右翼私史

## たった一人の卒業式

まず初めに断わっておきたいことは、これは決して客観的な「新右翼」の歴史ではない。この本の原稿を初めに書き上げた時、こういう章だては無かった。せいぜい大学に入って何故、民族派（右翼）の運動に入ったか、その思い出やエピソードを二、三書いただけだった。しかしそれでは読者がよく分からないから本人の「自己史の中の新右翼小史」を冒頭に書いてくれと編集部の方から強く言われて急拠、大幅に書き直すことにした。

自己史なんて嫌だと思った。功なり名をとげて、人生も残り少なくなった人間が自分の過去を振り返り、あれこれ書いて、偉そうに後輩に教訓をたれる。こんなものは嫌だと思った。それに昔を振り返り回顧録を書くほど俺は老いてはいない。まだまだこれからだという気もある。だから、これは止めましょうと言った。しかし、新右翼を説明するには、どうしてもそれが必要だと編集部では言う。「右翼や新右翼といっても何も子供の時から変わっていた訳ではなく、普通の人間でありただ人生のどこかで何かのキッカケでその思想に触れて運動に入ったのだと思う。その辺をザッと触れてほしい」との事だった。それが無ければ読者も自分とは全く関係のない遠い世界の事だと思ってしまう、とも言っていた。

そこ迄いわれれば仕方がない。そのかわり、こちらは一活動家として運動に携わってきたわけだから、評論家や学者のように、突き放して客観的には見れないし、書けない。偏見もあるだろうし、広い視野でも書けない。又、いつかこんな事があろうかと資料を保存しているわけでもない。学生時代の資料なんて全くない。そんな中で書くのだから、いろいろ不十分な所はあると思うが、それは許してもらいたい。

と前置きして、さっそく入ろう。

僕の生まれたのは昭和十八年で福島県郡山市である。といっても、ここには何年もいないし、はっきりした記憶もない。親父が税務署に勤めていた関係で東北地方を二、三年づつ転々として移る。物心ついてから覚えているのでは幼稚園あたりからだ。秋田県横手市で幼稚園、小学一年。それから秋田市にうつる。そこの保戸野小学校で二年、三年。それからやはり秋田県の湯沢市に移り、ここはちょっと長くて五年いた。湯沢東小学校で四年生から六年生まで。さらに湯沢中学校で一年と二年を過ごす。

この後、仙台に移り、仙台市立第二中学校で三年生。東北学院高校に入学し、何故か四年間通い、その後、上京。早稲田の政経学部に四年、さらに大学院に二年。又、教育学部に編入し、そこで二年。都合八年間、大学にいた。この間に全共闘と出会い、民族派学生運動に飛び込む。卒業後はサンケイ新聞社に四年半勤めるが、事件を起こし、クビになる。その後はずっとこの民族派運動をやっている。

と、こういうことになる。これが今までの四十数年の道のりだ。別にそれほど変化のある道のりでもないだろう。大学に入る迄は、どこにでもいる、ごく普通の、おとなしい生徒だったと思う。これから触れるが「生長の家」という宗教と早稲田のストライキ（それに全共闘）がなければ、ただの学生で、その後はただのサラリーマンだったろう。その二つとの出会いが、こういう運動へ走らす大きな原因になった。

今書いたように、大学生活（実は学生運動生活）八年を終えてから一度は普通のサラリーマン生活をした。ところが、昭和四十五年の三島事件のおかげで、「こんなことをしていていいのか」と思い始め、ついには会社をやめ（やめさせられ）、運動の世界に舞い戻ることになる。だから、「生長の家」と全共闘と三島由紀夫。この三つが大きな契機になったと思う。

早稲田に入るために上京してから、早いもので東京生活も二十数年になる。この東京生活を別にすれば一番長く住んだのは秋田県の湯沢市で、ここに五年いた。秋田県全体では十年位。だから生まれ故郷というと、どうしても秋田県と思ってしまう。湯沢中学の頃が一番なつかしいし、たまに夢にまで見る。

今の若い人は知らないだろうが（こういう言い方は嫌だな。老人の回顧録のようになってしまう）、当時（昭和二十四、五年頃）は水道もガスもなく、井戸で水をくみ、マキでご飯をたいていた。テレビなんて勿論ない。「東京ではテレビというものがあるそうだ」という噂話を聞いたのは小学校六年の時だったと思う。実際に見たのは中学三年になり仙台に転校してからだった。

今ならば、「テレビのない生活」なんてとても考えられないが、かえって静かで、世の中が落ち着いていたように思う。「テレビのない時代」というのは、確実に別の世界である。何やら二つの時代、二つの世界を生きたような気がする。自然の中の、この田舎での生活が今の僕の精神的原型になっているような気がする。

次に「生長の家」についてだ。最近ではテレビや映画のスポットで「お腹の赤ちゃん大切に」とCMを出している宗教団体である。これはよくマタニティドレスのCMと間違えられるが、そうでなく「生命尊重」「堕胎反対」のキャンペーンなのだ。「生長の家」は立教五十八年になり、元々は大本教から別れて谷口雅春師がつくった。

創価学会や立正佼正会、PL教団などと同じように生長の家も「新興宗教」と呼ばれることが多い。しかし他の宗教と決定的に違うのは、生長の家が非常に愛国的な宗教だということである。谷口師は戦争中も一貫して、日本の聖戦を支持し、そのため戦後は宗教者には珍しく公職追放にされている。又、昭和三十五年（六〇年安保）の社会党委員長・浅沼稲次郎刺殺事件に当っては、生長の家の機関紙「聖使命」で、刺殺した愛国党の右翼少年・山口二矢を弁護していた。当時は僕も高校二年（十七歳）で山口二矢と同じ年であり、この事件はテレビで何度も何度も見たし、衝撃を受けた。又、山口二矢は谷口雅春師の著書『天皇絶対論とその影響』を愛読していたという。

さらには昭和四十五年の三島事件で三島と共に市ヶ谷の自衛隊に行った四人の「楯の会」会員のうち二人は生長の家の信者であった。こうして挙げてゆけばきりがない。戦後の愛国運動を語る時、生長の家を抜きにしては語れないほど、その実行力と影響力は大きい。

「生長の家」の説明と共に時代が進みすぎたが、話を自己史の小学校の頃に戻す。この愛国的な宗教に母親が入信していた。僕が小学校一年位の時かららしい。母が大病し、医者にも見はなされ自殺しようと思いつめた時に生長の家で救われたという。それ以来の熱心な信者だ。ただ母は信仰を子供達に無理じいすることはなかったが、生長の家でやっている「神童会」には何回か行き、指人形などを見た記憶がある。

中学や高校でも何回か生長の家の練成会に行ったことがある。何も強制されたわけではないが、湯沢や仙台から東京に行けるというので喜んで行ったことを覚えている。友達が一杯できたこと位しか覚えていない。どんな話を聞いたかもロクに覚えていないが、「親孝行」「愛国心」についての話が多かったと思う。

自分は別に親孝行でもなかったが、そんな話は抵抗なく聞いていた。というよりも、それを支持するとか反対するとかいう批判精神がまだ無かったようだ。田舎の、おとなしいボーッとした子供だからそれも仕方はないだろう。ただ、普通の子供よりは早くから「愛国心」「天皇陛下」の話を聞いていた。それに、生長の家は『生長の家』『理想世界』『白鳩』などという機関誌（神誌という）を中心に宗教活動をしているし、出版活動に力を入れ、単行本もずい分と出している。だから「インテリ宗教」などとも言われていた。信徒といわず「誌友」といっていたし、生長の家に入ればどうしても本を多く読むことになる。子供の頃から、いきおい、母が本を読んでいる姿をよく見てきた。自分の本好きもその影響かもしれないと、後になって思ったりもした。

湯沢の田舎の中学に二年までいて、三年で都会の仙台の中学に転校した。それまで田舎でのんびり勉強していたのに急に仙台に来て、そのレベルの高さに驚いたものだ。湯沢では成績はいい方だと思ったが、仙台ではついて行けない科目がかなりあった。そのカルチャーショックでか、あるいは三年という受験間際の転校が禍したのか、高校受験では第一志望の県立二高をすべり、第二志望の東北学院高校に入った。どうも、この頃から人間がひねくれて、イヤミな生徒になったらしい。

高校はプロテスタント系のミッションスクールだった。しかし一高や二高を落ちた生徒が多いし、教師たちも、「大学受験で勝って一高、二高の奴らを見返してやれ」と露骨に復讐心をあおりたてて勉強させる。三年間、ともかく大学受験を目指して勉強、勉強だった。

教師の中には保守的な教師もいたが、逆に左翼的な教師も多かった。世界史の授業などは授業をほったらかしで文部省の悪口や国家の悪口ばかり言う教師もいた。「日本は侵略戦争をやり、悪いことばかりやってきた」という教師もいた。「天皇なんかいらない」「天皇なんか我々の税金で養ってるんだ。だから子供を生む時は、生んでいいかどうか国民投票で決め国民の許可をえるべきだ」と言う教師もいた。こんなことばかり聞いて育ち、大学に入ってから左翼運動に入った人間も多い。僕よりも勉強ができ、よく教師の話を聞く同級生がそうなった。

僕はといえば、フーンと思って聞いていた。生長の家の下地があったので、そういう話を聞いたからといって、すぐに左翼学生になるほどナイーブではなかった。といって、そんな教師に食ってかかるわけでもない。ノンポリのただ反抗心の強い高校生だったのかもしれない。

だから高校二年の時に同じ年の山口二矢が浅沼・社会党委員長を刺殺した時も、十七歳でそれだけ信念を持ってやれたことに、ただただ驚いていた。支持するとか批判するとか以前のことであり、何が何だか分からなかった。政治的には随分と奥手の高校生だったようだ。

高校一年の時だったか二年の時だったか忘れたが、「日本誕生」という映画がきて、それを見て感想文を書かされた。三船敏郎が日本武尊に扮し、相撲の朝潮も出演していた。今なら違った見方をするだろうが、当時はただのヒネクレタ高校生である。「こんな日本の神話など全部ウソッパチだ。後で都合のいいように捏造したものだ。馬鹿らしい」と、かなり過激に神話批判をした。そのため母親が学校から呼び出されて、こんな左翼的な考えではダメだと叱られた。今考えると笑い話だが。

ただの反抗期の高校生だから、どこの大学に入ろうとか、将来何になろうかなんて全く考えていなかった。ところが高校二年の終り頃姉の主人が、「こういう反逆的な子供は早稲田がぴったりだ」と言うのを聞いて、「あっそうか！」と思い、一発で志望を決めた。それからは必死で受験勉強をした。模擬試験などでも合格点を取り、早稲田の政経も大丈夫だと太鼓判をおされた。

ところが大学入試も間近かに迫まった二月になって大失敗をした。イヤミな教師がいて、（いろんな経過があったのだが）、どうにも我慢出来なくなり一人で職員室に乗り込み、その教師を殴ってしまったのだ。卒業まであと数週間というのに…。即、退学処分だ。勿論、早大受験などパーだ。

退学にはなったが、他の高校にも転校できない。そこで教会に通い、懺悔の生活を続け一年後やっと退学を取り消してもらった。最後の一年は懺悔の教会通いで高校には行かないが、それでも高校を四年やったことになっている。たった一人の卒業式もやってくれた。教師がズラリと並び、卒業生は僕が一人。校長がはなむけの言葉を一言。「やけになるなよ」。それで終わり。簡単な卒業式だった。

そして、やっと早稲田の受験だ。ともかく受験できるというのが嬉しかった。受験さえ出来れば絶対に合格するという自信は持っていた。しかし万一を考え、すべり止めに早稲田の文学部や慶応の法学部、東京外大なども受けた。五つか六つ受けて皆入った。合格発表のあと仙台に帰ったら、母親が仏壇の前でお祈りをしていた。玄関をあけるなり、ブッキラボウに、「政経に入ったぞ」と言ってやった。あの時が、わが生涯最良の日のような気がする。

こうして書いてくると、やっぱり老人の回顧録のようだなと思う。だから嫌だと言ったのに。でも今さら引き返せないから、このまま書き進めてゆく。

## 生長の家と早大学費値上げ反対運動

これから大学篇だし、ぐっと「新右翼」に近くなる。

早稲田に入学したのは昭和三十八年だ。あの激動の「六〇年安保」からまだ三年。まだまだ余燼がそこかしこにくすぶっていた。年表を見ると、この年はケネディ暗殺、吉展ちゃん事件、力道山死す…とある。歌では「高校三年生」「こんにちは赤ちゃん」が流行っていた。

当時、赤坂・乃木坂に生長の家の学生道場というのがあり、上京するなりそこに入れられた。実態を知っていたらとても入らなかったかもしれないが、厳しい生活が待ちうけていた。全国から四十人位の学生が集って共同生活をする寮だった。僕としては、どこにでもある県人会の寮か大学寮だと思っていた。それが生長の家の信徒の息子という違いだけだと。

ところが実は全く違う。学生寮ではなく学生道場と名付けられてることからも分かるように、完全な修業の道場なのだ。大学四年間、びっちり鍛え、その後も生長の家の活動家にする…という主旨の道場だったのだ。仙台から上京して知り合いもないし、「そんなら赤坂に寮があるから、あそこなら安心だし」と親に言われ、自分でも他にアテもないし、まァ取りあえずと簡単に考え入った。

朝六時からお祈りがあるが、それは別に強制ではないし、自由参加だから…などと聞かされていた。そんな風に言われて全国から入ってきた新入生が十五人ほどいた。ところが入って驚いた。朝は先輩達が木刀を持って起こしに来る。少しでも遅れると、すぐに殴られる。僕など田舎から出て来たばかりのボーッとした学生だったせいか、廊下に並ばされて、よく殴られていた。こりゃーまいったなー。大学の運動部じゃないかと思った。

それに入って一週間もしないうちに「谷口先生は毎朝四時五十分に起床され世界平和を祈っておられる。我々は学生だからと六時に起きては申しわけない。明日から四時五十分起床にする」と一方的な通達。頭が痛い、カゼをひいたといっても、「それはたるんでいるからだ。祈れば治る!」

と蹴とばされ、無理矢理おこされる。一時間正座してお祈り、その後、国旗掲揚、体操、掃除やら色々な行事がある。夜もお祈り、学習会、そして生長の家の行事には必ずかり出され場内整理やら車の誘導…。日曜だけでなくウィークデーも、試験でもない限り生長の家の行事が優先される。

これでは約束が違うと、新入生のうち半分以上が二、三ヶ月でやめてしまった。僕もよっぽどやめようかとも思ったが、せっかく入って一年もしないうちにやめたら恥だなーと思い、又、他に行くアテもなかったので、我慢していた。道場には学生の自治会があり、それが厳しく日常の生活を管理しているが、その上に本部講師で年輩の道場長と寮母さんがいて、いろいろと教えてくれる。道場長がものすごい勉強家で博学で愛国者だったおかげで、こっちも大変に勉強になった。

宗教の話は当然だが、毎日、お祈りのあとに時局的な話、政治的な話をする、又、六〇年安保の時は左翼と果敢に闘ったという先輩がいて、「このままでは共産革命が起きる。我々愛国者が立って国をまもらなくては…」と毎日アジられた。毎日毎日こういう話を聞かされると、何か自分はこれから出撃する特攻隊員のような気分になってきた。

道場の厳しい生活には参り、大学に行ってからも講義中、居眠りばかりしていたが、それでも生長の家については高校の頃から練成会などを受けて知っていたし、僕としては環境に順応する方だし、道場長や先輩のアジも比較的素直に受け入れていた。あるいは高校時代の反日的な教育に対する反抗が、こうした愛国的な話を受け入れやすくしたのかもしれない。

当時、生長の家本部では大学生、高校生などの若い人間の組織化に力を入れていた。各大学ごとに「光明思想研究会」「精神科学研究会」というサークルをつくり、大学生に生長の家を知らせ、共産革命から日本を守れ！とハッパをかけていた。生長の家青年会の中に学生部があり、青年会の指導を受けながら全国の大学に浸透していった。昭和四十一年にはこの学生部がさらに強化され、「生学連」（生長の家学生会全国総連合）という全国的な組織になる。これは後の話であり、僕が大学四年の時だ。

大学一、二年は厳しい生活ながら比較的平和な学生生活を送っていた。大学にも真面目に通い、生長の家の活動の他にも仏教研究会に入ってみたり、日共とは知らずにセツルメントに入って一時期活動したり…と、いろんなことをやった。

ところが大学三年の時に早稲田で大規模なストライキがあった。大幅な授業料値上げに反対してのストだった。政治的な問題ではなく、自分達一人一人の授業料の問題だということで、アッという間に反対運動が広がった。その後全国に荒れ狂った学生運動の走りだった。

僕個人としては大幅な授業料値上げには反対だった。しかし、生長の家の先輩たちは「反対運動をやっているのは共産主義者であり、彼らは共産革命のためにこれを利用しているだけだ」と言う。授業料値上げには反対だが、といって日本を売りかねない左翼学生の言いなりになるのも嫌だと思っていた。それに、学生道場の生活も三年目で、かなりコチコチの反共学生になっていたようだ。早稲田には生長の家の学生は十人足らず。しかし、他大学の学生も応援して、反ストライキ（というよりは反左翼）の運動をはじめた。

初めはチラシをまいたり、ハンドマイクで訴えたり。そのうち一人、二人と反左翼の学生をオルグしたり、志を同じくするサークルと共闘したり…と、やっていった。当時は圧倒的に左翼学生が強かったし、民青、革マル、社青同、中核派…などが連日勢力争いを展開していた。そんな中で「ストライキ反対」を叫ぶことは命がけだった。何度も連中に殴られ、袋叩きにされた。

彼ら左翼学生は大学に対し、反体制・反権力の姿勢を持っていた。しかし、その左翼学生が学園内では支配的ムードであり、体制であった。だから、スト反対の右派学生はそんな「赤い体制派」に対する反逆、反体制という意味も持っていた。もっと簡単にいえば、ひねくれ、反抗的だっただけかもしれない。しかし、左右両派とも「われこそ早稲田の在野の精神を受けついでいる」と思っていた。

早稲田には生長の家以外にも右派的なサークルが少々あった。そんなサークルや個人が集まり、全共闘に対抗して、学園を守る組織をつくろうということになった。「早学連」(早稲田大学学生連盟)という色のつかない中立的な名前が、それに付けられた。年をくっているという理由だと思うが、その議長に僕が推された。

近くの喫茶店を連絡場所にしながら「早学連」は活動を開始した。大きな立て看板を作ったり、チラシ、ポスターを作ったり、学生大会で発言したり…と、左翼学生主導の政治的学園ストに疑問を提していった。

初めは学生に相手にされず、「スト破り」と露骨にイヤミを言われた。しかし、ストが長期化し、一般の学生も、就職や進級に不安を持ってきてからは我々の運動もようやく受け入れられるようになった。一般学生の厭戦気分に乗ってスト反対の運動は盛り上った。そして各学部が次々とスト解除の決議をしていった。こうなるとマスコミもおかしなもので、我々のことを、「一般学生立ち上がる」とか「良識派学生立つ」と持ち上げてくれた。はじめのうちは「スト破り」なんて言ってたのに時の勢いというのは恐ろしい。ともかく、この運動の中で多くの学生と知り合い、多くの仲間を得た。昭和四十五年に三島由紀夫と共に自刃した森田必勝とも、この闘いの中で知り合った。

ただ、全共闘と闘いながらも、この頃までは僕らも間違いなく「一般学生」だったし、マスコミからもそう呼ばれていた。右派的サークルや宗教的サークルの人間もいたがノンポリの反左翼、反ストライキの学生も多く抱え込んでいた。ノンポリの学生はストが解除されるや、これで目的は達成されたと、離れていった。しかし、この組織をここで解散してしまうのは惜しいということで反左翼の全国的な組織をつくろうという声が上がった。

いつまた同じようなストが起こるか分からないし、左翼の連中は学園ストを利用して、学園を共産革命の拠点にしようとしているだけだ。それを阻止し、全国的な連絡組織を作ろうというのがその主旨だった。

早稲田を中心に日大、国士館、明治、法政、慶応…をはじめ各大学に呼びかけて、昭和四十一年十一月にこれは出来た。それが「日学同」（日本学生同盟）である。森田必勝もこれに加わっていた。僕も日学同結成までは一緒にやっていたが、生長の家の学生部の役員をしており、四十一年五月に出来た「生学連」の書記長になっていたので、日学同の役員にはならなかった。ただ、いつも仲よく共闘してやっていた。

## 日学同と全国学協の結成と対立

森田必勝は日学同発足以来のメンバーであり、昭和四十三年、日学同の下部専門機関として作られた「全日本学生国防会議」の初代議長となる。しかし、この頃には三島由紀夫に強く魅かれるものを感じていた。いろいろな雑誌に愛国的、反共的な文章を立て続けに発表していた三島は、四十三年三月に「世界一小さな軍隊」と自ら呼んでいた「楯の会」をつくる。森田はさっそく、この「楯の会」に馳せ参じる。そして四十四年二月には日学同を脱退し、「楯の会」一本で突き進んでゆく。それから一年半後の四十五年十一月、あの三島事件となる。

こう見てくると、早学連→日学同→楯の会と流れてきたように思われるかもしれないが、ちょっと違う。日学同が出来る前から早稲田の国策研究会を中心にして「日本学生会議」という全国組織もあったし、他にも右派的な学生団体は、いろいろあったようだ。ただ、この「小史」は何も客観的な歴史を書くわけでないし、自分が関係した部分だけをなぞって書いているので、主観的になる点はお許し願いたい。

「楯の会」には日学同や生長の家からも学生がずい分と入った。生長の家はそれほど強固な組織でもなかったし、二重加盟に関しても余りうるさく言わなかったから問題はなかったが、日学同と楯の会は後に大いにもめた。

日学同から楯の会にかなりの人数が行った。両者は、はじめは友好的で、いわば日学同から何人かが楯の会に「出向」という感じだった。ところが組織の二重加盟を嫌う三島の思惑もあってか、日学同を脱退して、楯の会一本になる者が増える。人気の面でも楯の会の方が脚光をあびてるし、三島という大スターもついている。その点に日学同が嫉妬したのかもしれない。日学同をやめ楯の会一本でやってる人間に対し、「除名」という厳しい態度で臨む。（この問題は又、後でふれる）。

ともかく、この日学同を中心とした全国的規模の民族派学生運動と、もう一つ別の大きな流れがあった。それは生長の家の「生学連」を中心とした学協運動だった。四十一年に日学同が出来たが、その頃、生長の家の学生が長崎大学の自治会選挙に勝利した。政治的立場を明確にした民族派としては、多分初めての自治会奪取だった。この長崎大に続け！　ということで生長の家系の学生が全国で自治会選挙に挑戦していった。

又、生長の家の「生学連」が核となりながらも、良識派、民族派、反共派の学生も大きくまき込んだ学生運動をつくろうとした。生長の家本部も、これを積極的に支援、指導した。こうした広い学生組織はゆくゆくは大学に「生長の家」をひろめることにつながるし、その巨大なプールになると考えたからである。

長崎大学で自治会を奪取する上で核になったのは生長の家を中心とした長大学生協議会（長大学

協）だった。この長大学協が中心になり四十三年には九州学協が出来た。九州学協は九州の各大学の学協の集合体だった。これが全国に飛び火して関西学協、中国学協、四国学協…と組織化されていった。その全国的な結集組織が四十四年五月に九段会館で結成された「全国学協」だった。初代委員長に僕がなった。早稲田に入って七年目の春だった。

自己史だが、早稲田には合計八年間在籍した。入って二年間は学園も平和だったし、真面目に授業にも出ていたので自分で言うのも何だが成績は良かった。全優に近かった。日本の大学は（と偉そうに言っても外国の大学の事は知らないのだが）入るのは難しいが、入ってしまえば、誰でも卒業できる。特に出席さえしてれば単位を取れるというのも多い。高校のように真面目に出席さえしていれば全優だって難しくない。僕だって出来たんだから（もっとも前半二年間だけだが）。

大学三年で早大ストがあり、学生運動に巻き込まれる。この全共闘との出会いが僕のその後の人生を変えた。だから三年、四年は大学に毎日行ったが、授業に出席する為ではなく学生運動をやるためだけに行った。成績もだから悪かった。前半二年と逆転した位だ。当時、「可山優三」という言葉があった。あの頃人気絶頂の加山雄三にかけたのだが、「可が山ほどあって優は三つしかない」という意味だ。何とか卒業できるということで、学生運動をやっている連中は、ほとんど可山優三だった。

しかし、可山優三でも可山優無でも、大学をちゃんと卒業できればいい方だった。左翼は勿論だが右の学生でも、退学、除籍、あるいは出席数が足りなくて自分からやめていった者も多かった。

その点、僕は四年間で政経をキチンと卒業できた。当時としてはラッキーだった。大学がマンモス大学で、それほど出席がうるさくないことも幸した。一年間全く出ないで試験だけやっと出て単位をもらったのも多い（これを称して「独学した」といった）。もっと規模が小さく厳しい大学だったら完全に退学にされていただろう。昔の学生運動仲間を思い出してみても途中で大学をやめた者ばかりだ。「お前だけ卒業してズルイ」なんて言われたが、これは大学の性格の違いだから仕方がない。

大学四年の時（昭和四十一年）に日学同が出来、同じ年に、生学連が出来、その書記長になったと書いた。これで、運動から足を抜けなくなった。さらに生学連を中心に全国学協をつくろうと皆燃えていた時だったのでなおさらだった。長く運動をやっていると、卒業だからここで失礼しますと言えない雰囲気になってくる。良く言えば責任感が強いというのか、悪く言えば、ズルズルとふん切りがつかないというのか。ともかく、学生運動を続けるために大学に残らなければならない。

変な表現だったが実際そうだった。そんな場合、たいていは留年して五年生、六年生…となるが僕は単位が着実に取れてるし、卒業できそうだ。しかたがないから大学院を受けることにした。そこで半年間必死で勉強した。英語などは赤尾の豆単から勉強し直した。そのかいあってか大学院に合格できた。二年間は大学院に在籍したが、ほとんど授業に出ないで学生運動ばかりやっていた。同じ研究室の後輩など、今では助教授になってるのが多い。僕も真面目にあのまま大学に残って勉強していれば…と時々後悔することもある。

授業には出ないが大学院だけは四年位いて学生運動をやる予定だった。ところが大学院二年目の時、早稲田の教育学部の自治会を民族派で取ろうという動きがあった。教育学部には変則だが自治会が二つあった。民青系と革マル系だ。この革マル系の方が弱体だから民族派が大挙して選挙に立候補して自治会を取ろうという勇ましい話だ。森田必勝をはじめ教育学部にはかなりの仲間がいた。日学同、全国学協はもとより、他の人間も協力し、あるいは他の学部からも転入したりした。「鈴木さんも教育に移って下さいよ」と言われ、(今考えると軽率だったが)「ああ、いいよ」と二つ返事で教育学部の三年に転入手続をした。大学院から移るのだから試験はない。ただ、「政経の大学院から何故移るのか?」と面接で随分としつこく聞かれた。「もったいないから止めなさい」と言われたが、「どうしても教育者になりたい」なんて言って、やっと転入したことを覚えている。

教育学部教育学科で森田と同じだった。はじめの一週間だけは、ちょっと授業に出たがあとの二年間は全く出なかった。運動だけの二年間だった。一週間出席して驚いた。五十人位のクラスで半分以上が女性なのだ。それも台湾やら韓国やらアメリカやら、外国の留学生も多い。「うわーこれはハーレムだ!」と思ったが、楽しんでいる暇はなく、学生運動の戦場へ引き戻されてしまった。今考えると全く惜しいことをしたと思う。残念だ。

教育学部の自治会奪還は結果的には失敗した。これでは何のために大学院から移ってきたのか分からないが、これも民族派学生運動の為、大義の為とあきらめた。

全国学協が出来たのは四十四年五月だからこの時は教育学部の三年生。九段会館の結成大会では五千人の学生を前に学生服を着て基調演説をした。この全国学協は生学連を中心にしながらも一般学生、民族派学生を幅広く結集し、全国的規模のものだった。これで日学同と全国学協という民族派の二大全国組織がそろった。

初めはこの二つは友好関係にあったのだが、後にはお互い全国制覇を目指すライバルとして、対立するようになる。動員力ではバックに「生長の家」がついている全国学協の方が圧倒的に優位だった。それに全国学協の結成はその時、二十八大学の自治会を掌握し、十四大学の自治会選挙にアタックしていた。全国学協結成のあとは「民族派全学連をつくるのだ！」と大いに意気も上がっていた。しかしこの「民族派全学連」は日学同の妨害でつぶれてしまった。

民族派学生運動内部の内ゲバを今さら言っても仕方がない気もするが、小さいながらも歴史だから触れておこう。左の学生運動が荒れ狂っていた時は、民族派は一丸となってぶつかっていった。皆協力し合い、とても内ゲバなどやる余裕はなかった。全国組織化という点では日学同が一歩も二歩もリードしていた。マスコミからも大きく取り上げられ、「民族派学生運動の誕生」と華々しく書き立てられていた。

これに刺激されたのか、あるいは嫉妬したのか、俺たちも全国組織を作ろうと生長の家の学生達が全国学協をつくる。そして「民族派全学連」をつくるというアドバルーンを打ち上げる。ここで日学同との力関係は逆転し、今度は日学同が嫉妬に狂う番だ。手段を選ばぬ妨害作戦に出て、この史上初の試みをつぶしてしまう。

全国学協が出来る前の年あたりからこの内ゲバが激しくなっていた。この年（四十三年）は三島由紀夫の「楯の会」が出来た年でもあるが、同時に民族派の内ゲバがスタートした年でもあった。九州学協、四国学協、関西学協…とブロックごとの学協が出来、四十三年に最後のブロック学協＝東京都学協が出来、四十四年の全国学協へと進む。

この都学協結成大会は赤坂の乃木会館でやり、記念講演を三島由紀夫にやってもらった。しかし、民族派全学連はもとより全国学協結成、都学協結成までもつぶそうと日学同が乱入し、大乱闘になった。当時は僕も血気盛んだったので、まっさきに乱闘に加わった。

ともかく、左の学生運動も下火になってくると、今度は民族派の内ゲバになったというわけだ。四十三年あたりが全共闘運動もピークで、羽田闘争（四十二年）、神田解放区、日大大衆団交（四十三年）と盛り上った運動も四十四年一月の東大安田講堂の陥落に象徴的に表わされるように、一気に下火になってゆく。四十四年九月の「全国全共闘」の結成は大衆運動としての最後の徒花だったといえよう。

## 三島由紀夫と森田必勝と「楯の会」

左翼が下向線をたどり、それとは逆に民族派が上昇線をたどりながらも一定のところで止まり、あとは共喰い（内ゲバ）を始めたと（今から思うと）言えるかもしれない。ともかく四十三年から全国制覇を目指して日学同、全国学協ともお互いが組織をあげてのつぶし合いをやった。全国学協は

「全国学生新聞」、日学同は「日本学生新聞」という機関紙をもっていた。大判のブランケット判四ページで、どちらも月刊で出していた。時には八ページの時もあったし、日学同は月に二回出していたこともある。しかし、内ゲバのさかんな頃はどちらも毎号、相手の非難中傷に終始していた。今の中核派と革マル派の内ゲバのようである。ともかく顔を合わせたらすぐに殴り合うという殺伐とした状況だった。

こういう時は上部団体を持たない日学同の方が思い切り何でも出来るから、その点強い。全国学協が自治会を握っていると発表した大学の学生課に電話して、「おたくの自治会は右翼が支配してるというが本当か」と嫌がらせをしたり、全国学協の上部団体ともいうべき「生長の家」の総裁に直訴するぞと脅したり…。「やるならやってみろ、全面戦争だ」と僕など主戦派は思ったが、そこまでされたら困るとおびえる人間が全国学協や「生長の家」青年会幹部にいて、こっちもやりにくい戦いを強いられた。

しかしこの時の対応が元になりそれから数年後の全国学協結成大会直後には今度は内部で内ゲバが起きる。そして「信仰的でない」「暴力的だ」という理由で僕らは生学連、全国学協から追放される。僕自身としては運動をやりたくてもやる場がないという悶々とした時期を経て、人の紹介でサンケイ新聞に入る。しかし入った時の四十五年十一月に三島事件があり、これに衝撃を受けて、再び運動を開始し、一水会をつくることになる。しかし、これは後の話だ。四十三年の内ゲバの話に戻る。

日学同との内ゲバが元で全国学協が追いつめられ、さらに全国学協自体も分裂し、消滅してしまうが、その点、日学同の方は強かった。宗教団体の上部組織を持たず、日々闘いに明け暮れていたから当然かもしれないが…。又、全国学協との内ゲバ以前にも、日学同は内ゲバを何度も経験していた。ヒトラー主義者とか国家社会主義者、新左翼かぶれといった日学同内部の批判分子、不満分子をバサバサと切り捨ててきた。日学同出身者よりも除名された者の方が多いくらいだった。

日学同の粛清の歴史はすごかった。「楯の会」に走った人間も、みな除名処分で、森田必勝などは「共産主義者に魂を売った」という理由で除名処分にし、そのことを「日本学生新聞」にデカデカと載せていた。日学同を裏切る人間は即、敵（共産主義者）を利するものであるという理屈だった。しかし、この問題はその後も長く尾をひき、それから二十年近くたった今でも、日学同系の「憂国忌」には「楯の会」の元会員は誰も出席しないし、いい感情を持っていない。

しかし森田必勝らにすれば、日学同、全国学協といった二大全国組織の内ゲバにあいそをつかし、「楯の会」にのめり込んでいったのかもしれない。だとすれば、僕らにも大きな責任がある。それと森田らには、こうした全国規模の学生運動、大衆運動だけでは世の中は変わらないという達観というか絶望があったようだ。森田と共に日学同を脱退し、三島事件に参加した小川正洋は、その時の心境を後の「三島裁判」の時にこう証言している。

「文化人をよんでの講演会や街頭のビラ配りをしたが、大衆は動かない。やっているうちに組織絶対主義に陥って、活動に疑問を持ち、森田さんらと（日学同を）退会した」

大衆運動、組織運動に絶望し、森田らは楯の会に飛び込んだ。全共闘の末路も見ていたし、数に頼る大衆運動ではダメだと思ったのだろう。〈合法〉プロパガンダの限界を知ったのかもしれない。この思いは三島も同じだった。

一時期、三島は全共闘を敵ながら天晴れと思い、〈期待〉したこともある。東大の全共闘に呼ばれて討論集会をやり、「君たちが一言、天皇陛下万歳と言ってくれたら、君たちと共闘してもいい」と言い切っていた。しかし、四十四年一月、東大安田講堂の機動隊との攻防戦で彼らが白旗を掲げて投降する姿を見て、「命をかける人間が一人もいないのか」と絶望した。日共と違い、少しは接点を持ちうると思った新左翼運動もこれで頼りにならないと思い知った。そして、よし俺が命をかけて見せると思ったのかもしれない。国家にも、政府、政党にも、ともに絶望していた。最後の望みをかけた自衛隊にも裏切られた。

三島事件の当日、市ケ谷でまいた「檄」の中では、「われわれ楯の会は、自衛隊によって育てられ、いわば自衛隊はわれわれの父であり、兄でもある。その恩義に報いるにこのような忘恩的行為に出たのは何故であるか」と言い、その理由は、

「たとへ強弁と云はれようとも、自衛隊を愛するが故である」と言う。

確かにそうかもしれない。しかし、自衛隊の中には三島と一緒に決起しようと約束し、後に裏切った人間もいた。そうした自衛隊幹部への復讐の気持ちがなかったとは言えまい。

三島も一度は大衆運動を考えたことがある。全国から一万人ほどの人間を集め「祖国防衛隊」を

つくろうとした。しかし、大衆運動に絶望し、まわりの人間に裏切られ、今度は百人という世界一小さい軍隊「楯の会」に最後の望みをかけた。「楯の会」百人による決起も考えたようだが、しかし究極的には五人の決起になり、死を共にしたのは森田一人だけだった。自分がつくった「楯の会」にまで絶望したのかどうかは分らないが、結果はそうだった。大衆運動ではダメだ。己れの身体を投げ打った行動で示すしかないと思いつめた二人の絶望の深さが共鳴したのかもしれない。

今まで三島事件と書いてきたが、本当は三島事件ではない。一般的な呼び方にならっただけだが、あの事件は、むしろ森田がはじめに言い出したのだと思う。だから、むしろ「森田事件」であろう。「楯の会」全体としての決起でもないから「楯の会事件」ではない。正確に言えば「三島・森田事件」だろう。

しかし、三島の方が余りにも有名なために三島事件といわれ、森田の方は一般の人に忘れられたままである。今でも三島は、コッポラが映画『MISHIMA』をつくり、ヨーロッパでは三島の芝居が上映され、本も売れ…と全世界で「三島ブーム」が続いている。三島は世界各地で甦えっているし、生きている。しかし、一緒に自刃した森田は今も死んだままだ。

そうなることは三島も危惧していた。だから「楯の会」の人間に、こんな「命令書」を書いている。

「今回の事件は、楯の会隊長たる三島が、計画立案、命令し学生長森田必勝が参画したるものである。三島の自刃は隊長としての責任上、当然のこととなるも、森田必勝の自刃は自ら進んで楯の会全会員及び現下日本の憂国の志を抱く青年層を代表して、身自ら範を垂れて、青年の心意気を示さんとする。鬼神を哭かしむる凛冽の行為である。三島はともあれ森田の精神を後世に向って恢弘せよ」

最後の「三島はともかく…」の一行が一番言いたかったことだろう。

これは我々にとっても言えることだ。三島の偉大さは今さら言うまでもない。死して甦えり、民族派の教祖になった。左右を問わずその後の変革運動は三島を抜きにしては考えられない。しかし、我々は三島には負い目を感じない。これは何も、傲慢な気持ちで言ってるわけではない。三島はやることをやり、彼が望むように「地球に爪跡をのこすだけの仕事」をやりとげて自刃した。

だが森田必勝は違う。まだまだ、これからという時に自ら命を絶った。「現下日本の憂国の志を抱く青年層を代表して」自刃したのだ。「森田の精神を後世に向って恢弘せよ」という「命令書」は、だから楯の会のみならず憂国の志を持つ全国の青年に与えられた「命令書」であろう。その「命令書」に従い、全国各地で三島・森田を顕彰し、彼の志を継承せんとする慰霊祭が行なわれた。又、僕らも森田の辞世の歌からとって「野分祭」を行ってきた。

## 森田必勝の死と新右翼の誕生

事件のあった昭和四十五年十一月二十五日といえば、当時は、左も右も学生運動は鎮静化していた。少くとも大衆運動は終わっていた。自己史に戻れば、全国学協の内ゲバから一度は仙台に帰り、縁があって四十五年の夏からサンケイ新聞社に途中入社していた。学生運動からは一応足を洗い、これからはサラリーマンかと思い、気をひきしめていた時だった。サンケイには四月から入ったわけでないので、「君は途中入社だし、皆と同じように新入生研修も受けてない。だから一ヶ月、新聞販売店に住み込んで勉強して来い」と言われた。

一ヶ月、東京のはずれの新聞販売店に住み込んで、配達、集金、拡張と必死でやった。本社に帰ってからは販売局の開発センター、計算課などに回された。ソロバンも一から勉強しなおし、背広とネクタイもやっと板につきはじめた時だった。そんな時に三島事件のニュースが飛び込んできた。思わずテレビのある地下食堂へと飛んで行った。ポカンとして虚脱状態になってテレビを見ていた。昔の学生仲間が会社にたずねてきて、「仕事なんかやってる時じゃねーだろう」と言う。

ボーッとして仕事にもならないし、思い切って部長に言い早退させてもらった。早退したからといって何をするという訳でもない。昔の学生仲間が集まっていそうな所をフラフラと歩いたような気がする。自分がこんな時、会社に勤めているなんて、何かとてつもなく犯罪的な事のように思えてならなかった。

三島が死んだというよりも、森田が死んだ事にショックを受けた。森田とは大学でずっと一緒に運動してきた仲である。明るくて、いつもニコニコしていて、とてもあそこまで思いつめていたとは思えなかった。全国学協と日学同が内ゲバをやり殺伐とした雰囲気の時も彼だけは日学同にいても毅然としていたし、僕らと会っても、「少ない勢力で敵対し合ってもしょうがないでしょう。もっと大きなことを考えなくては」と言っていた。

その陽気で、小さなことにこだわらない森田が死んだ。テレビや新聞に出た森田の顔は一様に、ハッシと人々をにらみつける、少々こわい顔ばかりだった。そこまで思いつめた森田と、その自刃に大きな衝撃を受けた。

そして、我々もただ、会社に勤めているだけではダメだぞという気にさせられた。何かやらなくては…と昔の学生運動仲間が集まり出し、話し合った。我々の一水会も、これを契機に、社会人が月に一回位でも集まって勉強し合おうということでつくられた。「新右翼」とよばれる勢力はみなそうである。そこから出発した。森田必勝への〈負い目〉が駆り立てたものだった。

つまり、民族派の学生運動から足を洗いかけた全員に対し、あの事件（というよりは森田の自刃）は「踏絵」を突きつけた。あそこまで思いつめて、自らの命を投げ出した仲間がいるというのに、我々は果たしてこのままでいいのかと自問自答した。この「踏絵」と「うしろめたさ」が〈新右翼〉をつくった。又、それ以後の新右翼の歴史を支えるものになった。

一般的には三島以後の新しい民族派運動を新右翼と呼んでいるようだし、「三島が新右翼をつくった」とも言われている。しかし、僕の個人的感情としては、三島より森田だった。森田への負い目が新右翼をつくったと思っている。

三島事件からもう十七年が経つ。その十七年の運動が〈新右翼〉の歴史になるのだろうし、これからその概略を書くつもりだ。一水会十年の歴史についてもざっと触れるつもりだし、野村秋介氏との出会いや、〈狼〉事件との出会いについても触れる必要があるだろう。

そこまで進む前に、もう少し四十五年の三島事件について書いてみたい。当時の民族派が、あの事件をどう見ていたかである。その後の十七年間の「新右翼」運動のスタートになる事件なので、少し寄り道が長くなるが触れておきたい。

森田必勝には負い目があると言ったが、これは僕一人だけの個人的な感傷ではない。当時の民族派の人々の全体の気持ちだと思う。この事件によって初めて森田必勝という青年を知った多くの人はそうだが、学生時代から森田を知っていた人々は、なおのこと後悔に近い念を持ちながらの負い目だと思う。

同じ運動をやってきた人間には、「あの森田が」という信じられない気持ちと同時に、「申しわけない」「先を越された」という気持ちもあったことだろう。又、自分達は運動から足を洗って社会に順応してたのに、森田は変わらず運動を続け、思いつめて自刃した。そのことに言いしれぬ驚きと後ろめたさを感じた人間も多いだろう。

この「先を越された」という感情は多分に右翼・民族派に特有な感情かもしれない。あるいは左翼にもあるとしたら、左右を問わず活動家に特有の感情と言い換えてもいい。三島事件のあとにも、「先を越された」と思った人達の決起があった。

昭和四十五年の三島事件で「楯の会」から参加したのは、森田、小川、小賀、古賀の四名だ。残りの会員の中には、「なぜ自分を選んでくれなかったのか」「遅れをとった」と思った人間は多いはずだ。

そう思っていた元「楯の会」の伊藤好雄、西尾俊一が野村秋介、森田忠明と共に五十二年には「YP体制打倒青年同盟」を名乗り、経団連を襲撃している。そして六十二年一月の住友不動産会長宅襲撃事件の「主犯格」蜷川正大は、この森田忠明に事件前、「来年（六十二年）こそは借りを返す」と公言していたという。こうなると「負い目」の連環が右翼・民族派の決起の歴史と言えるかもしれない。

森田必勝に対する「負い目」を昔の学生運動仲間が感じていたというのは、そういう連環的負い目であると同時に、もう一つ特別なものがある。これは三島事件以前の三島や楯の会に対する見方というか評価にも関連がある。もっとはっきり言うならば、それ迄は三島や楯の会に対し、「ただの小説家の遊びだ」「おもちゃの兵隊だ」といった感じの見方が多かった。そのように馬鹿にしていた楯の会があれだけのことをした。軽視し、蔑視していて申し訳なかった、気がつかない自分が馬鹿だった…。そういった後悔の念であり、自己嫌悪だった。

今でこそ人々は、「楯の会は生まれるべくして生まれた」とか、「三島は楯の会をつくった時から死ぬ気だったのだ」などと簡単に言うが、これは今だから言えることである。楯の会が生まれた時は、マスコミも評論家も右翼・民族派も皆、冷やかに見ていたし、馬鹿にしていた。この冷たい感情は当時のことを知っているものでなければ到底わからないだろう。

「三島のファンクラブだ」「文士の道楽で何が出来る」という声が一般的だった。楯の会に走ったからといって憎しみの余り、「共産主義者に魂を売った」と森田必勝らを断罪し、除名処分にした日学同もそうである。楯の会や森田が後々ああいう事件を起こすと知っていたら、とても「除名処分」にはできなかったはずだ。

日学同もきっと後悔し、自己嫌悪にかられたことだろう。だから三島事件が起こった時点で、自分達の不明を詫び、森田の除名処分を取り消し、反省すればよかった。誤まちは誰にでもある。素直に謝まればよかった。そして自分達の新聞にでもそのことを公表すればよかった。僕らだって、あの「おもちゃの兵隊」があのような事件を起こすとは思わなかったし、その点は反省し、森田らに負い目を持っている。又、そう公言している。

ところが、ここに悪しき「党派の論理」が頭をもたげ、先行する。個人ならばすぐに謝罪できるのに、一つの団体となると、それが出来ない。団体としてのメンツとか、「そんなことをしたら会員が離れるのでは…」「団体の〈無謬性の神話〉が崩れる」なんて日共のような心配をする。ならば、いっそ居直るか。連続企業爆破の東アジア反日武装戦線〈狼〉はそれをやった。「警告」のつもりが誤爆で実際に人を殺してしまい、あわてふためきながらも「党派の論理」で謝まることも出来ず、仕方なしに、「三菱重工ビルの傍を歩いている人間も日本帝国主義者であり、無辜の民ではない」と居直ってしまった。

日学同も、さすがにそこまでは出来なかった。「森田の除名処分は正しいし、あんな事件を起こしたからといって名誉回復されるものではない。自衛隊とつるんだヤラセだ。森田は依然として共産主義者に魂を売った裏切り者だ。だまされるな。日学同のみが正しい！」とは言えなかったのだ。ではどうしたか。謝まりもせず、といって居直りも出来ず、昔のことには頰かむりして、三島事件に便乗した。「日学同出身の輝かしき活動家」「烈士」ともち上げ、森田の日記まで出版した。さらに毎年三島、森田を追悼する「憂国忌」までやっている。これでは楯の会ならずとも激怒するのは当然である。この問題をめぐり一時は険悪なムードも流れ、不穏な噂も立った。しかし幸か不幸か大事には至らなかった。今でも楯の会の人間や当時の事情を知っている人間は、だから憂国忌には一切参加しない。

こう書いたからといって、今、憂国忌を主催し、手伝っている人々を非難しているのではない。三島事件から十七年もたつ。今、やってる人間は、日学同が森田を除名したことすら知らない。勿論、上の人間は教えないし、学生もどんどん変わってゆく。

とするならば、何も十七年前のことをむし返すことはないのかもしれない。それに森田を除名処分にした「戦犯」たちも、とっくの昔に運動から足を洗って離れている。だからこんなことを今さら持ち出して僕も少し後悔している。又、楯の会を軽視してた点では僕だって同じだし、他人のことは言えない。ただ、なぜこんな話をしたのかといえば、当時の楯の会に対する一般の人々や右翼・民族派の感情、気持ちを知ってもらいたかったからである。

それほど、楯の会に対しては皆、冷ややかな眼で見ていたということである。きらびやかな制服を着てマスコミに大々的に取り上げられる彼らに対する嫉妬の気持ちもあっただろうが…。日学同が二重加盟を認めず、楯の会に走った者を除名処分にしたが、全国学協は寛容だったと前に書いた。僕も何人かに「楯の会に入りたいのですが、いいですか」と相談された。勿論、生学連や全国学協はやめる気がないというし、それなら構わないだろうと答えた。どうせ小説家の遊びだ、大したことはないと思っていたからである。「それにしても、あんなものに入りたいなんて、しょうがない。ミーハーめ！」と内心舌打ちしていた。

普通ならば三島由紀夫のような高名な作家と親しく口をきくチャンスもない。ところが楯の会に入れば、一緒に泊まりがけで話も聞ける。自衛隊の体験入隊という条件はあるが、その位は我慢しよう。そういう気持ちで、いわば「三島ファンクラブ」として入る人間も多かった。

今だから、発足当時から楯の会はビシッとした革命集団か軍隊のように言われ、書かれているが、本当はそんなことはなかった。一般の人もマトモに相手にしなかった、というのが真相である。やはり「小説家のお遊び」と見られていたのである。

当時、一世を風靡したといっては大袈裟かもしれないが、大ヒットしたCMがあった。今、エイズ騒ぎで株が上がったコンドームのコマーシャルだった。岡本理研ゴムだったと思う。楯の会と同じ制服を着た人間が出て来て、「立て、立て、立て、立て、タテの会。使用感などさらになし」とやる。何コマかのマンガで週刊誌によく出ていた。全く馬鹿にしたCMである。今なら、「天誅！」なんてやられかねない。しかし、それを見て、みな笑って楽しんでいたのである。それほど楯の会は、なめられていたのである。

さらにこのＣＭをもじって、右翼の人たちが、こうからかっていた。「立て、立て、立て、立て、楯の会。使命感などさらになし」と。あんなオモチャの兵隊が決起するなぞ、絶対にありえないと皆が思っていたのだ。その他にも、「あれはホモ集団だ」とか「資生堂の花椿会と同じでただの仲よしクラブだ」なんて言う人もいた。

三島も今のうちは学生におだてられ、私兵を持った気だろうが、そのうち学生にも裏切られるだろうし、絶望し、お遊びをやめるだろう。なんせ、あの人は運動をやったことのない人だから…というのが右翼・民族派の大方の見方だった。

青年は純真だと思い、過大な期待をかけて三島は楯の会を作った。しかし期待が大きすぎたのか青年が純真でなかったのか、三島は裏切られた。林房雄を相手にして三島は死の一年前に、青年への絶望を語っている。

「いまの青年でも右だから誠だ。左だから誠でないと思っていると、つい間違えることがある。自分で苦い目に会ってみなければわからない。青年というのはいちばん純真じゃないかもしれませんね」（『流動』昭和四十四年十二月号）

何とも悲しい言葉だ。しかし、青年に、学生に絶望したからといって三島は運動をやめなかった。絶望したらお遊びをやめるだろうという大方の予測は大きく外れた。絶望はしたが、その絶望をバネとして、決起した。

今まで言ったように、三島と楯の会に対して一般の人々、さらに右翼・民族派の人々の見る眼は冷たかったし、期待など何もしていなかった。そうだったからこそ、事件の報を聞き、衝撃を受け、自責の念にかられ、負い目を感じたのである。僕自身も勿論そうだった。

## 一水会の結成と〈狼〉事件

三島事件と森田必勝について、少し長く寄り道して書きすぎたかもしれない。しかし、当時の人々(特に民族派の運動をしていた人々)がどう感じたかを少しでも正確に知ってもらいたいと思ったのである。

又、一般的には三島事件に衝撃を受けて結集、あるいは再結集して出来たのが「新右翼」だと言われている。これからその本題に入るつもりだが、その前に僕達の一水会の十年の歴史をザッと紹介しておこう。自己史の一部でもあるし、「新右翼とは何か」を説明する上での、〈予告篇〉にもなると思う。

三島事件が起きたのは昭和四十五年十一月二十五日。前にも触れたが、この時僕はサンケイ新聞社に勤めていた。三島にというよりは森田に申し訳ないという気持ちがあったし、早大で後輩の森田が国を憂え、思いつめて自刃したのに、俺は呑気に会社勤めなどしていていいのかと思った。こう思った人間は他にもいた。期せずして昔の学生運動仲間が集まった。会社が終ってから酒を飲んだり、仲間のアパートに集まったりして、いろいろと話し合った。

「そうだなー、今すぐ何かやることは出来ないけど、月に一遍くらい集まって情報交換したり、話し合いをしよう」と、誰からともなく言い出して、そう決まった。三島事件以後すぐに一水会が出来たと思ったが、一水会機関紙『レコンキスタ（失地回復）』のバックナンバーを読み返してみると、四十七年五月に一水会の第一回会合を開いたとある。事件から一年半もあったわけだ。

その間、何をやろうか、どんな集まりにしようか…と、いろいろ迷っていたようだ。一水会のスタートの直前に「マスコミ研究会」というのも作っている。四十七年三月二十七日にこの第一回会合を開いている。三島事件以後、集まってきた人々は、たまたまマスコミ関係に勤める人間が多かった。マスコミというよりはミニコミに近い会社の方が多かったかもしれない。他にフリーのライターもいた。僕なんか一応マスコミだが、販売局にいて、ものを書くことにはタッチしてない。しかし、まァ、マスコミ関係とはいえる。そうしたマスコミに勤めている人間が多いから、月に一回集まって、情報交換、勉強会をやろうということになった。

これが即、二ケ月後の一水会になるわけではない。この二つは一年ほど平行して存在した。マスコミ研には運動とは関係のない人もいたが、運動に興味を持ち、これからも何らかの形で運動を続けて行きたいという人が一水会一本でまとまったようだ。

マスコミ研究会にしても、その場の思いつきで付けたのだが、一水会にしてもそうだった。月に一回、第一水曜日にでも集まって、勉強会をやろうか、というだけである。このときは他に一水会という有名な絵の団体があることも知らなかったし、あとで本当に運動として機能するようになったら、その時は、しっかりしたそれらしい名前に変えたらいい。今は、ともかく仮に勉強会として一水会と呼ぼう…。そんな軽い気持ちでつけたものだった。後にこれが定着し、「新右翼」とか「過激派」なんて呼ばれるようになろうとは、当時は夢にも考えてない。

四十七年十一月二十四日に三島・森田両烈士慰霊祭を他の民族派の人々にも呼びかけて行なう。三島だけでなく、森田の慰霊をという主旨であり、森田の志の継承をという意味があった。二十五日ではなく、その前日にやり、決起を翌日にひかえた森田の決意、憂いを我々のものにしたいという思いがあった。

これ以後、毎年この日にやることにした。ただ名称を「野分祭」に変えた。これは森田の辞世の句からとったもので、「森田精神の継承」という意味をより深めたものだった。

又、この頃から、単なる勉強会ではなく、より行動的な集団を目指す方向になっていた。一水会を作った時に結集したメンバーは阿部勉（楯の会）、犬塚博英（全国学協）、四宮正貴（生学連）を初め、民族派学生運動出身者がほとんどだった。運動を経験した三十前後の人間達である。

しかし、一水会の勉強会を継承していく中で、より若い人々とも知り合い、一緒に運動をやることになった。日蓮宗を基盤として活発な民族運動をやっていた「良識復活国民運動」の若い活動家も合流してきた。それが、一水会がより行動的になった原因にもなった。

四十八年三〜四月には国鉄ストに対し、「国民を人質にした違法スト反対」運動を行ない、街頭で訴えたり、ビラをまいたり、国労、動労に直接抗議に行った。同年十月には日教組大会に期を同じくして、大会会場近くで、「教育を考える集会」を開いたりした。

この頃は僕はまだサンケイの社員だったし、会社が終ってから集ったり、休みの日にビラをまいたり…と、アマチュア活動家だった。他のメンバーも全てそうだった。会社外での、いわば「サークル活動」的な感じだった。

しかし四十九年三月に防衛庁に抗議に行き僕ともう一名が逮捕され、赤坂署に三日間拘留されるという事件があった。防衛問題、三島問題を訴えて車で防衛庁や市ケ谷自衛隊などに押しかけ演説し、出勤前の防衛庁職員などにビラを配った。配るこちらも出勤前で、それが終わって会社に行く予定だった。その時、向こうとモミ合いになり逮捕されたわけである。どうということもない、取るに足らない事件であるが、これが僕の活動家生命を大きく左右した。というよりも、一水会がただの「お茶のみサークル」から「民族派団体」へと脱皮するキッカケになった。

この事件で会社はクビになったし、といって他の会社では雇ってもらえそうにない。どちらにしろ、転機だと思い、アルバイトしながらでも運動をやってゆこうと決意を固めた。だから今となってはクビにしてくれたサンケイに感謝している。クビにされなければ今でもウダツの上がらない社員で、それなりに満足してサラリーマン生活を送っていただろう。

『青年群像』や『日本の動き』『やまと新聞』といった右派的な雑誌や新聞に原稿を書かせてもらいながらアルバイトをして一水会の運動をやった。

昭和四十七年には、あさま山荘事件があるし、これで新左翼も全て終わったのかという感じがした。それにしても、仲間であるはずの左翼グループも一様に沈黙したり、あるいはマスコミと一緒になって袋叩きにしたりで、彼らも随分と冷たいなーと思った。

昭和四十九年には三菱重工爆破事件がある。この事件には衝撃を受けた。この事件というよりは、もっと正確に言うなら、この事件で捕まった「東アジア反日武装戦線」のメンバー達に衝撃を受けた。斎藤和は逮捕された後、五十年五月十九日に自殺している。他のメンバーも全員青酸カリ入りのペンダントを持っていたという。イザという時は自決する覚悟でやっていたわけだ。評論家の猪野健治氏は彼らのことを「左翼血盟団」と呼んでいたが、まさにそんな感じだった。又、その前には連合赤軍のリーダー、森恒夫も拘置所で自殺した。「左翼はいつも大衆を楯にして自分だけ逃げようとする。卑怯だ。それに比べて右翼は堂々と名乗りを上げてテロをやり、その後で責任をとって自決するか逮捕される」と教えられてきたし、僕自身もそう信じていた。だから斎藤和、森恒夫のような左翼の自殺はショックだった。

これは今までのような、大衆を犠牲にしても生きのびる革命家群像とは全く違うのではないか。そんな思いから『腹腹時計と〈狼〉』という本を書いた。

三島事件以降、右翼の人々は、「やっぱり三島は偉い。それに比べて左翼は卑怯だ」と言ってきた。三島にしろ過去の右翼のテロリストにしろ、自分は逃げ隠れせずに堂々と出てゆき、言うべきことを言い、行動を起こし、その責任は自分でとって自刃する。これほど潔く、堂々としていることをとはない。それに比べると左翼はヘルメット、覆面で顔を隠し、遠くから石を投げるだけだ。機動隊が来れば群衆の中に逃げ込み、無関係の人々を楯にして逃げる。卑劣この上もない。大体、左翼には今まで自決した人間はいない。…こう言ってきた。

この話は僕も何度も聞いてその通りだと思っていた。我々は日本人らしく、堂々と闘い、事を起こし、失敗しても成功しても捕まるなり、自決するなり、正々堂々とすべきだと。その点、左翼はやり方が汚ない。自分が生きのびることばかり考えている。大衆の為に革命をすると言いながら、その大衆を楯にして逃げ、大衆を犠牲にしても自分だけは生きのびようとする。

しかし、斎藤和、森恒夫の自殺で、「これはちょっと違うぞ」という疑問を持った。そして、「やまと新聞」にその疑問をもとにレポートして書いた。初めは二、三回の連載の予定だったが好評だったし、僕自身も興味があったので三十回位続けた。当時、神田の新左翼出版社「ウニタ書舗」でもどういうわけかこの『やまと新聞』がおかれていた。ウニタの社長、遠藤忠夫氏がこの連載に目をつけ、三一書房の竹村一社長に見せ、急拠、『腹腹時計と〈狼〉』というタイトルで三一新書で出版された。

この本が出版されたのが五十年の十月。僕としては、今までと全く違った左翼が出てきたということに興味を持って書いたのだが一般のマスコミからは「新右翼が新左翼の爆弾闘争を評価した」という形で報道された。二万部が売れ、これで「新右翼」という言葉も定着したようだ。

猪野氏が言うように〈狼〉グループの「左翼血盟団」的な側面にも衝撃を受けたが、取材し調べて行くうちに、彼らは革命家として、余りにもストイックに生きており、その姿勢に強く心を打たれた。さらに、メンバーの人々は、何もはじめから新聞で書かれるような「凶悪犯」ではなく、どこにでもいる、ごく普通の人間であった。過去も、まじめな中学生であり、高校生であり、大学生であったことを知った。

彼らは学校では先生の話を一言も聞きもらすまいとジッと聞き入るタイプの、頭のいい素直な子供たちだった。そして素直であるからこそ、教師が言う「日本の過去の犯罪」「戦争犯罪」を自分の問題としてとらえ、自分たちが先祖の罪をあがなわなくては…と思いつめた。そういった経過などを書き、これはただの<犯罪>ではなく、教育の問題であり、政治の問題でもあり、戦後の「国家なき日本」に起因する問題ではないかと思った。そういうことをその本では書いた。

しかし、マスコミからは「右翼が極左<狼>を絶讃した」とか、「左右接近」だと騒がれた。又、右翼内部からは徹底的に不評で、「右翼のくせに<狼>を弁護するとは何事か。恥知らず」「三一書房という出版社から本を出すとは許せない」と大変だった。イヤガラセの手紙、電話は勿論、「殺してやる」などというビラまで家に投げ込まれた。まさしく「非国民」扱いだ。

そんな中で、「新右翼」という言葉が使われるようになった。自分で言うのも変だが、敵である<狼>や連合赤軍にも同情する感情を猪野氏らは、今までにない右翼という意味で「新右翼」と呼んだようだ。それに、「新左翼に対抗しうる質をもった右翼が出た」のでそう呼んだとも猪野氏は言っていた。猪野氏は<狼>についても、これも今の新左翼にはないものをもったグループだとして「これは左翼血盟団だ」と思い切ったことを言っていたが、ここでは右と左は何やら逆転したようにさえ見えた。

当時、他にバイトで『青年群像』の編集をやっていた。そちらでも、〈狼〉事件に衝撃を受けた若手の人間で、〈狼〉特集号を作ったことをおぼえている。「〈狼〉たちに捧げる挽歌」というタイトルだった。

この『青年群像』も、右翼の人々からはかなり批判され、叩かれた。一水会で一緒にやってきた仲間のなかにも、「こんな容共的姿勢にはついていけない」とやめていった人間が何人かいた。僕らが左翼に〈転向〉してしまったと思ったらしい。近くにいる人間でさえそうだったから、右翼全体やマスコミからはどんな批判をされたか、おおよそ分かるだろう。

そんな中でも、こちらの真意を分かってくれる人が少しづつでも増えてきた。横浜で「横浜青年政治研究会」を主宰しているという人が訪ねてきて、この〈狼〉特集号には感動したと言っていた。そして、「横浜で若い青年向けの研究会をやっているからぜひ来て下さい」と言われ、この〈狼〉事件を中心にしながら、話したことをおぼえている。

この「横浜青年政治研究会」の代表は蜷川正大氏と言い、六十二年一月十三日に大手不動産会社の土地買占め、地上げに抗議して安藤太郎・住友不動産会長邸を襲撃した三人のうちの一人である。だから蜷川氏とも思えば長いつき合いだ。

この安藤邸襲撃事件については後の第四章で詳しく触れるつもりだが、この決行者三人（蜷川正大、中台一雄、針谷大輔）についてはマスコミ報道では、やたら過激で、コチコチの右翼のように書いているが、実際は蜷川氏の例でも分かるように、新左翼にも共感するものを持ち、柔軟な頭を持った人間たちだ。

事件の「主犯」といわれる蜷川氏には小学校三年の女の子がいるが、この子の将来については、「日本赤軍の重信房子のような女性になってほしい。たくさん恋をして、壮大なロマンに生きる女性になってほしい」といつも言っていた。左翼の人間でも、とてもこんなことは言えないだろう。左翼でも右翼でも、自分が活動家であればなおさら、同じ活動家にはしたくないと思うものだ。銀行員でも普通の会社員でもいいから、とにかく「かたぎ」の生活をと願うものらしい。それに比べたら蜷川氏は何ともすごい親である。

又、テルアビブ空港事件の岡本公三（日本赤軍）についても、「あの男はすごい、本物だ。それに彼は三島由紀夫を尊敬している」と熱っぽく語り、岡本公三について書かれた本を何冊か僕に貸してくれた。

「そんなのは単なる新左翼コンプレックスだろう」と言われるかもしれない。確かに、僕も含めてそうした側面はあるだろう。革命前夜といわれる状況をつくった全学連。全国の大学に学園闘争の火をつけた全共闘。それらに対しては確かにすごいと思うし、その面でのコンプレックスはある。ただ、それだけではない。当時の右翼運動の現状に絶望し、このままではダメだと思った人々が、〈狼〉や日本赤軍などを反面教師として触発されていった。そんな感じがする。

## 「レコンキスタ」の創刊と野村秋介との出会い

その意味で昭和五十年は〈新右翼〉のスタートになったといえるかもしれない。それにこの年の八月から一水会の機関紙として『レコンキスタ』という月刊紙を創刊した。又、野村秋介氏と出会った。この二つの出来事が大きく、その後の〈新右翼〉を左右し、決定づけた。特に野村氏との出会いである。今までは僕の自己史としての学生運動の歴史ばかりを書いてきたが、そうではなく、別の方向からこの運動に入ってきた人も大勢いた。そして三島事件以後の苛立ちの中で、めぐり合い、共感し、運動を共にすることになった。どちらの流れが主流というわけではない。いろんな方向から、いろんな流れがあり、五十年頃から一つの大きな流れになったと思う。

野村氏は河野一郎邸焼打ち事件で十二年の刑を受け、千葉刑務所を満期で出てきたばかりだった。野村氏の名前は前から聞いて知っていたし、日ソ漁業交渉などをめぐり当時の農相・河野邸を襲って自宅を全焼させたことも新聞で見て知っていた。すごく過激な人がいるなーと思った。右翼のミニコミ誌で『新勢力』という月刊誌があったが、そこによく野村氏は獄中近況や俳句を送って載せていた。ただの過激派ではなく、意外にも非常にナイーブなロマンチストだと思った。

昭和五十年に『新勢力』は創刊二十周年のパーティを上野の精養軒で開いた。その会場で野村秋介氏と初めて会った。その後、何度か話し合い、民族運動について、その現状、将来について話し合った。各々、出発点は違い、今までの運動の経過も違うのに、ともかく意気投合した。このままではダメだ、俺たちで何とか変えようという点で一致した。三島や〈狼〉などでも考えは同じだったし、この点には驚いた。

この頃、山形県米沢市で市会議員をしている鳥海茂太氏とも初めて会った。野村氏と鳥海氏は旧知の間柄だった。五・一五事件の三上卓氏の門下生とのこと。この二人、それに僕が加わって、この新しい主張、新しい運動を全国の若い人達に訴えてゆこうということになった。名前も「新しい日本を創る青年集会」とした。

第一回目は昭和五十一年六月二十三日に山形県米沢市で行なった。その後、仙台、福島、会津若松、大宮…と全国でこの集会を開催した。一般の人々に我々の主張を訴えるだけでなく、街頭宣伝をやったり、勉強会や合宿などもやった。合宿には右翼の講師だけでなく、太田竜、須藤久など左翼といわれてる人にも来てもらい勉強した。

又、この頃から週刊誌、月刊誌をはじめテレビなどでも取り上げられる事が多くなり、左翼と右翼の討論という企画もよくやられていた。又、左翼やアナキストの集まりに呼ばれて話したこともある。しかし、これは何も「左右接近」ではないし、「野合」でもない。お互い、原理原則を守った上での討論だった。「お前らは何を考えているんだ」と言われれば、こちらも答える義務があるだろう。そう考えての出席であり参加だった。

ただ、マスコミは圧倒的な影響力はあるがこちらの主張が一〇〇%正しく伝わるとは限らない。二時間しゃべっても、向こうの都合のいい部分だけをチョン切って十分位にして報道する。これではどうしてもこちらの言い分は正確には伝わらないし、誤解されることも多い。時には、全く言っていないことを書かれたりもする。

そんな中で、小さくともいいから自分たちの新聞を持とうという話が出て、五十年八月に「レコンキスタ」の創刊号を出した。皆で分担を決め、自分は月に一万円、自分は二万円…と月給の中から出して、それをともかく六ケ月は出そうと決めた。半年もやれば有料購読者も増え、印刷代くらい何とかなるだろう…。そんな考えで始めた。ところが半年たっても、とても自立できるどころではない。しかし、それで止めるのもシャクなので、レコンを出すためにバイトをしたり、カンパを頼んだりと必死でやってきた。

レコンも今や百三十号を超えた。今になってみれば、もう少し分りやすい題字にすればよかったと思うが、このレコンキスタという名前もそれなりに定着してしまい、今さら変えるわけにも行かなくなった。レコンキスタは「失地回復」という意味で付けた。戦後日本の政治的、領土的さらには精神的な失地回復を目指すという意味である。

しかし何故、カタカナ（スペイン語）にしたかである。「右翼のくせに外国の言葉を使うとは何だ」とよく言われた。しかし、一般の人が見た瞬間に右翼と分かるタイトルはやめようと思った。「愛国」「維新」「反共」「護国」などという文字を題字に入れると、それだけで一般の人は「何だ右翼の新聞か」と手にもとってくれない。特に一般の書店にも置こうと思ったので、それはなおさらだった。題字からは右か左か分からない。ともかく中味を読んでもらえる新聞をと考えた。

それと、学生運動をやってきた上での反省だが、分かりやすい、誰でも読める新聞を作ろうと思った。学生運動の新聞は左は勿論、右も（その影響を受けて）、文章が難解であればあるほどレベルが高いと思う偏見があって、一度や二度読んでも全く分からないものが多かった。この傾向は今でもあるのかもしれないが。

まァ、学生だけを相手にするのならばそれでもいいのかもしれないが、社会に出て一般の人を相手にするのでは、それではダメだ。だから学生運動用語や右翼業界の専門用語は使わないようにし、ともかく分かりやすい文章、新聞を心がけた。この路線は成功したと思っている。時には、分かりやす過ぎて、「ふざけすぎてる」などという批判をこうむったこともある。カタイ論文だけでなく、やわらかい企画もずい分とやった。

「新しい日本を創る青年集会」運動も軌道に乗ってきた五十一年、五十二年だったが、そこに突如として大事件が起きる。「経団連襲撃事件」（昭和五十二年三月三日）である。野村秋介、伊藤好雄、西尾俊一、森田忠明の四氏が「YP体制打倒青年同盟」の名のもとに結集し、「財界の営利至上主義を糾弾する」と経団連に突入し、占拠した事件である。三島事件以後のいわば新右翼の初の武装闘争であった。

これからちょうど十年目の昭和六十二年三月十三日には、蜷川正大、中台一雄、針谷大輔の三氏によって同じく、「YP体制打倒青年同盟」の名のもとに安藤太郎・住友不動産会長宅襲撃事件が引きおこされている。

さらに、この事件から二ヶ月後の五月三日、朝日新聞阪神支局が襲撃され記者一人が死亡し、一人が重傷を負う事件がおきた。「日本民族独立義勇軍別動赤報隊」が犯行声明を出したが、果たして本当に彼らがやったのか。又、大体にして新右翼の犯行なのかどうかも未だ分ってない。

五十二年の経団連襲撃事件から六十二年の安藤会長宅襲撃事件の十年間にも、新右翼の事件は多くある。又、自然保護運動、反原発運動、人権一一〇番の千代丸氏と連動しての反権力闘争…等と一水会も色々なことをやってきた。しかし、それらについては後で書いてみたいと思う。

その前に、「新右翼」誕生の土壌というか反面教師になった全共闘運動と、さらにその前の六〇年安保について触れてみたい。

# 第二章　新右翼と新左翼

## 六〇安保——唐牛健太郎と「裏切られた世代」の革命

六〇年安保、そして七〇年の全共闘。この二つは日本の戦後の変革運動を語る時、どうしても避けて通れないテーマである。

この章ではまず六〇年安保について書いてみる。特にその時の英雄で全学連委員長だった唐牛健太郎氏を中心にして書いてみよう。唐牛氏とは晩年つき合いをさせてもらったし、一水会の勉強会にも講師として来てもらった。そこで六〇年安保というのが日本の敗戦の八月十五日と密接に結びついていることも知った。やはり唐牛氏と同じく六〇年安保を闘った篠田邦雄氏に話を聞いた時に、「俺達は教科書に墨をぬられた世代だ」と氏が言うのを聞いて、アッと思った。敗戦の昭和二十年八月十五日というのは何やらかなり昔のことだと思っていた。「その日」を体験した世代もずい分と年輩の人達だと思っていた。ところが僕と何才も違わない人達が「その日」を明瞭に記憶してるという。そして、その「墨をぬられた世代」があの六〇年安保を闘ったのだ。そう思ったら六〇年安保というのが又、全く別な物に見えてきた。

全学連というと今までは共産主義運動であり、中共やソ連がバックアップし、日本に共産革命を起こさせようとした運動だと思っていた。高校の頃で、政治のことは余り分らなかったが、「生長の家」の練成会などでもそう教えられてきたし、自分でもそう信じてきた。今、日本には共産革命の危機がせまっていると…。

ところが、最近、当時の全学連のリーダー達に会う機会もあって考えてみると、どうも違うような気がする。六〇年安保とは一体何だろうと考えてきたが、『唐牛健太郎追想集』を読んでみて、おぼろげながら分ってきたような気がする。今の新左翼のような党派的な運動ではなく、もっと幅の広い反米運動というか、国民的抵抗運動ではなかったのかと思えてきた。

特に、この追想集に書いている牧田吉明氏（ピース缶爆弾事件で有名）の文を読んで、そう痛感した。彼はこう書いている。

「（唐牛は）アンチヒーローの時代における、かけ値なしのヒーローだった。唐牛は革命家であるより、叛逆者であり、レーニンの徒ではなくプガチョフなんぞの末裔だ。唐牛と共産主義の出会いなんて、（絶滅しつつある）知床の大鷲が間違ってコウモリの里に舞い込んでしまったような話だったのだ」

だから唐牛は共産主義と出会っても、すぐにそれを捨てている。六〇年安保闘争を動かし、支えたのは決して共産主義思想ではなかった。牧田は続いて、こう言う。

「俺たちは、一体、何を喪ったのだろうか。もし仮に、ソ連軍の北海道侵攻があったとして、その際、遊撃戦の総隊長をやれたかも知れない、ただ一人の男を喪ったのだ。言ってみれば、そういうことだ。

虐殺された末娘と、流浪する長男の神話によって保持されていた、安保ブンドの聖家族も、かくして終った。安保ブンドの鐘の声、諸行無常のひびきあり、か…」

「虐殺された末娘」というのは樺美智子であり、「流浪する長男」というのは唐牛健太郎だろう。牧田氏もうまい表現をするものだ。しかし、唐牛氏が対ソ遊撃戦の総隊長とは…。一般的には全学連といえば親ソ、親中国であり、共産主義というイメージがあり、僕もそう思ってきた。だからこのままでは共産革命が起こると焦燥にかられて右翼も全学連のデモ隊になぐり込みをかけたのだ。共産革命の幻影におびえて、その後の右翼運動は「反共」が第一になってしまう。だから、反共であれば自民党でも警察でも仁侠の徒でも、すべて仲間だという意識になってしまうし、この頃から右翼本来の在野の批判精神や変革運動の牙を失った。

唐牛健太郎氏に会ったのは昭和五十七年三月十九日の「草間孝次氏を激励する会」でだった。草間氏は六〇年安保当時から情報誌を発行しており、左だけでなく右の人間にも知人が多くいたようだ。こちらは立場も違うし、あの有名な唐牛氏に会えるとは思わなかったので、さっそく草間氏に頼んで紹介してもらった。かなりアガって話したように思う。それから亡くなるまで、短かい間だったが、いろいろと教えてもらった。一度は一水会の事務所に来てもらったこともある。勉強会の講師としてだ。唐牛氏も、四十七年の生涯の中で右翼の勉強会の講師になったのは、多分これ一回きりだろう。その時のテーマは「甦れ六〇年安保、反米愛国の熱狂はいま」というものだった。もっともこれは、こちらが勝手につけたテーマだったが…。

「安保闘争を動かしたのはマルクス主義ではない」と唐牛氏は断言し、こう言っていた。

「安保闘争当時、デモで警察に追われて逃げ込むと、学生がかわいそうだと皆、たすけてくれた。あれは理屈じゃない。警察や政府、アメリカに対する反感だった。だから女の子が一人死んだために代々木は負けたんだ。安保闘争も成り行きだけど張った目がよかったんだ。マルクス主義は〈生活〉がないからダメなんだ。うまくない酒は皆やめちゃうよ」

酒をたとえに言うなんて、さすがは酒豪・唐牛氏だと感心して聞いていた。反ソ遊撃戦の総隊長といい、これでは共産主義革命ではない。やはり、レジスタンス運動だったのだろう。理屈じゃなく、アメリカや政府に対する怒りだった。だから市民も学生をかばい、たすけてくれたのだろう。

このかなり後だが佐世保のエンプラ寄港反対闘争を闘った全学連委員長の藤本敏夫が「朝日ジャーナル」に、その当時の思い出を書いていた。それによると、街頭ではカンパ箱代りのヘルメットに一万円札がどんどん入ったし、「あなた達を見てると特攻隊で死んだ弟を思い出す」なんて言っておばさんが握り飯を差し入れしてくれる。ともかく、市民からの支援はすごかったという。

当時の一万円だからすごいが、カンパをしたり差し入れをしてくれた市民は、何も共産主義運動に共感し支援してくれたわけではない。アメリカにぶつかってゆく学生の姿にナショナリズムを感じ支援したのである。又、唐牛氏は一水会の勉強会で面白いことを言っていた。

「元も子もない言い方をすれば、革命なんてサギだ。安保粉砕せよ、革命を。なんて言っても、結果として出来ないことはサギなんだから、サギは大きくなるほどやってる側にとっては面白いということじゃないかな」

この話は皆、身につまされて聞いていた。唐牛氏の安保闘争だけでない。民族派陣営も同じだ。いや、こちらの方がさらに実現性のない目標だ。憲法改正、北方領土返還、昭和維新を！　と言っても実現しなければ全てサギだ。その名目で人を集め、金を集めているのだから。実現しようと、しまいと、ともかく革命運動のために他人から金をカンパしてもらうこと自体がサギだと言う、もっと厳しい意見もある。朝霞の自衛官殺しのからみで逮捕されている京大の滝田修だ。彼は『只今潜行中』（流動出版）の中で、革命運動は楽しいからやるのであり、自分で金をつくってやるのが筋だという。「俺は革命運動をやるからお前らは金を出せ」というのは、「俺は女とラブホテルに行きたいからホテル代を出せ」というのと同じだという。自分が好きでやることだから、その資金は自分でつくれ。他人をアテにするなということらしい。これは本当だ。だから僕らも最低限、自分たちの運動資金は自分たちの働いた中でつくろうと努力している。

運動は誰に強制されたわけでもなく、自分たちで好きでやってることなのだから、自分達の力で働いて資金もつくるべきだろう。他人からのカンパで生活するというのは運動が堕落する元だ。勿論、カンパは大事であり、必要だが、それはあくまでも相手の好意だ。いつも決まってあるわけではないし、それだけに頼って運動していると、失敗する。それに人間も卑屈になる。

ある時、先輩に運動のカンパを頼みに行った。一緒に行ってくれた人が、「彼らは日本のため頑張って運動してるんですから、何とかたすけてやって下さい」と口をきいてくれた。ところが当人は、「何も俺が頼んで日本の為にやってくれと言ったわけじゃない。自分で好きでやってるんだろう。俺は関係ないよ。金を出すいわれはない。まァわざわざ来たんだから飯だけは食わせるから、食っていけ」ときた。これにはムッときた。「そんならメシもいらねえ」とテーブルをひっくり返して帰ろうと思ったが、こちらも気が弱いもので、「そうですか」なんて言って食事だけ頂いて帰ってきたことがある。

カンパを頼みにいって不愉快な思いをするのは毎度のことであり、書き切れない。しかし考えてみれは商取引でもないし、向こうの一方的な好意に頼るだけなのだから、何を言われても仕方はない。毎月いくらずつカンパしようと約束してくれても、ある日突然打ち切られるかもしれない。又そうなっても文句も言えない。だからカンパに頼っては運動の計画も立てられない。

唐牛氏も、カンパ集めでは嫌な思いを随分としただろうし、「右翼の田中清玄から黒い金をもらった」とマスコミに叩かれたこともあった。だから「革命なんてサギだ」と言ったのかもしれないが。しかし唐牛氏は決してそのままでは終わらせないと言っていた。

「六〇年安保出身者は政界、財界、大学、マスコミとあらゆる分野にいるし、たとえ表面的に見て体制側に見える人間がいても、志はいまだ持っている。彼らを結集して再度、革命をやる」と言っていた。又、「追想集」の巻末「資料」には晩年の唐牛氏のこんな発言も収められていた。

「革命が最後のひと息でも、虫の息でも呼吸しているんなら、オレはその息にかけるね。革命はまだ呼吸してるよ。かなりあんべえ悪いようだがね」

唐牛氏は、それら全てを含めて再度、革命をやってやると言うのだ。なんともすごい心意気だ。

そして自らは、志を貫ぬき「安定した職業」にはつかなかった。ヨットスクールや飲み屋、漁師…と仕事を転々としながらも、自由奔放に生きた。「全学連委員長」という栄光を背負い、それ故に他の人間のようには転身も出来ず、サラリーマンにもなれず、「流浪する長男」の神話を生き続けた。「追想集」の中で桐島洋子はこう書いている。

「彼は私が知る最も男らしい男の一人であった。かつての仲間たちが次々と転身して体制に順応していくのをしりめに、彼だけはあくまでも無頼の一匹オオカミとして放浪を重ねながら、きびしく反骨を貫いた」

栄光の全学連委員長はこうあらねば…という他人の思惑や期待の視線に守られ、あるいは縛られて流浪した唐牛氏。果たして幸せであったのか、不幸だったのか。

ともかく、六〇年安保反対闘争は国民的な反米抵抗運動だった。又、ナショナリズムを代行した運動だった。戦後国民が自信を失って茫然自失していた時に、一瞬とはいえ見せつけてくれた反米運動の盛り上がりだった。力道山や水泳の古橋と同じように、国民の屈折した愛国心の表われではなかったか。

三島由紀夫はかつて共産主義者だった林房雄について、こう書いている。多分、唐牛氏と共産主義の出会いもこんなものかもしれないと思って読んだ。

「氏のかつてのマルクス主義への熱情、その志、その『大義』への挺身こそ、もともと、『青年』のなかの攘夷論と同じ、もっとも古くもっとも暗く、かつ無意識的に革新的であるところの、本質的な『日本人のこころ』であった」（『林房雄論』）

又、六〇年安保を唐牛氏と闘った「戦友」であり、現在は自民党議員の加藤紘一は、防衛庁長官を二期連続してつとめ、米国にも太いパイプを持ち、中堅議員でも出色だが、毎日新聞政治部がまとめた『安保』（角川文庫）の中で、六〇年安保闘争がなぜあれだけ盛り上がったかについて、デモに参加した当事者として五つの理由を挙げている。

第一は、社会主義は日本はとりえない道だが、いつかは行ってみたいという理想郷だという雰囲気があった。

第二に岸は許せないという気持ち。

第三に、とにかく平和でありたいという平和運動としての側面。

第四に、反米運動としての側面。

そして五番目は…。

「個人感情的な部分だけど、みんな大学入試で必死になって、いい大学に入っていい就職をしたいと思って、すべてのエゴで受験勉強をしてきたけど、ここで国のため、社会全体のために何か考えてみよう、そのために運動をしてみよう、という個人のセルフサクリファイス、自己犠牲を社会のためにしてみたい、ということで、すべての人が心のなかに一、二割は持っている、そういった部分に火がついた。そういったすべての相乗効果があの運動になったと思います」

この最後の理由が案外と一番多かったのではないだろうか。政治的、イデオロギー的な闘いのように見えて、その実、こうした心情的な部分が大きかったのだろう。共産主義が占めている部分なんて、思いのほか小さかったのだ。

唐牛氏の『追想集』には氏を知る各界の人々百三十名が思い出を書いている。どれもが貴重な資料であり、あの激動の歴史の証言になっている。島成郎、西部邁、藤本敏夫、篠田邦雄、小野田襄二、清水幾太郎、加藤紘一、菅直人、林健太郎、小沢遼子…等々。そして実は僕も頼まれて、晩年の思い出を書いた。その原稿の要点は、ここでも書いてきたが、最後のところだけ紹介しよう。自分の文を紹介するのは気がひけるが、民族派の今やろうとしていることがこれだとも言えるからである。

「不世出の天才革命家と同時代に生き、その本人を知り、そしてかわいがってもらった。こんなに幸せな事はないだろう。

唐牛氏の見果てぬ夢は我々が実現してみせる、と言い切れたらどんなにいいだろうと思うが、とてもそこまでの自信はない。ただ、その何十分の一、いや何百分の一でも、我々の闘いの中からそれを実現しよう。そのことによって唐牛氏の恩に報いたいと思う。

いつの時代にも英雄は余りに若くしてこの世を去ってゆく。生き急ぎ、死に急ぎ、一陣の旋風のように駆け抜けてゆく。そして永遠に〈若き革命家〉の鮮烈なイメージだけを人々の瞼の裏に焼きつけて」

「唐牛氏の見果てぬ夢」を何とか我々の手で実現したい。時代も違い、運動スタイルも違うが、今はそう本気で思っている。これこそが、これからの民族派運動の大きな目標だともいえるし、又、この本を書き続けてきた目的だともいえる。「虫の息でも」革命が呼吸している内にだ。右とか左ではなくもっと大きな国民運動だったと思うし、日本の〈戦後〉を真に問うものだったと思うからである。

このことは西部邁の『六〇年安保＝センチメンタル・ジャーニー』（文藝春秋）を読んだ時にもそう思った。西部は今は東大の教授だ。そして唐牛氏とは六〇年安保の「戦友」だ。

戦友で思い出したが、『唐牛追想集』には戦友百三十名の思い出が書かれているといったが、中には今だにあの時の興奮が忘れられず、三十年近くたった今でも、「必ず唐牛から決起の呼びかけが来る」と信じている人もいた。その言葉が、「赤紙はまだか？」というのだ。召集令状のことだが、それを赤紙というところなど時代を感じさせて、つい苦笑したものだ。

しかし、失礼ながら「赤紙」を待っている人達ではもう日本の革命は出来ない。死ぬまでただ待っているだけだろう。その人達も含めて「もう一度革命を！」と、唐牛氏は言ったが、それは唐牛氏の思いやりであり優しさだろう。そうした「元・活動家」を集めても革命を出来ないこと位は氏自身も十分に知っていたはずだ。残念ながら次の世代しかない。僕らも含めて、その次の世代の問題だろう。

そこで、西部の本についてだ。この本には唐牛氏から始まって、篠田邦雄、東原吉伸、島成郎、森田実、長崎浩のことが各一章をあてて書かれている。勿論、六〇年安保の戦友たちであり、全学連のリーダー達である。僕は森田実以外は皆、面識があるし、六〇年安保についていろいろ話してもらったこともある。しかし、篠田邦雄氏の話を聞いた時は正直いってショックだったし、又、逆に「六〇年安保」とはこういうものかと分ったような気がした。

この本の中では「第二章。優しい破壊者―篠田邦雄」として書かれているが、初めに書いたように昭和六十一年の十二月十七日に四谷公会堂でやった一水会の勉強会に来てもらい講演してもらった。演題は「六〇年安保とは何か」。六〇年安保をテーマとした勉強会は唐牛氏を講師に迎えた時に続いて二度目だ。

篠田氏はその時、こんな話をしてくれた。何十万人ものデモ隊が国会を幾重にも包囲し、あわや革命前夜かと思われた時である。篠田氏もこのデモ隊を指揮していた。

「何千人というデモ隊ならば、まだ『インター』なんかも歌える。しかし、何万となったら『インター』なんて知らない奴が多い。だから各々、自分たちの大学の校歌を歌っていた。さらに何十万のデモ隊になったら、もう一緒にうたう歌もない。しかたないから国歌『君が代』を歌っていたよ」

エッと、これにはビックリした。共産革命の前夜かと言われ、そう思われていた時である。インターを知らない奴はいるだろうが、だからといって、いくら何でも「君が代」はウソだろうと思った。話を面白くするために篠田氏がつけ加えた冗談に違いないと思った。ところが篠田氏は本当の話だという。

そういえば、砂川基地反対闘争の時はデモ隊と警官がにらみ合いながらどちらからともなく「赤トンボ」を歌ったというし。そうみてくると、「君が代」だってあながちウソではないかもしれない。そう思った。

初めにも書いたが、篠田氏は小学校で教科書に墨をぬらされた世代だという。この教科書に墨をぬったというのは、僕も本で読んだことがあり、ずーっと昔の話で歴史的事件だとばかり思っていた。ところが、僕とさほど年も違わない篠田氏がそれを体験した世代だという。遠い歴史的事件ではなく、ついこの間のことであり、その苦い体験を持った人々が六〇年安保の世代なのかと思い直したわけである。

教科書に墨をぬるというのは子供心に強烈なショックであり、一生忘れないと言う。又、今まで「八紘一宇」「神国日本」をアジっていた教師たちが、八月十五日を境にして、「平和と民主主義」「自由と人権」を言い出す。「冗談じゃねえ。このウソつき教師どもめ。お前らにはだまされないぞ」と篠田氏は思ったという。そうした、教師に裏切られた世代の闘いが六〇年安保だったわけだ。

教師の変節については大著『ボクラ少国民』シリーズを著わした山中恒がもっとはっきりと書いている。『夏がくるたびに』の中でこう言っている。

「そのとき私たちは大日本帝国の少国民として敗れ、更に信頼していたおとなたちの裏切りに敗れ、二重に敗れた」

つまり、一度は神国日本が敗れたことにショックを受けた。第二に、今まで皇国必勝を教えてきた同じ教師が口をぬぐい、民主主義万歳を教えることにショッを受けた。子供たちは裏切られ、戦争と教師（大人）とに二度敗けたという。

この「二度敗けた」少年たちが六〇年安保闘争の主役であった。篠田氏も唐牛氏も、だから「三度目は敗けられない」と思ったのかもしれない。こうなるとやはり反米レジスタンス運動といった方がいいのかもしれない。

この点で、七〇年の全共闘世代とは決定的に違うものがある。一方は「裏切られた世代」の革命だった六〇年安保。もう一方は、裏切られた体験なしに、教師の「平和と民主主義」教育を一貫したものとして何ら疑がわずに受け入れてきた世代の全共闘。それに＜狼＞や連合赤軍も又、この後者の世代である。どちらがより大きく傷ついたのか。焼け火ばしを熱いと知ってて握った人間と、知らずに握った人間の違いかもしれない。知らずに握った方が、思い切りよく握り、離すことも出来ずに大怪我をした。そんな気がしてならない。＜国家＞不在、贖罪教育の戦後日本の犠牲者である。では「新右翼」といわれる民族派はどうなのか。その中で、発生的には鬼子的だったかも知れないが、戦後日本とは何だったかを考え直し、反省する材料というか存在だったと思う。

前に言ったように、右翼は六〇年安保で「革命前夜」の幻影におびえ、それ以後、「反共」が第一義となる。反米、ナショナリズムの抵抗戦を戦うべき右翼、民族派がこの部分から脱落し、皮肉にも、唐牛氏らの全学連やその後の藤本氏らの全学連がこの空白のナショナリズムを代行した。

この問題に関しては、「新右翼の教組」といわれている野村秋介氏とも十一年前に長時間話し合って意見が一致し、その対談を『現代の眼』（昭和五十一年二月号）に発表したことがある。

「反共右翼からの脱却＝われわれは現体制の手先ではない」という、当時としては思い切ったタイトルだった。右翼は六〇年安保以来、「反共」を前面に出し、変革運動としての牙を忘れた。「反共」であれば自民党でも仁侠でも警察でも仲間だという方向に進んでしまう。又、圧倒的に数で優位な左に対し、我々も数で対抗しなければという考えが先行し、質が見落とされた。その時に、質の革命を目指して三島事件が起こり、それが左にエコーして＜狼＞事件になった…。と野村氏は興味ぶかい発言をしている。二十ページにも及ぶ量で、その後の「新右翼」運動の全てを予言している。この時、野村氏は河野邸焼打事件で十二年、千葉刑務所に入り出獄したばかりだった。又、この対談の数年後には経団連事件を起こし六年の刑務所生活を送ることになる。

この対談は今読み返してみても、その後の新右翼に限らず、右翼運動全体の方向を示唆しているように思える。安保、＜狼＞、三島、YP体制、警察…と、あらゆる問題について言及しているし、ズバリ「新右翼をつくった対談」といってもいいだろう。参考資料として資料篇に収録したので読んでほしい。その中で安保について野村氏は、

「右翼の大勢は『反共』という大義名分のもとに、安保支持に回ってしまった。その＜負債＞を我々がどうするかだ」と言っている。

今となっては、こんなことは「常識」化されているが、十一年前はやはり、かなり勇気のいる発言だったし、いろんな方面からかなり批判された。しかし、この問題提起を受ける形で「新右翼」がつくられ、理論武装されたのは事実である。

＜狼＞は三島のこだまだと野村秋介氏は言ってるが、やはりこの二つに以前から注目していた人がいる。いや、人がいたというべきだろう。六十一年二月五日に五十六歳で亡くなった文芸評論家の磯田光一である。『三島由紀夫論』でデビューし、『殉教の美学』『比較転向論序説』『パトスの神話』『邪悪なる精神』『近代の迷宮』…と反近代主義的情念論の立場から評論活動を展開し、全共闘世代は勿論のこと、民族派学生にも多大な影響を与えた。

僕自身も影響を受けた世代であり、磯田の本は出るたびに買い求め、むさぼるように読んだことをおぼえている。「三島由紀夫よりも磯田光一だよ」といって他人にすすめていた民族派の友人もたくさんいた。当時、三島の他には民族派学生に影響を与えたのは磯田光一、高橋和巳、吉本隆明といったところだったろう。むしろ三島の本よりも後の三人の方が熱心に読まれていたかもしれない。

この三人について書いていったらきりがないので磯田の話に戻る。磯田は戦後の中で失なわれたストイシズムについては、ことの他興味があったようで、その視点から三島や連合赤軍や＜狼＞や日本共産党のことを数多く論評している。晩年出した『左翼がサヨクになるとき＝ある時代の精神史』（集英社）の中では、面白いことを言っている。儒教とプロレタリア文学というのは全く相反すると思われているがそうではなく、ストイックな倫理で共通しているという。

「〝型〟の失われてゆく時代のなかで、あえてマルクス主義という〝型〟を規範としてえらんだのが、昭和初年の左翼文学者の精神像であったといえよう。日本思想史の文脈のうえでは、儒教のつくりあげた〝型〟が崩壊してゆく時代のなかで、儒教の世界像を再建したのが昭和のプロレタリア文学だったのかも知れないのである。『闘士』の人間像のうしろには、伝統的な『志士』の人間像が歴史の持続として生きている」

やはり磯田光一はすごいと思って読んだ。次いでこう言っている。

「昭和の国家主義が『国家』を『公』の中心に置いたのにくらべて、マルクス主義は『国家』を否定した、と人はいうかも知れない。しかし現存する国家を否定しようと、〝あるべき国家〟を社会主義というかたちで構想している以上、それは広義の国家主義と呼んでもいっこうにさしつかえないのである。このときマルクス主義とは、そのまま昭和の新しい『国学』であり、その道徳の質は『礼儀小言』そのものではないか」

マルクス主義が国学だとは！　すごい発想である。この磯田が『朝日ジャーナル』（昭和五十年十二月十九日号）で僕の『腹腹時計と〈狼〉』の書評をやってくれたことがある。これはその後、彼の評論集『昭和への鎮魂＝現代精神史論集』（読売新聞社）にも収められている。「極左・極右近接の精神状況」というタイトルで、かなり長文の書評である。そこで左右を結ぶストイシズムについてこう書いている。

「ここにおいて『狼』グループが社会的に袋だたきに逢った敗者であったという事実、および軍事闘争の教典にみられる日本的ストイシズムの問題が、左右両極のラジカリズムをつなぐフォルムとして表面化するのである。ラジカリストは死と引きかえに行為におもむくがゆえに、それは〝死の美学〟の表現たりうる。また服務規定にみられる小市民性の排除が、日常性にたいする思想の優位として、精神主義の相貌をもって立ちあらわれるのである」

そして、ストイシズムでは共通しても、外へ表出するラジカリズムの方向性は反対であるという。左翼系は「子弟型ラジカリズム」であり、民族派は「厳父型ラジカリズム」だという。

「左翼系の『子弟型ラジカリズム』が、どこまでも権力という〝父〟にたいする〝子〟の反逆であるかぎり、そこでは共産党の体制化（つまり共産党の自民党化）さえ敵となる。しかし民族派の『厳父型ラジカリズム』にとっては、自民党の社会党化（つまり父性の弱体化）こそが諸悪の根源として意識される」

この部分だけは、フーン、そういうものかな、しかしそんなはずはないぞという気持ちで読んだ。特に「厳父型ラジカリズム」はファシズムへと通じるなどと言われると、「それは違いますよ」と言わざるをえない。ただ磯田は、こんなことも言っている。

「…このような諸条件を考慮に入れれば、鈴木氏の著書は理論書としては支離滅裂に近いにもかかわらず、感情的には時代を先取りしているように思われる」

「支離滅裂」とは随分とひどいことを言うものだ。しかし、ルポルタージュであり理論書、論文集ではないので、そういわれても構わないが。「時代の先取り」に関してはどうか。「新右翼」というものが出現したことか。いや、それだけではないだろう。国家、民族、戦争、贖罪…そういった問題を考え直す風潮が出て来たということだろう。

あの頃、僕は右の運動に対し、このままではダメだと絶望し、その中から、自分の気持ちを〈狼〉に託すような感じであの本を書いた。彼ら〈狼〉ですら、あそこまで命をかけ、ストイックにやっている。それなのに我々はどうだ。そういう焦りがあった。だから、好きな評論家だったが磯田の書評は余りピンと来なかった。むしろ、菅孝行の次のような書評が、何か自分の心の中をグサリと刺されたような気がして、今でも覚えている。

「これは絶対的にとざされた壁をこじあけようとする右翼ラディカリストの悲願の表現とよぶべきであろう」(「現代の眼」昭和五十年十二月号)

## 「わが友、わが敵」全共闘

「朝日ジャーナル」で五十九年から「若者たちの神々」というシリーズがあった。僕もどういうわけか取り上げられて入った。「若者にとって」と同時に「神々」も若くなくてはとのことで四十歳がリミットだという。

それで僕などは年齢制限ギリギリで入ったわけだが、四十までというと、どうしても全共闘世代が多くなる。多分、大半がそうだろう。話もその時代の思い出がやたら出てくる。今単行本になった第一巻から四巻までの登場者を数えてみたら、ちょうど五十人いた。その中でも、糸井重里、北方謙三、橋本治、中上健次…などはとりわけ全共闘出身の有名人だろう。

北方謙三の小説には学生運動を昔やっていて、今はアウトロー的な生き方をしているが、やっぱり学生運動の興奮が忘れられないといった主人公がいつも出てくる。糸井重里はコピーライターの神様になってしまったが、学生時代、中核派のヘルメットをかぶってデモに出ていた写真が、二年ほど前の写真週刊誌に出ていた。橋本治も東大・駒場祭のポスターのコピーと共に不朽の名を残した。その「とめてくれるな、おっかさん。背中のいちょうが泣いている。男東大どこへ行く」というコピーは橋本の名前は知らなくとも、僕もずっと印象に残りおぼえていた。

この「神々」に取り上げられた以外でも全共闘出身者はやたら多いし、著名人が多い。『噂の真相』で二年ほど前、「全共闘出身の有名人たち」という匿名座談会があった。それを読んで、こんなにも多くの分野で彼らは活躍してるのかと驚いた。コピーライター、作家、映画監督、弁護士、大学教授、助教授、ルポライター、テレビ・プロデューサー、新聞記者…と挙げていったら切りがない。マスコミ関係の第一線でバリバリやってる人間はほとんどがそうだと言えそうだ。

新右翼のドンといわれる野村秋介氏が、テレビのインタビューで、「野村さんは新右翼と言われていますが？」と聞かれて、

「君たちだって〝新マスコミ〟だろう」と逆襲していたのをおぼえている。右翼の世界だって新しい感性を持った人間が出てくれれば新右翼と言われる。マスコミだって全共闘世代の新しい感性を持った人間がどんどん入り、ほとんど現場を占拠している。だから君たちだって〝新マスコミだ〟と言ったわけだ。面白いことを言うと思って見ていた。

六十一年の末に六本木のアークヒルズで「イズ・チェンジング」という大討論会があり、その一部が正月、一月四日の深夜にテレビ朝日で放映された。そこに僕も出たが、牧野剛という面白い人物と会った。日本三大予備校の一つ、河合塾の名物教師であり、ビールを飲みながら授業をやり、『フライデー』にも紹介された。そんなことをしたら普通はクビになるところだ。さらに全共闘活動家だったこともかくさず、予備校教師になってからも名古屋オリンピック開催反対を叫び市役所前でハンストをやったり、生徒を前にアジったり、予備校生をデモにつれだしたりと、やることがや

たら過激だ。

これほど過激にやりたい放題やってもクビにならない。それは教え方がうまいし、東大の国語の入試問題をあてたり、ともかく生徒には絶大な人気がある。だから予備校側としても、全て黙認だという。アークヒルズで会った時も、「予備校は今や全共闘が全て乗取ってますよ」と豪語していた。それに、予備校生というと暗い印象を持ってしまうが、そうではなく、「若いというのはいい。無限の可能性がある。そいつらにアジれるんだからいい仕事だ」と言っていた。

その牧野剛が『予備校にあう』（風媒社）という本を出している。本人に会って興味もあったし、すぐ注文して買って読んだ。やたら面白い本だ。予備校のことも少しは書いてるが、「日本学生運動史」とか「予備校はほとんどブント的気分」「市民共闘会議議長・牧野剛インタビュー」とか、まるっきり新左翼の本だ。

さきほど日本三大予備校といったが、この三校からして全共闘が大挙して入り込み占拠している。代々木ゼミナールには名物・小田実がいたし、今もべ平連関係の先生がかなり入っているという。駿台予備校には元・東大全共闘議長として有名な山本義隆がいる。それに最首悟とか、東大全共闘関係が入っている。そして河合塾には牧野一派がドッと入っている

小田実、山本義隆、最首悟…と名前だけ並べると、そのまま全共闘時代の自主講座かと思えるほどだ。タイムスリップして一九六〇年後半の「全共闘の興奮」がここには甦えったような錯覚を感じる。そして、彼らは名古屋オリンピック反対闘争や各地の住民運動、反公害闘争とも連帯し、い

やその中心になっている。そして予備校がそれらの運動の拠点になっているという。

これほどはっきりと目に見える形ではなくとも、全共闘が支配している生産点は他にも一杯あるだろう。新聞、週刊誌、テレビ局、出版社、病院、JR、郵便局…と、いろいろの分野に入り込んでいる。「全共闘出身の有名人たち」の企画も出来るわけだ。

実はこれを読んで、よし、じゃー我々もやってみようと考えたことがある。「民族派学生運動出身の有名人たち」という題で一水会の「レコンキスタ」でやろうかとマジメに計画を立てた。計画を立てたといっても僕一人が考えたわけで、思いつきで、三、四人に電話して匿名座談会をやろうと話を持ちかけた。しかし、「なんだ『噂の真相』のモノマネじゃないか」とすこぶる評判が悪い。だってモノマネなんだから仕方はないが。「それに全共闘は頭がいいから有名人が多いけど、右翼学生や体育会学生なんて頭悪いし、有名になってる奴なんて一人もいないよ」と言う。

そんなものかなーと思っていたら、「いや角川の社長の角川春樹がいるじゃないか。なんでも国学院にいた時は右派学生だったらしいよ」という話があった。それだって、どこまで本当か分からない。

「民族派学生といっても卒業したらみんなやめちゃってるからなー。それに右翼になって会社回りしてたり、総会屋になったり、ヤクザになったり、警察に入ったり…と、あまりよくなってないね。これじゃー有名人なんていないよ」

「会社つくったけど倒産して逃げ回ってるのもいたね」「恐喝やサギで刑務所入ってる奴もいる

よ」「そういえば、あいつの家も一家心中寸前だなー」と段々と暗い話になってしまう。

警察官で思い出したが、高校、大学の同級生で何人かお巡りさんになったのがいる。いつだったか、ちょっと忘れたが北方領土返還のデモだったと思う。僕も参加してワッショイ、ワッショイとやっていた。その時、「おい、邦男」なんて名前を呼びすてにする奴がいる。キョロキョロ見回したがデモ側の人間ではない。「おい、俺だ、俺だ」とヌッと現われたのはデモを規制している完全武装の機動隊。それが何となつかしそうにニコニコと笑っている。何だこいつは気色悪いと思いながらよく見ると、こいつが仙台の東北学院高校の同級生。成績は中か、それ以下だったが体だけは頑丈な奴だった（この本読んでないだろうね）。大体、頭のいいのはみな左翼になっちゃったんだよ。

何で機動隊になんかなったんだ。もっとマジメな仕事があるだろうに。大学受験に失敗してヤケで入ったのかな。それにしても東北学院の恥だ。向こうも「右翼になるなんて東北学院の恥だ」と思ってたかもしれないが。いや、きっとそうだ。そいつが「なつかしいなー。ヘェー。右翼になんかなったの？　大変だなー。デモに出てちゃんとお金もらえんのが？」なんて話しかけてくる。もらえるわけねーだろうが。相変わらずトロイなーと思ってたら、「終ったら、コーシーでも飲まねが？」

こっちは仕事中（？）なんだ。そんなこと出来ないだろうが。それにお前は国家権力の犬だろうが。一緒にお茶なんか飲めるわけねえよと言って、すがる同級生を邪険にふり払ってやった。

次は大学の同級生。コチコチの右翼反共学生で、左翼学生をなぐることは国のためだと信じて疑がわない奴がいた。学内でやっている分には警察がいないから、やりたい放題だが、街の中で左翼をなぐって警官に捕まった。「左翼をなぐるのは国のためだ。いい事をしてなぜ捕まるのか」と理解できないらしい。こんな不条理はないと思ったらしい。

その点、警官は大学ストでも街頭でも、左翼をなぐり放題だ。なぐり、けとばしたりして逮捕しても仕事だし、かえって表彰される。それで彼は真理を悟った。「左翼学生をなぐって逮捕されるよりも、なぐって表彰される方がいい」と。それで卒業後は警察官になった。マンガみたいな話だが、実話である。

こう見てくると、やっぱり全共闘とは全然質が違う。学生時代は反自民党の民族派学生運動をしていながら、卒業してからはコロリと「転向」して自民党の議員秘書になったり、自民公認で市会、県会に出てるのも多い。唐牛氏らの六〇年安保世代もそうだろうが、九割以上が体制側に順応し、転向している。六〇年後半の全共闘、民族派学生にしてもそうだ。反骨を貫き、志を貫いている人間なんて数えるほどだ。

全共闘出身者はマスコミや予備校で頑張ってるかもしれないが、それにしても全体から見たら一部も一部。一割どころか一％もいないだろう。それに全共闘運動そのものは今や跡かたもない。

「そりゃー、いつまでも同じ運動スタイルにこだわっていられない」「役目が終ったから消滅したのさ」と言うかもしれない。しかし、本当にそうだろうか。当時、「大学の自治」「学問の自由」がいわれ、「産学協同路線粉砕」が叫ばれた。又、全共闘活動家のアジ演説で今でもおぼえているが…。

「今は人間が一個の人間として評価されない。大企業の部品の一つになり、人間は右手だけ、あるいは左手だけとしてしか要求されないし評価されてない。大学は学問の自由を忘れ、大企業に学生を送り込むだけの存在になっている。大学の教授も皆、政府の御用学者と化している」

と言っていた。敵ながらいい事をいうなと思って感心していた。実際その通りだからだ。学費値上げや、大学の管理しめつけへの反撥や、他にも理由はあっただろうが、根本的には大学が企業の下請けになってるという大学の自治への危機感も大いにあった。では今、その問題は解決したのか。全く解決してない。機動隊が大学に導入されるなんて当時は大学の自治の否定だと大問題だったが今ならいくらでも入ってる。大企業の事でも、大学はどこも企業のいいなりだ。大学教授だって、政府や財界の御用学者がゾロゾロいる。どこに大学の自治や学問の独立があるのだろう。かえって事態は悪くなっている。

問題が解決し、全共闘が使命を終えて、それで解散したのではない。いや問題提起をまともに受け止められもしなかった。「大学立法」という力づくで黙らされただけだ。これでは余りにもなさけない。そして、「俺は昔、全共闘をやった」という人間だけが偉そうに昔をなつかしがって喋っているだけだ。

だから僕が取り上げられた時の「若者たちの神々」でも、そんな話をした。全共闘に対する二度目の挑戦状のつもりだった。僕が出た「朝日ジャーナル」にはこんなリードがつけられていた。

「全共闘に対抗、連動して生まれた新右翼のイデオローグ。いまや敵の姿なく、社会の保守化を嘆く異端、孤影の神」

まァ、現実はこんな格好いいものではないが、後半のコピーは面白い。敵の姿はないわけじゃなく、アメリカにしても、自民党にしても強固に存在しているわけでただ、大学時代の好敵手、全共闘がいなくなっただけである。この「神々」の中でも喋ったが、僕ら民族派学生は全共闘を反面教師として生まれ、育ってきた。しかし、反面教師の「先生方」は、どんどんいなくなっちゃって、警察がモロに弾圧してくるのは我々の方だけだ。

左翼の方は、どんどんやめて市民社会に戻っている。企業の側も「大学時代に少し位暴れた人間の方が骨があっていい」と採用し、完全に左翼は体制にとりこまれている。僕が五年間勤めたサンケイ新聞でも革マル、反帝学評をはじめ新左翼の元・活動家はかなりいた。会社の上層部は、「いくら学生運動をやってても会社に入れば皆変えてみせる」と豪語していたが、現実はその通りになっていた。

又、全共闘が暴れ回ってた頃、警察はそれに対抗し人員や装備を二倍、三倍と増やしていったが、その数は全共闘なきあとも変わらない。新左翼がないから、じゃー新右翼を弾圧しようということで、こちらが集中砲火をあび、「過激な新右翼がいるから、もっと警備の強化を、予算のアップを」と口実にしている。だから「朝日ジャーナル」で僕もこんな事を言った。

「全共闘のロートル諸君がもう一度がんばって世の中を騒乱させてもらわなきゃ困りますよ。いくら全共闘を懐しがっても、しょうがないでしょ、やっぱり。全共闘の出身者は、みんな大会社の課長、部長クラスになってて、自分の家庭が大事で、革命なんかやってられないんですね。これではダメですよ。糸井重里も全共闘出身者で中核シンパなんて言われてんだから、金をばんばんもうけて、中核にカンパすべきだ」

最後は糸井にまで八つ当りしてるが、これは正直な気持ちだった。学生時代、全共闘は確かに敵だったが、その強大な敵によって我々は鍛えられ、育てられた。今だって、我々の運動に関心を持ち、入ってくる人間はいるが、当時は今とは比べものにならないほど多かった。それは明確な敵がいたからである。いや、敵が見えたといった方がいいだろう。だから、それに対し不満を持っている人間が顕在化した。

例えば全共闘のストに対し、僕らは早大でスト反対の集会をやったり、ビラを貼ったり、タテ看板を出したり、チラシをまいたりした。すると必ず全共闘の学生がやってくる。キャンパスはそのまま公開討論の場になる。はじめは論争でも暴力でも僕らは粉砕されてばかりいた。しかし野次馬よろしく囲りをかこんでる学生から、「そうだ。そうだ」とか、「左翼は横暴だ」「暴力はやめろ」なんて声がかかる。

その公開論争の時に我々が、「マルクスレーニン主義の為に学園問題を利用するな」と言うと、彼らは「じゃー、君らの立場は何だ」と必ず問い返してきた。「一般の学生だ」とか「自由主義だ」とか、みな思い思いに言っていた。勿論、「新右翼だ」なんて言う人間はいないし、まだそんな言葉もなかった。なかには、「俺は良識派だ」などと恥ずかしげもなく言ってた人間もいた。いま考えると笑い話だ（しかし、スト反対の運動で我々がマスコミから一時「良識派」と呼ばれたことは事実だが）。

その公開路上討論会で声をかけてきた人間が、次からは一緒に運動をするようになる。又、我々としても、そうした人間は積極的に一本釣りのオルグをした。だから、デモも、公開討論会も、ゲバルト（暴力）ですら、一種のデモンストレーションだった。運動部の「演武会」のようなものだった。もっともこれは左の方も同じだろうが。

そんな「演武会」をいつもニコニコしながら後ろから見ていたのが森田必勝だった。勿論、その時は後に三島由紀夫と「楯の会」をつくり、共に自刃するといった素ぶりもない。本人だって運動にそこまでのめり込むとは夢にも思っていなかっただろう。小柄だが、コロコロしていた森田を見て初めのうちは、てっきり体育会の学生だと思っていた。「どこの部に入ってんの？」なんて聞いたこともある。

だから全共闘がなければ、森田も「演武会」を見ることもなかったし、民族派に入り、その後、三島と死ぬこともなかった。おそらく彼も、そして僕らだって、全共闘がなければただの一般学生で終わっていただろう。森田がいなければ三島事件もなかったわけだから逆説的に言えば、「全共闘が三島事件を起こした」と言えるかもしれない。

全共闘は敵であったが、同時に、組織論、運動論においては反面教師でもあった。又、理論的、肉体的に彼らと闘いながらも時として敵ながら天晴れと思うこともあった。だらしのない味方よりは対立する敵の方が頼もしく、立派に思えることもある。事実僕なども、そうした敵を何人も知っている。政治的立場は違ったが、「敵ながらよくやってる」と感心し、そのアジ演説に聞きほれたことも何度もある。こんなすごい活動家が一人でもいたら我々の民族派学生運動も飛躍的に伸びるのに、と何度思ったか分らない。

こういった気持ちはその時代の当事者でないとなかなか分らないかもしれないが、僕らにすれば何も生まれた時から右翼だったわけでもないし、ましてや左翼と闘うために生まれてきたわけでもない。後に左翼になり敵対していった学生にしてもそうだろう。高校や大学で同級だった人間が、ある日、突然全共闘のデモに出ていたり、活動家になったり…。そして我々と敵対することになった。だから、まかり間違えば、僕らだって彼らと同じような左の運動に行ったかもしれないと思うのである。

反面教師ながら、全共闘とはよく殴り合ったし、死闘を展開したと先に書いた。「若者たちの神々」の発言は、大学を終えてからの、彼らへの第二の挑戦状だった。

その直後に池袋の文芸座で全共闘についての公開討論会があるので出てくれとの依頼があった。向こうは四人で、こちらは一人。しかし、こちらは初めにケンカを売ってるのだから逃げるわけにはゆかない。深夜の対決となり、これはその後、テレビ朝日で放映され、「朝日ジャーナル」にも収められ、その年の十二月には講談社から『激論・全共闘＝俺たちの原点』というタイトルで単行本にもなった。

その時の討論会だが、僕の他は皆、全共闘出身者。作家の中上健次、映画監督の高橋伴明、作家の立松和平、元・日本赤軍の前之園紀男の四名。僕を入れて五名。司会は評論家の田原総一朗。「全共闘ブーム」真只中ということもあり、週刊誌などでも随分取り上げられた。ただ、今も現役で運動してるのは僕と前之園くらいで、その点、かみ合わないというか迫力の違いが出たように思う。「小説を書くのも闘いだ。俺は今も闘っている」なんて中上は言ってたが、ちょっと説得力に欠けていた。「当時は全共闘の敵だった鈴木の方が一番、全共闘らしかった」と、どこかの週刊誌には出ていたが、これには苦笑させられた。

現役でまだ運動してるという前之園にしても今は根室で北方領土返還運動をやってるというし、「学生時代はアメリカが敵だったが、今の敵はソ連だ」などと口走り、会場から「転向ではないか」などと野次られていた。他の人間に至っては運動から離れて久しいし、「今何をやってるんだ」「今、闘ってるのか」と会場から厳しい質問が浴びせられていた。

ただ、この中で中上健次が面白いことを言っていた。

「いまから振り返ってみれば、左翼の運動だといわれてたものが全部右翼にみえるということなんです。つまり、この全共闘の運動でも、六〇年安保でもね、七〇年の安保でもね、みんな右にみえちゃうんだ俺には。あの時代やってたことは全部、護国運動だとかと変わらないんじゃないのかと思ってしまう。たとえば連合赤軍の事件なんか天誅組の一種だったんじゃないかと、横にスライドすればそんなふうにみえちゃうんだ」

　唐牛氏らの六〇年安保については前にも書いたが、中上もそう思っているわけだ。討論会では、その後、「ではなぜ今、全共闘がないのか」「なぜ、おとなしくなったのか」と話が展開したが、前之園紀男が、あれは愛国運動だと言い切っていたのが印象的だった。

「やっぱりいまみなさんおとなしいのはおとなしいだけの理由があるんです。われわれは不平等な安保条約に反対したんであって、平等な条約に反対したわけでないんですよ。ですからある意味では日本の独立という愛国の運動だったわけですよ」

　ウッ、すごい。こうなると、みーんな愛国運動になっちゃう。日本に左翼なんていなくなる。じゃー、学生時代、なんで僕らが敵対し、殴り合い、ケガをしたのか分らなくなる。まさか「愛国運動同士の内ゲバ」ではあるまい。中上も言うように、「今にして思えば」であって、当時はそんなことをお互い、考えなかったし意識していなかった。

「全共闘ブーム」真只中の時に、筑紫哲也がこれは全共闘ブームじゃなくて、ただの「全共闘回顧ブーム」だと言っていた。確かにその通りだろう。回顧というのは、もうその現場にはいないしその延長線上にもいないということだ。だから、ただただ、なつかしく楽しく思い出せるのかもしれない。ただ、それだけ離れて見れば、現場で闘っている人間よりも客観的、冷静に見れるという利点もあるだろう。「今から見れば、みんな右に見える」という発言もそうだ。

# 第三章　新右翼の天皇観

藤田省三が『原初的条件』の中でこんなことを書いている。

「天皇批判に対してテロで反撃するならば、天皇制は血塗られた刃によってしか守れないものになる。そんな天皇制に果たして価値があるのか」と。

まさしくその通りだと思った。

「いや言葉で反撃したくてもマスコミは全部左翼だし、我々の言うことを取り上げない。だからテロしかないんだ」という右翼の人もある。又、一方に「右翼は理論がないし、討論すると負けるから問答無用のテロに訴えるのだ。卑怯な奴だ」とさげすむ人もいる。これではお互いに悪循環だ。

血盟団事件、五・一五事件、二・二六事件といった昭和維新運動にたずさわった先輩達をたずねて『証言・昭和維新運動』を島津書房から昭和五十二年に出した。その中で二・二六事件の直前に民間の右翼が決起しようとして寸前に発覚し逮捕された事件で、神兵隊事件というのがある。そのリーダーの一人だった片岡駿氏を訪ねて話を聞いた時に、この「テロルと言論」について聞いてみた。

神兵隊事件を起こしクーデターをやろうとした位だから今も言論よりもテロだと言うのかと思っ

た。ところが違っていた。

「確かに戦前はテロの効果はあった。言論の自由が全くないのだから人々に訴えるにはそれしか手段がなかった。血盟団事件でも五・一五事件でも時の政、財界のトップを暗殺するという血なまぐさい事件であったにもかかわらず、一般の国民の支持があったのも、そういう理由だ。何十万通という助命嘆願書が裁判所に届けられた。又、その決起によって自分たちの気持ち、言葉が天皇陛下の大御心に達するという希望もあった。さらに大御心により日本の政治も大きく変わる可能性があった。だから命をかけてやったのだ。

ところが戦後は、まがりなりにも言論の自由がある。街頭で演説することも自由だし、ビラを貼ったり、チラシを配ったり、自分達の機関紙を発行したり…と全て自由だ。その自由を十分に活用しないでおいて、〝どうせ訴えてもムダだ〟といい、クーデターやテロを主張するのは、むしろ敗北主義だ」

こういう話だった。この話を僕が聞いたのは十年ほど前だったし、失礼ながら片岡氏もお年をめされて気が弱くなられたのかと思った。ところが今、考えてみると、片岡氏の話の方が本当のような気がする。

確かに口先だけでもクーデターだ、テロだと言ってる方が勇ましい。言論の自由では何も変わらないように思う。「マスコミは圧倒的に左傾している」と思い、だから我々の主張など取り上げてくれないと簡単に絶望しがちだ。

しかし、「言論では変わらない」と結論づけるほどに、徹底して言論戦を展開した人が果たしていたのだろうか。僕はどうもいないような気がする。良くも悪くもマスコミの力は巨大である。自分たちでも小さなミニコミを出してるが、このマスコミの力にはとてもかなわない。又、民族派の陣営に入ってくる人間のほとんどは、そのマスコミを見て入ってくるのである。

ちょっと話が変わるが、六十一年の末にプロレスと読書論の本を出したが、最近になってその感想や質問の手紙がかなり来た。なかには、「レコンキスタをとりたいので購読方法を教えてくれ」とか、「一水会に入りたい。上京して訪ねてゆく」などという手紙もある。本の発行部数は五千と三千だから、それほど多い数ではない。それが全国の書店に並ぶのだから地方など、あっても一冊か二冊。まったく目立たない。それでも読んで感動したとか、一緒に運動をやりたいという手紙がかなりくる。本の影響力は大きいものだと思い知らされた。

それと、もう四年もたつのに「朝日ジャーナルの『若者たちの神々』を見て……」という人が、相変わらず多い。月に二、三人以上はいるのではないだろうか。本来ならば民族派運動をやりそうな人間をこちらが探してスカウトしなければならないはずなのだが、こちらは黙っていても向こうから人が入りたいと訪ねてくる。こんなにありがたい話はない。今の一水会、義勇軍の運動をしている人間はみな、こうした形で入ってきた人間ばかりである。

このように、マスコミの力は巨大だ。「しかしマスコミはいつもウソばかり書く」「鈴木らはマスコミにいいように利用されているだけだ」という批判もある。又、評論家の松本健一のように「新右翼は商品化されている」と言う人間もいる。確かにその批判にも一理はある。時には利用されているかもしれないし、時には商品化されているかもしれない。又、我々を取材してもその通り書くとは限らない。

しかし僕はそれでも構わないと思っている。マスコミなんてどうせ、そんなものだと思っている。そう知った上でつき合っている。〈真意〉が十分の一しか伝わらなくても、それも仕方がないと思う。向こうだって右翼の機関紙じゃぁあるまいし、こちらの言い分だけを一〇〇％載せるわけはない。〈客観的〉というフィルターにもかけなくてはならない。又、一般の人が「右翼」という言葉にどういうイメージを抱いているかを考えても、この〈客観化〉とはどうなるか、おおよそ見当がつくだろう。

しかし、今まで全く知らない人に、あるいはダーティ・イメージしか持ってない一般の人に例え十分の一でもこちらの考えを伝えることが出来る。どうしても一〇〇％こちらの考えを伝えたいと思ったら自分で自由になる自分の団体の機関紙をつくることだ。それなら真意が一〇〇％伝わる。ただし、マスコミに比べたら影響力は天と地の開きがあるが…。

我々の場合、街頭で演説しているのを見て、ビラを見て、街で配布されたレコンを見て…などというダイレクトな接触で入ってくる人間は極めて少ない。いるにはいるのだが、他の媒体（新聞、週刊誌、テレビを見て…）を通して入ってくる人間に比べたら、ものの数ではない。

それに全共闘運動華やかなりし頃ならば左は勿論、右の方にも若い人間がいくらでも情熱をもって入ってきた。ところが今は左右とも沈滞だ。そんな時に入ってくる人間だから貴重だ。少しくらい新左翼やアナキストなどが「治ってなくても」かまわないから中に入れて一緒に活動し、勉強しているうちに「治して」ゆこうと思っている。

天皇問題が分らなくとも、今の子供たちは一切学校で教えられてないのだから、それだけでもって排除はしないつもりだ。「天皇の問題は自分ではまだ分らないし、みなさんのように熱くならないんですが、それでもいいですか」という人間がいる。僕は「それでもいいですよ」と言うことにしている。一緒に勉強し、活動しているうちに分ってくるだろう。又、どうしても分らないし、一緒にはやれないというのなら、その時点でやめたらいい。「会をやめたければ指をつめろなんて言わないから大丈夫だよ」と笑って言うと、向こうもホッとしながら、「そりゃーそうでしょうね。朝日新聞が推薦する新右翼ですものね」ときた。僕らもとうとう「朝日新聞御用達〝新右翼〟」になってしまった。と、これは勿論、ジョークだが。

一水会に入ったばかりの学生が、これから入ろうかなと迷ってる学生を必死にオルグしていた。その現場に居合わせたことがある。ともかく新しい民族運動をつくろうとか、左翼ではもうダメなんだと必死になって説得している。相手はそれは分るが、天皇問題で今一つ理解できないという。すると彼は言う。

「天皇問題なんて分らなくてもいいじゃないですか。一緒にやりましょうよ」と。何とも無茶苦茶なオルグをするものだと驚いて見ていた。まあしかし、どちらにしても徐々に勉強し、わかってゆくだろうとは思っている。

「右翼、左翼を分けるものは何ですか」と聞かれることがある。特に反体制色を右翼が強めてくると、スローガンや闘争スタイルだけでは右翼と左翼（特に新右翼と新左翼）の区別がつかないという。「まあ、違うとことといえば、天皇問題だけでしょうね」と言うことにしている。

三島由紀夫は東大全共闘と討論した際、「君たちがただ一言、天皇陛下万歳と言ってくれれば俺は一緒にやるよ」と言っている。これなどは、新左翼と新右翼の関係をよく表わしていると思う。

又、僕が『腹腹時計と〈狼〉』という本を出した時、右の陣営からは袋叩きにされたということは前に書いたが、〈狼〉は左からも冷たい目で見られ、鬼子あつかいされている。連合赤軍ともこの点は似ている。「戦後左翼運動の信用がこの二つの事件で崩壊した」と、うらんだ人間は多いはずだ。革命的状況をつくろうとやってきたのに連合赤軍のリンチ殺人と〈狼〉の爆弾はそれら一切を吹き飛ばしてしまったと言うわけだ。

だから、左の陣営からは支持、賞讃の声はおきない。そんな中で、僕の本が出て、いわば敵の側の人間が〈狼〉を（反面教師としてではあれ）評価したのだから左の連中も戸惑ったらしい。「左の人間も無視、批判してまともに取り上げないのに、よくやってくれた」という手紙をずい分ともらった。

当の〈狼〉のメンバーの父親からも手紙をもらった。「それまでは一緒にやり、支援してくれていた人達も、あの爆弾事件でみな離れていってしまいました。仲間だと思っていた人たちが皆、非難し、あるいは冷淡な態度に変わりました。そんな中で、思想的には反対側にある鈴木さんだけが、あの事件を真正面から取り上げ評価してくれました」

そんな感謝の手紙だった。その人とは、それが縁で何度か手紙のやりとりをした。いつも左翼陣営の内部の冷たさを嘆き、親として子供のやったことを少しでも理解してやりたいと思い勉強している…。そんな内容の手紙だった。そのうち、右翼のこともいろいろと分かってきたらしく、一般的に言われてるイメージの右翼とは又別の存在があるということも分ったらしい。いわゆる「新右翼」の運動も少しは評価してくれたようだ。しかし、本人はやはり左の立場の人らしく、こんな手紙が来た。

「新左翼の人ですら逃げた〈狼〉の問題を取り上げた鈴木さんの勇気には感謝しますし、鈴木さんは勉強し、あらゆることがわかっていると思います。しかし、こんなに物が見える鈴木さんなのに、どうして天皇制支持なのですか？」と。

これにはまいった。いろいろ意見は一致しても、ここに来るとどうしても決定的な違いが出てしまう。その時は、「ものが見えるからこそ天皇制支持なんですよ」と返事を出したが。

だから現在の右と左を分ける分岐点が天皇問題のように思うだろう。「天皇を死守する」という側と、「天皇制打倒」という側との闘いだと。表面的にはその通りだ。しかし、最近はこのタテマエのスローガンもかなり変わってきた。日本共産党のように、国民の天皇を尊崇する気持ちは認めると明言するところもあるし、スローガンとしては「打倒」といっても、ホンネでは、「天皇尊崇は大部分の国民の心情的な問題だから、もう変えようがない」と思っている左翼の人間も多い。

「天皇の戦争責任を糾弾する」といっている左翼の側でも、果たして本気でそう思い込んでるのかどうか分からない。ある左翼の人などは、「あれはあく迄も自分たちのセクトを延命するためのスローガンですよ。本気になって思っちゃーいませんよ。右も左も風化しちゃって、今や天皇制は争点にはなりません」と言う。

今は憲法の上からも実際政治の上からも天皇が権力の頂点にあるわけではない。だから「天皇制を打倒しろ」などと言われてもピンと来ないのだろう。目に見えている権力は中曽根であり、自民党であり、警察である。ちょうど右の運動に入ってくる人間が、天皇問題はよく分らないながら入ってくるのと同じように、左の運動に入ってくる人間も、「打倒」といわれてもよく分からないままに運動をやっているのではないだろうか。

それに、内輪の恥をさらすようだが、街頭で「天皇陛下万歳」と叫んでいるからといって、その人が本当に心からそう信じ、そう思っているとは限らない。これは右も左も同じだろうが、本当は心の底から信じてはいないのに、「党派としてのメンツ上」「営業上（？）」、そういうスローガンを掲げている場合もあるだろう。

右翼の中にはヒトラーが大好きだという人が時々いる。中にはナチスと同じ制服をつくり、「ハイル〇〇」と、その団体の責任者の名前を叫ばせ悦に入っているところもある。彼らなども、天皇尊崇の気持ちがどれほどあるか疑がわしい。僕個人としてはヒトラーは嫌いだし、ヒトラー主義と日本の天皇制とは全く相容れないものだと思っている。

もう二十年近く前の事だ。第一章で触れたが、日学同という全国的規模の民族派学生団体があった。ある時、その団体がテレビで紹介された。多分、ＴＢＳだったと思うが。大学内で左翼の学生と討論しているところや、集会や合宿の様子などが出た。そして勉強会のところが出た。防衛や憲法問題についての発言があり、たまたま天皇問題に話が移った。するとある学生が、「天皇よりもヒトラーの方が偉い」と突然言い出した。これは又、すごいことを言うものだと、見ていてビックリした。

発言したのは日学同の会員で、彼にしたら普段思っていることを何気なく発言したのだろうが、この〈事件〉は後々まで尾を引いた。今は亡くなったが作家の林房雄氏などは日学同を評価し、ずい分と応援してくれていた。そしてこの話を聞いて烈火の如く怒った。ただ、テレビを実際に見たのではなく、それを見た人から聞いたらしい。それにしても、「何ということだ。心得違いもはなはだしい」というわけだ。

しかし、日学同の人間は林氏に謝まるどころか、「いや、そんなことは誰も言ってない。ヒトラーの方が偉いなんて、我々民族派が言うはずがない。そんなことは、警察か左翼の謀略です」と言い、それで押し通してしまった。今と違い、ビデオなどなかった時代なので、それが出来たのかもしれないが…。

ヒトラー主義者が出たついでに勝共連合についても少し触れる必要があるだろう。彼らも口では「天皇を守り…」などというが、本心では違う。この問題については「朝日ジャーナル」(昭和六十年二月一日号)の勝共＝原理研批判特集号の時に「勝共連合は民族主義運動の敵だ」というタイトルで僕も書いたことがある。最近急に「右翼的」発言をするようになったが、本心は違う。僕は二十年以上も前から彼らの運動には注目していたし、何を言い、何をやってるかも見てきた。

はじめは純然たる宗教運動であり、「天皇なんて関係ない」「天皇よりも文鮮明師だ」と明言していたし、憲法や靖国神社になど一切関心も示さなかった。ところが、最近では、コチコチの「反共団体」「右翼団体」に変身し、「天皇制を守ろう」「憲法を改正しよう」「靖国神社の国家護持を」などと叫んでいる。

本当にそう思い、考えを変えたのなら分るが、どうもそうではなく、こうした発言や変身は彼らの方便のような気がしてならない。共産主義がソ連を中心としたインターナショナリズムを目指したと同じように、彼ら勝共連合は韓国を中心とした反共インターナショナリズムを目指しているのだろう。日本の民族主義とは全く別物である。その証拠に、毎年正月には文鮮明のもとに各国の元首の格好をした信者が集まり、忠誠を誓う儀式をやるという。「文藝春秋」で元幹部がスッパ抜いていたが、これはありうると思った。日本の場合は天皇陛下に擬した人間が参加し、文鮮明の前に出て額ずくのだという。

だから、スローガンや口先だけで「天皇陛下万歳」といっているからといって即、仲間だとは言えない。

「朝日ジャーナル」(昭和六十一年十月三十一日号）は「誰がための『天皇奉祝』」と題し、天皇陛下御在位六十年奉祝運動の特集をしていたが、僕もその中で原稿を頼まれて書いた。そして今いったようなことも書いた。自分で自分の文章を引用するのも変だが、日頃考えていることなので、あえて紹介してみる。

街頭で「天皇陛下万歳」と言っているから必ずしも尊皇の気持ちがあるかどうかはわからない。そのように言挙《ことあげ》しなくても、むしろ田舎のほうでひっそりと天皇陛下を尊崇している人たちが数多くいるだろう。僕自身も街頭活動しているからエラそうに言えないが、声高らかに言ってる人より、そうした多くの人々こそが、天皇陛下を中心とした日本を支えてきたのではないかと思う。

また、「天皇制を守ろう」と言いながら大御心に反することをやっている人もいよう。逆に「天皇制は差別をつくることになるから反対だ」と言いながら、やっていることは愛他的な、天皇の御心にかなった生活をしている人もいるかもしれない。そうしたことは言葉や、政治的スローガンだけで判断できることではない。

こんなことを書いたので、ずい分と批判が来ると覚悟していた。しかし、その予測は外れて、「事実その通りだ」と言ってくれる人が多かった。「反天皇論者と同席したり、話をするだけでもケシカラン、許せん」という右翼の人もまだいるが、これではアパートの隣りの人にも挨拶出来ないことになる。僕もアパートの隣りの人や二階の人が天皇問題についてどう考えているか知らない。いちいち聞いて「支持する」と言ったら挨拶し、「反対だ」といったら、以後無視する…なんてことは出来ない。本当は反天皇論者かも知れないが、隣人だというだけでごく普通に挨拶する。これは当り前のことだと思う。又、学校や会社やスポーツ会館においてもそうだ。言うことや信条は立派でも、やってることは滅茶苦茶な人がいるし、反対に天皇制に反対だといいながら、立派な人もいる。個人的につき合うならば後者の方だと僕などは思う。

「それでも右翼か」と言われるかもしれないが、人間は外面の政治信条やスローガンではない。その人間そのものであるし、その人間が実際何をやってるかの問題だと思う。それを無視して、「天皇万歳といっているから同志だ」「反天皇論者は国賊だから皆殺しにしてしまえ」では、我々の考えを国民に理解してもらおうと思っても無理だろう。又、そうした区分けは天皇陛下の大御心にかなう道でもないと思う。

## タブーに挑んだ東アジア反日武装戦線〈狼〉

天皇問題をめぐっては左右ともに風化しつつあるということは前の章でも書いた。天皇が政治権力の頂点にいるわけではないので、「弾圧の根源」とか「差別の根源」といわれても若い世代はピンとこない。だから、かつての大逆事件や虎ノ門事件のように個人としての天皇を狙うということもない。いや、実は戦後でも一度だけあった。それが東アジア反日武装戦線〈狼〉である。

敗戦直後から、一億総合唱でいわれてきた「日本は侵略戦争をした」「これからはその贖罪をしてゆかなくてはならない」という敗戦コンプレックスの犠牲者が〈狼〉だったのである。

『朝日ジャーナル』（昭和六十二年二月十三日号）の中で〈狼〉特集が組まれており、僕も座談会に出席した。

「時代への〝大逆犯〟狼の叫び＝東ア反日武装戦線死刑被告に『弁論終結』を宣した最高裁」というのが特集のテーマ。「厄介なトゲ」と題し、本誌の藤森研が巻頭を書き、次に獄中の〈狼〉死刑囚・益永利明が「天皇の共犯になることを拒む」、大道寺将司が「アジアへの沈黙は許されない」を書いている。最後に「狼の問いかけをどう受け止めるか」という座談会で、内海愛子（アジアの女たちの会）、洪大杓（指紋押捺拒否予定者会議代表）、辻元清美（ピースボート）、そして僕の四人。

昭和四十六年から五十年にかけての三菱重工ビル爆破を初めとした連続企業爆破事件で逮捕された益永利明、大道寺将司両被告は、「戦後初めて、政治犯としての死刑」が確定したが、ジャーナルが出た時は、まだ確定していなかった。「彼らの思想は十余年後のいま、果たして時代遅れになったのか。両被告の寄稿と、それを受けた討論を紹介する」とこの特集の前書きには書かれている。

座談会の前にはあらかじめ二人の獄中からの寄稿のコピーを読ませてもらい、それを基に四人で話し合った。この四人のうち三人はどちらかというと左翼的思想の持ち主であり、狼の叫びを「受ける」立場の人だ。僕だけは思想的対極に立つし、何か場違いな感じだが、十一年前に〈狼〉事件をルポして『腹腹時計と〈狼〉』という本を書いている。その関係で出席を要請された。〈狼〉事件については新聞や週刊誌でずい分と取り上げられたわりには、まとまった本はない。そのため、〈狼〉事件については僕などが取材されることが多いし、時には専門家扱いされることもある。

〈狼〉事件の専門家というのはおこがましいがあの本を出してからも、ずっとあの問題というか彼らが訴えた事については考えていた。変な話だが、〈狼〉事件、そして連合赤軍事件、読書論、プロレス。この四つは僕にとっての専門というか、守備範囲だと思っている。この話を友人にしたら「いや、四つじゃない。右翼論があるから五つじゃないか」と言われた。なるほど「右翼論」かと思ったが、しかしこれは実践してることではあるが、「興味を持ち研究しているテーマ」というわけではない。だから四つでいいと思っている。

僕があの本を書いた時には連続企業爆破事件は全て表に出ていたが、「天皇お召列車爆破未遂事件」の方は、噂話の域を出ていなかった。しかし、その後、この全貌が明らかにされ、その未遂事件を小説にした桐山襲の『パルチザン伝説』（作品社）や松下竜一の『狼火をみよ』（河出書房新社）も出版された、昭和四十九年の八月十二日から十四日にかけ荒川鉄橋に電線を敷設したが人影のため爆弾設置直前で中止したという事件である。『腹腹時計と〈狼〉』の中では、当時はこの話は他の政府要人暗殺の話ともあわせて噂話であったし、僕は「本当にやろうとしたのかどうか分らない。眉唾だ」と書いた。

今では「虹作戦」と名付けられ、実際に計画され、直前まで準備されたとなっている。被告も弁護側も検察、裁判所側も認めている。しかし僕は今でも本気でやろうとしたのかどうか分らないと思っている。「しかし、当の被告たちも認めているではないか」と言われるかもしれないが、彼らも反天皇論者としてそんなことをチラッと考えたかもしれないが、実際にやろうと決意し、準備したかどうかは疑わしい。

この「虹作戦」は、被告から言われた段階で検察側は「事の重大さに驚き」何とか表ざたにならないようにと苦心したという。しかし、何と弁護側がこれをスッパ抜き、公表してしまった。それで仕方なく、検察側も裁判所側も、これを認め、裁かなくてはならなくなった。そう言われている。これが「公式発表」だ。しかし、弁護側は被告の罪を出来るだけ少なくするのが仕事だ。実際にやったことでも出来るならば、やらなかったことにしようとする。まして検事側が知らないことを、「いや実は、これもやった」「これもやろうとした」などと自分から「自供」するはずはない。

はずはないにもかかわらず、なぜ、自分からわざわざ「自供」したのか。それはこうだと思う。三菱重工ビル爆破で「予告電話」をし、人を殺すつもりはなかったのに、結果としては多数の人を殺してしまった。いくら立派なことをいい、日本の侵略を言いたくてもこれでは、「無関係の人間を大量に殺した」殺人犯というだけで終わってしまう。それにどう転んでも死刑判決は免がれないだろう。それなら、いっそ「いや実は天皇暗殺も考えていたのだ」と言って、「大逆犯」として死んでいった方がいい。そう思っての「自供」だろう。

ビルを爆破し、「侵略企業」に警告を与え、反省を求めようとしたが、あく迄も人間は傷つけないようにした。それが「心優しきテロリスト」狼たちだった。ところが、三菱重工の時は手違いで何十人という人間を心ならずも殺してしまった。「予告電話」が遅すぎたとか、爆弾が思ったよりも威力があったとか…いろいろ原因はあるだろう。〈狼〉はこの結果に驚き、どうしていいか分らなくなった。無関係の人間を大量虐殺してしまったのだ。これでは「日本の侵略戦争を糾弾する」とか、「南京大虐殺で中国人を何十万も殺した」などと日本軍国主義を批判できない。自分たちも同じになる。そこで焦った。いっそ全員で責任をとって自決するか。あるいは自首するか迷ったことだろう。

個人のテロリストならば、このどちらかを選んだはずだ。ところが、小なりとはいえ、「東ア」狼は一つの党派である。個人的には自己批判をして、自首するなり自決するなりしたくとも、「党派の論理」が先行する。ここで自己批判したら、今までやってきたことは全て無に帰す。それみたことかと敵権力に利用されるだけだと…。

そこで、「党派の論理」で居直ってしまう。三菱の傍を歩いていた人間も日本帝国主義を支えている人間だ。無関係な人間など一人もいない…と。〈狼〉の一人一人は、こんなことは思ってもいない。しかし、ここで負けたら終りだという焦りが、この心にもない声明文を書かせた。そして、この時点で〈狼〉はすでに崩壊していた。

日本の侵略や戦争中の虐殺を糾弾しながら自分たちも同じく人民の虐殺をやってしまったという悔い、焦りがあり、その延長線上に、「いや、それだけはない。我々はもっと大きな政治的事件を起こそうとしていたのだ」といっているのが「虹作戦」なのである。

「虹作戦」では、天皇お召列車を爆破しようと荒川鉄橋に爆弾をしかけようとしたという。夜陰にまぎれてやろうとしたが、なにせ夏のことでもあり、アベックばかり。そうならばと〈狼〉もアベックを装って下見に行くが、今度は、プロののぞき屋にすぐ囲まれてしまう。男一人で行くと、ホモに狙われる…と、さんざんだったらしい。これは桐山の『パルチザン伝説』にも詳しく出ている。

下見に行き、のぞきやホモに狙われたのは本当だろう。又、それで計画自体を止めたという。まァ、その程度の計画であった。つまり、どんなことをしてでもやり抜こうという計画でもなかったということだ。〈狼〉は爆弾に関してはプロである。一連の企業爆破の手口を見てみたらそれはよく分かる。本当にやる気ならば、何らかの形でやっただろう。しかし、やらなかった。ほんの気まぐれに、ちらっと考え、下見はしたが、すぐに計画を放棄してしまう。のぞきやホモが原因の第一ではない。それは後から考えた理由だ。日本の中心である天皇を前にして、さすがの彼らも後ずさりしたのだ。

大体にして、天皇をターゲットにするということからして、あまりはっきりとした理由づけはない。もっとも、逮捕されてから急に思いつき考えた理由づけだから当然かもしれないが…。

益永利明は天皇を狙った理由をこう言う。

「日本の人民は帝国主義戦争の下で、帝国主義者（ファシスト）に対する武装抵抗（レジスタンス）を組織することができず、一九四五年の日本帝国主義の敗戦を革命に転化することもできなかった。それゆえに日本は〝戦前〟の体質を〝戦後〟もそのまま受けついだ」

戦争中に出来なかったレジスタンスを四十年おくれてやろうとしたのだという。そのひとつの頂点をなすのが虹作戦だという。それに成功するかどうかは分らないが、そんなことは二次的なことだという。ただ、その気持ちをこう書いている。

「天皇制のとらえ方や政治的分析に甘さがあったとしても、〝狼〟が天皇の戦争責任を身体を張って問おうとしたことの意味は、忘れさられてはならないと思う」

こうなると心情の世界である。自分たちは巨大な敵の頂点と刺し違えるべく、身体を張ったのだ。それだけは分ってくれ。誤爆で無辜の人民を殺傷したことだけを責めないでくれ…と。そういう悲痛な叫びが聞こえてくるようだ。

大道寺将司も、誤爆については自己批判しながらも、後から続く世代に、「これにこりずに武闘を続けてくれ」と叫ぶ。まず自己批判のところだが…。

「私は〝狼〟の一員として三菱重工本社爆破の際に多数の人々を殺傷するという誤りを犯しました。この戦術的、技術的な失敗については道義的にも深く責任を痛感しており、自己批判しています」

しかし、こう素直に自己批判できるのも、逮捕されたからである。逮捕され、「党派の論理」から離れて、「個」に、「人間」に戻ったから出来たことである。党派のまま運動を続けていたら、「三菱重工の傍を通って死んだ人間も帝国主義者だ」「無辜の民なんていない」「我々は間違ってない」という理屈をどこまでも押し通さなければならない。日本共産党の歴史を見たらいい。そういった「居直り」の連続ではないか。いや、中国でもソ連でも、それが共産党の歴史なのかもしれない。共産党だけに限らない。「人間」を忘れた「党派の論理」の歴史なのだろう。

この大道寺の自己批判を読んで連合赤軍事件の永田洋子を思い出した。こちらも死刑からは免がれられないだろうし、「同志殺し」という、（ある意味では〈狼〉以上に）忌まわしい罪で捕えられている。敵を殺したのでもなく、「日本帝国主義者」を殺したのでもない。革命のために決起した同じ「仲間」をリンチして殺したのだ。彼女の著書『十六の墓標』『私生きています』（彩流社）『氷解』（講談社）『愛と生命の淵に』（福武書店）を読んでも、自分が殺した仲間への自己批判ばかり出てくる。そんなに自己批判するのなら、どうしてあんなことをやったのだろう…と思う時もあるが、これは後から、それも外部の者が思うことなのだろう。

永田も、自分の犯した大きな誤ちを認め、自己批判をし、懺悔しながらも、「この誤まちにこりずに、革命闘争を続けてくれ」と人々に訴える。〈狼〉の悲痛な叫びとも一致する。

大道寺は自己批判の後に、こう言っている。

「ただ、この誤りは、『武装の中に必然化する誤り』ではなく、あくまでも〝狼〟の作戦計画上の誤りであり、技術的未熟さの故の誤りであったことを強調しなくてはなりません。羹《あつもの》に懲りて膾《なます》を吹く式に武闘を全部否定することなく、〝狼〟を反面教師にしての戦いの出現を、と強く念じています」

しかし、このあとの闘いはどうだったのだろうか。大道寺や永田の心配した通りに、「羹に懲りて膾を吹く」ような結果になった。「武闘」だけが否定されたのではなく、「革命」も「左翼運動」も、ここから崩壊した。連合赤軍と〈狼〉で、戦後の左翼運動はトドメを刺されたとも言えよう。とても、「反面教師」にして戦いの継続を、などという状況ではない。

彼らの闘いを反面教師にしたのは、むしろ思想的対極にある民族派である。三島に触発され、〈狼〉や連合赤軍を反面教師として「新右翼」が生まれた。とすれば〈狼〉こそは「新右翼」の生みの親かも知れない。〈狼〉を親として生まれたなどというと、まるでローマ建国の神話だ。まァ、当の〈狼〉にとっては迷惑な話かもしれないが。

〈狼〉も事件以来十数年になり、「個」「人間」に帰り、自己批判もし、闘いの誤まりも冷静に反省している。では虹作戦についてはどうなのか？　反省しているのか。頭で考えただけで、実行しなくてよかったと思っているのか。益永の文を読む限りでは、「やらなくてよかった」という気持ちが伝わってくる。これは決して僕個人の深読みではないと思う。自分たちが出来なかった虹作戦を、ではこれから誰かが引きついでやるべきかどうかについて、こう否定的に書いているからだ。

「第二の虹作戦が行われるべきか？　との問いには、私は『否』と答えるだろう。これは天皇の犯罪が〝時効〟になったからではない。天皇がこのまま罰せられることなく老衰死することへの割り切れなさは残るだろう。しかし、虹作戦のようなテロリズムの方法で天皇を攻撃することは、天皇制に打撃を与えることにはならず、天皇に対する国民の愛着心、同情心を引き出し、かえって天皇制を強化する結果につながるのではあるまいか。

警察権力は飛躍的に強化されて、民主的な運動はすべて絞殺されることになるだろう。人民に対する抑圧と侵略の体制は強まることはあれ弱まることはないであろう。その可能性は一三年前よりもさらに強まっていると考えざるをえないのである」

後半の「警察権力」云々も確かにそうだろうが、これは弁解である。むしろ前半の方が真意であろう。これを読んで、どこかで読んだことのある文章だなと思った。そしてよく考えてみて、昭和八年の日共の佐野学、鍋山貞親の獄中転向声明文、「共同被告同志に告ぐる書」に似ていると思ったのである。その声明文は、それまではソ連の言いなりになって、天皇制打倒を叫んできた自分たちは間違っていた。天皇は人民を弾圧する政治権力ではないし、むしろ、人民の尊崇をあつめており、その心情を抜きにしては日本の革命は出来ないと言う内容だった。その佐野・鍋山の文に似てると思ったのである。

本当に天皇が、いやがる国民を無理矢理に侵略戦争にひきずり、人民を虐殺した張本人ならば何十年たとうと人民はその怨みを忘れないはずである。〈狼〉が（いくら警察権力が強くとも）その張本人を倒してくれたら、人々は拍手喝采し、感謝してくれるはずである。十三年前は〈狼〉もそう思った。ところが、冷静になって考えると、どうもそうではないと分りはじめた。

「第二の虹作戦」ではなく、「第一の虹作戦」もやらないで本当によかったと思っているのだ。又、テロリズムは自分の命が惜しいと思ってる人間に向けられてこそ効果を発揮するが、「自分の命はどうなっても構わない」と思っている人間に対しては何の効果もない。いざ革命が起これば財産を持って、イの一番に逃げ出すようなイランのパーレビや、フィリピンのマルコスのような元首ならば、自分の命と金が一番惜しいから、テロリズムも効果がある。

しかし日本の天皇の場合は全く違う。戦争に敗けた時、どこの元首もさったと逃げ出すか、自分の命だけは何とか助けてもらいたいと言い出す。しかし、天皇陛下は自分の命はどうなってもいい。国民を助けてくれと、マッカーサーに会って言われた。そのような方には「虹作戦」をやっても効果がない。効果がないどころか益永も言うように、「天皇に対する国民の愛着心、同情心を引き出し、かえって天皇制を強化する」ことになる。

政治的な権力でもない。人民を弾圧する力でもない。もっと精神的、権威的なものであり、日本を内面に於いて支えてきたものが天皇（制）ではないか。〈狼〉の益永もそう考えてきたのだろう。だから、戦争中に出来なかったレジスタンスを四十年遅れてやろうとしたという事も、では今ならどうかと問われたら彼も考え直すのではないだろうか。虹作戦と同じように「否」と答えるのかもしれない。あの戦争にしても一方的に日本が侵略戦争を起こしたのではない。歴史を善玉と悪玉に分けて考えるのは楽だが、事実はそれほど単純ではない。「日本は侵略戦争をした」「天皇は戦争責任をとれ」などと叫んでいる人間に限って、開戦にあたっては何も言ってない。むしろ、朝日新聞と同じように開戦すべしと大いに国民をあおった人間が多い。

戦争に反対し、それで獄中に入ったのならそれなりに信念が通っているし、そうした人は、いわゆる右翼といわれる人にも多勢いた。又、大東亜解放の夢を信じて戦争に参加した人もいるし、アジアの国々ではあの戦争によってはじめて独立を達成した国も多い。又、開戦に至るまでの歴史を見てみると、俗にABCD包囲網といわれる、アメリカをはじめとした列強の経済封鎖の中で、当時としてはやむを得ず突き進んだ自衛の戦争の側面も多い。

四十数年たった今の時点で、「いや、どんなことがあっても武力に訴えたのが悪い。平和的話し合いで解決すべきだった」と言うのは簡単だ。しかし、そうならば戦争の連続である全世界の歴史も否定しなくてはならないし、歴史を学ぶ意味もない。又、身分制度があった、自由がなかった、憲法がなかった…と言い出したら、これも又全ての歴史を否定しなければならない。

敗戦に打ちひしがれて日本はそれほどまでに絶望的だったのだろう。又、今までのものは全て悪かったと思ったに違いない。八月十五日を境にして、今まで聖戦と言い、神国日本と言ってきた教師たちが今日からは「自由と民主主義」「人権」を教え出す。今までは天皇を中心にした全体国家だったから暗い、自由のない社会だったのだ。そして一握りの権力者にひきずられて侵略戦争に突入したのだと人々は教えられた。そんな恥ずべき悪い国が日本であり、これからの日本人はそのつぐないをしなければならないと教えられた。これは中学校、高校で僕らも習った歴史だった。今はそれほどひどいとは思わないが、〈狼〉の諸君は僕とも大体、同年代であり、モロにこうした「敗戦コンプレックス」史観を教えられ、その中で純粋培養されたのだ。「朝日ジャーナル」の座談会では、だから僕も「日本は自虐的な歴史観が強すぎた。狼はその『犠牲者』だ」と言った。

自分の国に対しては自虐的、反対にアメリカをはじめとした国々に対しては双手をあげて歓迎したのが戦後の歴史だった。日本は全体主義国家で暗い自由のない国だから戦争に敗けたのだ。その反対にアメリカは個人主義で一人一人の自由と権利を尊重するし、それで勝ったのだと。

つまり悪い国・日本がアメリカをはじめとした良い国に一方的に侵略戦争を仕かけたが、悪運尽きて原爆を落とされ、敗れたのだと。ここでは広島、長崎に原爆を落とされたのも日本の自業自得だとされる。だから広島の平和公園に「二度と誤まちは繰り返しません」と記念碑を建てたりする。これではまるで「逆・聖戦」だ。

戦争中は「鬼畜米英」で、日本は聖戦を戦っていると言ったのが、戦後は聖戦の主人公がアメリカになっただけで、〈聖戦〉観はまるで変わっていない。日本は暗い自由のない悪夢の時代から目覚めて自由で平和な時代になったのだと教えられてきた。しかし福田恆存はこの見方を皮肉って「悪夢から覚めたのではない。悪夢から覚めたという夢を今も見続けているのだ」と言っていた。大きく時代と意識は変わったようでいながら、一面的なものの見方は全く変わってないのだろう。

## 天皇と内在の〈聖〉

『朝日ジャーナル』で〈狼〉問題の座談会があり、それに出席したと書いたが、その次の号（昭和六十二年二月二十日号）ではその続編ともいうべき座談会が行なわれていた。「侵略責任と天皇＝〝狼〟の問いを深める」と題し、加納実紀子（銃後史研究家）、長谷川三千子（埼玉大助教授）、橋川俊忠（神奈川大助教授）の三人が、いわゆる天皇の「戦争責任」について語り合っていた。加納、橋川両氏は、今までの戦争責任論から一歩も出ていないし、ただ、天皇の名のもとに多くの人が死んだんだから天皇は責任をとって退位しろの一点ばりである。

この二人を向こうに回して論陣を張っているのが長谷川氏で、なかなか興味深かった。まず国際政治はパワー・ポリティックスだし、いわばやくざの世界。外圧で日本も仕方なく「富国強兵」し、やくざ日本組を旗掲げした。だからといって、〈狼〉のいうように「日本帝国主義」が倒れれば世界は万々歳なのか？　日本が世界の片隅から消えればアメリカも喜ぶしソ連も喜ぶ。そしてお互いの核の軍拡競争が続くだけだ。「日本帝国主義」は過去、より大きな抑圧に対する「反体制」の意味を持っていた。だから「自己否定」すべきはアメリカ人でありヨーロッパ人だという。

そしてもし「責任」というのなら、「責任」のとり方には三つあるという。一つは「比喩的な意味での首を切られれば、それでことがすむ責任」。それから「本当に首を切られなければ取れない責任」。第三番目は、この二つよりもっと大きな責任で、「たとえば親が見ていたのに子どもが大けがをしちゃったというような場合、これは、『私、その責任をとって親をやめます』というわけにはいかない。その子どもを抱えて一生背負っていかなければならない」

「私が考える天皇陛下の戦争責任というのはそういう、その最後の形の戦争責任なんです。そしてそういう形で陛下は今も戦争責任をとっていらっしゃると思う」

なるほどと思った。勝ったから留任、敗けたから辞めるではまるで野球の監督だ。もし敗け戦さだったから辞めろというのなら、「じゃー次の戦争に勝てばいいだろう」という論理も成りたつ。これと関連した話だが、A級戦犯の合祀を取りやめろという議論が出ていたとき早大教授の松原正氏がある講演会で、こんな話をしていた。

二年ほど前、富士銀行の山形支店長が万引きで捕まった。勿論会社はクビになるし、ヘタをしたら奥さんとも離婚になるかもしれない。しかし、子供にとってはどんなハレンチ犯の父でも父は父だ。これは絶対に変えようがない。たとえ両親が離婚し母の方に子供が引きとられても親子の事実は変わるわけではない。一生父は父だ。これと同じで「A級戦犯だから」「A級戦犯だけの責任だ」と切り捨てて、自分たちにはもう一切関係がないと言えるのかと。

そういう話だった。これはその通りだろう。北杜夫の『楡家の人々』(新潮社)を読んでいたら、開戦の報を聞き、人々が踊り上がって喜ぶさまが書かれていた。高村光太郎はじめ文化人も新聞も双手をあげて賛同し、あの戦争に突入した。何も独裁者がいて圧倒的な国民の反対を押し切り強行したのではない。むしろ最後まで開戦に反対された陛下の御心を超えるほどに国民の開戦熱の方が高かった。陛下は明治天皇の御製「よもの海みなはらからと思う世になど波風のたちさわぐらむ」を二度お読みになられ、戦争反対・平和希求のお気持ちを示された。しかし、立憲君主制の分を守り、内閣の決定には従われた。

そして敗戦だ。軍の上層部はまだまだ戦えるというし、本土決戦を呼号する。一億玉砕の覚悟で戦えとマスコミもあおり立てる。袋叩きにされるのを恐れ誰も「戦争を止めよう」とは言えない。その勇気がない。「ここで止めたら英霊に対し申し訳ない」と死者を持ち出し、さらに戦争続行を叫ぶ。世論も議会も民主主義もこの戦争を止めることは出来ない。もともと、彼らが引き起こした戦争なのだ。

そしてその「狂乱の民主主義」の暴走を止めたのは天皇陛下の〈無私の祈り〉だった。自分の身はどうなっても構わないからと、一切の泥をかぶって戦争を終結させようとされた。ただひたすら国民のことを、世界平和のことを祈られる、その無私の祈りに支えられて日本は歴史上、何度も危機を乗り切ってきたし、その祈りに帰一してきた。敗戦の危機を救ったのもその祈りだった。その無私の祈りが〈奇跡〉を生んできたのだ。

あの時点で終戦にならなかったらどうなったか。歴史に「もし」はタブーだろうが、一億玉砕になっていたか、あるいは東西ドイツ、南北朝鮮のような分断国家になっていたか。分断か消滅かどちらかだったろう。大義に殉じて本土決戦を闘い、玉砕するのも、あるいは悲愴美で、それもいいかもしれない。しかし、今生きて平和で豊かな生活を営んでいる我々にそんなことを言う資格はない。消滅も分断も避けられ、まがりなりにも日本国が存続し、我々も生存しているのは無私の祈りに支えられた奇跡の結果なのだ。

又、この陛下の平和を希求する祈りはこれからの世界の本当の平和を実現する一つの目やすになるかもしれない。〈狼〉の座談会でも長谷川氏はこんなことを言っている。

「…その場合、『国際社会の常識』はもう頼れないんです。自衛戦争を認めていますから。全世界を相手どっての抵抗なんですよ。これはまだ一つの『見通し』にすぎないんですけれども、その抵抗の支えになるものが天皇陛下につながるのかもしれないと思ってるんです」

「天皇陛下は戦中、戦後を通じてかなしみ続けてきたんだという、そういう意味で、一言でいえばやくざ的発想を否定するために、天皇陛下の意味というものを取り戻し直していくということですね」

核兵器の恐怖のバランスによって保たれているパワー・ポリティックスの世界、いわばやくざ的世界の中で、それを否定し、本当の平和を考えるには天皇陛下の意味、存在を考える必要があると言う。

日本は過去何度となく天皇を中心にまとまり、天皇に帰一することによってその時々の国難を乗り切ってきた。乗り切るだけでなく、人々は平等、自由、独立、希望、平和…の夢を天皇に託した。

平和な時代には平和の、闘いの時代には闘いの。そしてその夢がいつの時代でも変革運動のエネルギーになってきた。

「経済と効率」万能主義のもとエゴだけがはびこる戦後日本にあっても、それを否定する原基は天皇陛下の無私の祈りしかないのかもしれない。長谷川氏は、やくざ的世界を否定し変えるのも天皇陛下の意味だという。

長谷川氏は「責任」には三つの意味があり、第三の最も厳しく難かしい責任を陛下はとられていると言う。その通りだろう。ここでいう責任とは、世上言われている「戦争責任」ではなく、もっと広い、深い意味においてだが。第一、第二の責任、つまり、比喩的であろうと実際であろうと首を切られること。これすらも陛下は覚悟され、「自分の身はどうなってもいいから」と言われたのだ。

これは、当のマッカーサーも言っているし、最近では皇太子殿下の家庭教師を務めたエリザベス・バイニング夫人の日記でも公表されている。これによると天皇陛下は「私を絞首刑にしてもかまわない。国民を助けてほしい」とマッカーサーに言われたという。普通の人間に言える言葉ではない。〈狼〉のところでも言ったが、命が惜しい人間に対してはテロルも効果があるが、初めから命を捨てている人には何の効果もない。そして、一、二の責任は、陛下にとってかえって簡単であり、楽だったはずだ。しかし楽な道ではなく、敢えて困難な道を選ばれた。

退位された方が戦争にもケジメがつき、その後の日本も、もっと明るく希望に燃えたものになったろうと言う人がいる。退位されなかったから、誰も責任をとらず、無責任がはびこる時代になったのだとも言う。左翼の人間だけでなく、かつては石原慎太郎も「天皇は責任をとって退位されるべきだった」と言っていた。

しかし問題をすり変えてはならない。無責任とはそう言ってる人間の方だ。何度も言うように、退位など簡単だったし、それは楽な選択だった。ただし、退位されたらどうなったのか。やはり日本はどうしようもない侵略戦争を仕かけ、悪逆の限りを尽くし、天罰が下って広島、長崎に原爆を落されて敗けた。そんな「悪魔の国」だと自分で認めることになる。戦争中だけでなく、戦前の日本も全体主義の暗い、自由のない国だった。だから敗け、天皇陛下も国民の代表としてその歴史の責任を負って退位したのだと。そうなったであろう。

安保世代の唐牛、篠田氏のところでも書いたが、教師の変節に怒り、二度敗けたと感じた人々が多かった。そんな中で退位されたら、日本はもう歴史的な分断国家だ。「日本」という国名は同じでも八月十五日を境にして、それ以前と以後はもう全く関係のない別々の国になってしまう。東西ドイツ、南北朝鮮が地理的分断国家ならば、日本は歴史的分断国家である。そして「戦後日本国」は「戦前日本国」に復讐するだけの存在となる。さらに外国に対しては何万年にもわたって贖罪をし続けるだけ。つまりは一億総〈狼〉の道だ。悲しい破滅への道だ。

だから第一、第二の安易な道ではなく、第三の最も厳しい道を陛下は選ばれ、退位されなかった。又、戦争責任などという文学的言葉は知らないし、人間宣言は二の次だと断言された。退位されなかったことによって、「あの戦争は戦争責任を感じて退位しなければならないような侵略戦争ではなかった」とはっきりと身をもって示して下さったのである。そしてこれらの事実のみが日本を分断国家の道から救ったのである。

もう少し天皇問題について触れておこう。天皇（制）問題については肯定、反対双方とも厖大な本が出ており、何も今さら僕などが付け加えることはない。ただ、ここでは個人的な感想を書いてみたいと思う。

僕らの世代が天皇問題に触れる時に感じる第一のハンディは、僕らには、いわゆる〈天皇体験〉がないということだ。つまり、戦争中ならば、天皇陛下のために喜んで闘い、喜んで死ぬ。あるいは逆に、恨みを持って戦場に行き、死んだ人もいるだろう。どちらの立場、考え方の人にしても、天皇と自分との関係が直接、具体的に視《み》えていたし、結びついていた。戦争だけではなく、明治維新の時も、血盟団事件、五・一五事件から始まる激動の昭和維新運動の時もそうだったに違いない。

そうした具体的な〈天皇体験〉が僕らにはない。だから、どうしても抽象的な天皇論議になりがちだ。これは三島由紀夫の天皇論にしてもそうだろう。三島は文学者だから、文化的、美学的な、つまり自分の得意な領分で天皇を論じた。自分の土俵で、天皇防衛の論拠を固めた。彼の「文化防衛論」とは即、「天皇防衛論」である。

これにしても、彼の体験から出たものではないし、天皇体験ではない。だから抽象的なものだと言われるかもしれない。しかし、三島にしろ、僕らにしろ、天皇体験がないが、逆に言えばそれによって、かえって客観的、冷静に天皇問題を考えることが出来るのではとも思う。天皇を軸にした日本の歴史も、客観的な高みから見ることが出来る。こうなると〈天皇体験〉がないのは欠点でもあり、同時に利点でもある。

年輩の人で、戦争に行き〈天皇体験〉を持った人で、それも保守的、右翼的な人で「やはりあの時、天皇陛下は責任を取って退位されるべきだった」と言う人がいる。決して天皇否定論者ではないし、天皇を中心とした国家を命をかけて守らなくてはと主張する人々だ。

国家、民族のことを考えながら、どうしても自分の個人的体験から抜け切れないのだ。よく苦労して自分の会社を作ったという中小企業の社長にもこういうタイプがいるが、自分の体験が全て。そこから得られた教訓が全てなのだ。

戦争に行き、自分の部下を殺してしまったとか、自分の囲りの人間が死んだ。だからもう戦争はごめんだ。こういう気持ちは分かるし、僕らだって戦争はごめんだ。しかし、自分の責任はタナに上げて、「だから陛下に責任をとっていただきたい」では、ただの甘えすぎだ。自分が部下を殺したと悔恨するのなら、自分が責任を取ったらいいだろう。前にも書いたが、陛下は、こんな人々とは比べものにならないほど重い〈無限責任〉をとっておられる。

自分の小さな（と敢えて言おう）体験からしか物を言えない人間は、財界のタカ派にもいる。自分たちこそが戦後日本を復興させたのだと自認し、経済大国日本を引っぱってきた愛国者だと思い、又、明言している人の中にもだ。

彼らは、タカ派でありながら、「あの戦争は敗けてよかった」と言う。もし勝っていたら中国やソ連のような統制経済、軍国主義の国になってしまい、自分たちが好き勝手に商売をやり儲けることは出来なかったと…。あるいは心の中ではこう思ってる財界人の方が多いのではないだろうか。これではタカ派でも愛国者でもない。自分のことしか考えない、経済至上主義の亡国思想だ。自分の体験だけが全てで、他は何も見えないわけだ。

だから、こうなると体験があるというのも良し悪しだ。「自分が体験したことだから正しい」と思い込み、そこから抜け切れない。自分が抜け切れないだけでなく、子供たちにまで、その「体験から学んだ正義」を押しつけようとする。自分の体験からしか世界を見れない。これでは、戦争を知らない世代の方が、まだもっと客観的に広い視野から日本の歴史を見ることができる。

タカ派財界人の亡国思想で思い出した。連合赤軍事件の被告で十五年も拘置所にいる植垣康博氏が「東アジア反日武装戦線〈狼〉」のことについて僕に手紙をくれた。〈狼〉についての座談会に僕が出たが、その感想である。手紙は公表してもいいと言ってるし、「レコンキスタ」にも載せたが、その中で、こんなことを言っていた。

「…それから、鈴木さんは、彼らのことについて、『自虐的な歴史観の犠牲者』というようなことをいっておられましたが、僕はむしろ、民族独立の思想の欠落の犠牲者ではないかと思っています。僕は、戦前の日本の侵略（この侵略自体、明治以降の日本が欧米、とりわけイギリスに従属していた結果に他ならないと思うのですが）に対して反省すること、その誤りを改めていくことは当然なされなければならないと思っていますが、それが日本の民族的独立、独立自主に至らずアメリカに従属していること、つまり民族として自立した政治も思想も経済もないこと。このことが極端な亡国思想を生み出すに至っているのではないのかと考えているのです。

東アの『反日亡国思想』に対しては、いずれきちっと批判していかねばと思っていますが、とにかく、日本がアメリカに従属している状態、アメリカとソ連に分割占領されている状態をあいまいにしては、日本の変革の問題にせまっていくことはできません」

ちょっと長い引用になったが、彼の方が僕よりもずっと「右翼的」だ。といったら失礼だろうか。民族的独立を真剣に考え、〈狼〉は「反日亡国思想だ」と言い切る。僕の方が〈狼〉に対してはずっと甘いということになるだろう。

植垣氏は〈狼〉の反日亡国思想を語りながら、日本そのものが米ソに従属し、分割占領されていると言う。そうした視点から天皇問題も考えなければならないと、こう言っている。

「こうした観点から、天皇がはたして愛国思想、民族独立の支柱たりえるのかどうかという問題に進んでいった時、天皇制をめぐる論議もかみ合っていくのではないかと思います」

確かにそうだろう。そして僕としては、今までも書いたように「民族独立の支柱たりうる」と思う。又、天皇陛下をおいて、その支柱たりうる存在は他にないと思う。他にあったら教えてもらいたい。

僕の場合は前にも書いたように、「生長の家」に触れたのが天皇問題を学ぶきっかけになった。勉強といっても理論的なものではなく、宗教的、精神的なものだった。だから、早く言えば、「天皇信仰」から入ったというべきだろうし、今もそれが根底になっている。「何故、天皇（制）を支持するのか」と言われても、元々が「信仰」に基づくものだから論理的に説明するのは難かしい。自分の恋愛感情を説明するようなもどかしさを感じる。

ただ、究極のところ、天皇問題とは論理を超えた、精神や信仰の問題だと思う。天皇論議は、だから、議論としては限界があるし、その限界を知った上で、何とか天皇問題を理解してもらいたいとやっているのが我々の運動である。『現代攘夷の思想』で僕も天皇論を書いてきたが、すべて、論理の限界を知った上でのことである。

そんなあやふやなものに命を賭けられるかと言われるかもしれない。しかし、人間が命を賭け、最後の拠り所とするのは決して論理ではない。いくらコンピューターが正確な分析や数字をはじき出しても人はそれに命は賭けられないだろう。

例えば個人的なことを考えてみたらいい。本当に悩み、右するか左するか迷いに迷った時、あなたはどうするか。結婚でも就職でも独立でも…その他何でもいい。いくら資料を集め、他人のアドバイスを聞き、と考えても決断がつかない時だ。そんな時、案外と「論理を超えたもの」、悪く言えば「非科学的なもの」に頼っているのではないだろうか。

企業の社長の間に占いがブームだというのもそれを実証している。企業のトップは孤独なものだ。

進むべきか、退くべきか。右すべきか左すべきか。人知の限りを尽くしても解決がつかない、断を下せない時に頼るものが欲しいのだろう。本当は二つの道のうち、どちらに行っても大差はないのかもしれない。しかし、部下の意見や、会議の多数決、過去のデータで「科学的」に、無理に一方を選んでも、後から状況が悪くなった時に、「やはり、あの時もう一つの選択をしていれば」と悔いを残す。仮に「もう一つの選択」をしていてもこの悔いは起こるだろうが。

だから、どちらに進もうと、悔いを残さずに突き進めるものが欲しいわけだ。それが占いであったり、宗教的なものであったり、精神的なものであったりする。

自分はそんな何百人、何千人の会社の人間の運命を左右する位置にはいないという人でも、又、そんな非科学的なものは信じないという人でも、神社のおみくじで凶が出たら誰だっていい気持ちはしないだろう。宗教的、非科学的な迷信は信じないといった、ある左翼出版の社長でも、「自分は大吉が出るまで何度でも引く」と言っていた。

この社長は何も会社の重大事の時に、おみくじを引いて決めるわけではない。そんな頼り方はしないだろう(本当はどうか分らないが)、しかし、たわむれでも引いて悪いのが出たら何度でも引くわけだ。馬鹿馬鹿しい事と思われるかもしれないが、こんなことで日常生活が、気にかかり、左右されるのは案外と多いはずだ。そして日々の生活での「精神的支え」にしている。ただ、それを他人に言うか言わないかである。言わない人でも、必ずそうした内面の支えは持っているはずだ。

これは何も日本人だけではない。ドストエフスキーの『カラマーゾフの兄弟』だったと思う。昔読んで、こんなシーンを覚えていた。裁判のシーンで、迷信なんかとは縁がない、謹厳実直な裁判官が、自分の家から裁判所まで来るのに心の中で何歩で来るか数えている。奇数か偶数かで、今日はいい事があるか悪いことがあるか決まる。うまく行かないと又、元に戻って歩幅を変えて歩き直す。そんな場面だった。

「あれっ、ロシア人も俺と同じことをやるのか」と思い、驚いたことがある。こんなことは僕もよくやっている。又、先ほど紹介した、大吉が出るまで何度でも引くという例にも共通する心理だろう。

何も仰々しく、これで俺はいつも判断を下してるなどとは言わなくとも、ギリギリの時に精神的支えにしてるものは何かあるだろう。全ての権力、権威を否定し信じないと言うアナキストだって家族か、あるいは恋人か、何か信じるものは持ってるだろう。家族への愛、子供への愛、恋人への愛…それも一種、論理を超越した、非科学的、非合理的なものだ。

自分はそんなものに頼るほど弱くない、どこまでも自分の頭だけを信じるという人だって、必ずこうしたことはあるはずだ。「精神的な支え」という言葉が弱々しくて嫌ならば「精神的な余裕」と言い換えてもいい。それならば思い当るだろう。

日本の歴史を見た場合、民族的な精神の支えというか、「精神の余裕」になってきたのが天皇ではなかったのか。そんな気がする。丸山邦男が『天皇観の戦後史』（白川書院）に書いていたが、戦後全ての家庭から取り払われたと思った御真影が関西の被差別部落の貧しい社会に赤茶けてすすけてはいても、昔のまま保存されていたという事実。彼らは「天子様を中心にして四民平等の本当の理想の世の中が出きる」と明治維新に夢を託したという。

結果的にはその夢は完全には実現できなかったかもしれない。しかし、「天子様を中心にしてこそ」という、夢を投影できる存在があったというのは重要だし、誇りうる事だと思う。

普段は余り考えることはなくとも、そうした激動の時に、又、右するか左するか、進むべきか退くべきか、そういう時に考え、中心に帰一し、依拠することのできる存在。それが天皇陛下である。普段はたとえ忘れられたような存在でも、イザという時には、頼ることのできる、判断をあおぐことのできる存在があるということは日本の民族的叡知だろう。

又、日本の誇るべきシステムだと思う。ただ、これは依拠される天皇陛下にとっては大変なお仕事である。決して人民を強制する権力ではない。精神的、宗教的な権威だけで常に国民のこと、世界の平和のことのみを考えておられる。こうした存在は外国には例がないし、彼らにはうらやましくて仕方のないものだ。

かつて終戦直後、共産党が「天皇制打倒」といっても全く支持を得られなかったのは、日本のこうした現状を知らないソ連からの指令に基づいたからである。

何も戦前のように天皇を表に出し、全て天皇の名のもとに政治が行われる…という社会を待望しているわけではない。その話をしたら「でも、明治憲法復元と言ってる右翼もいるじゃないですか」と言われたことがある。あれだって明治時代に世の中を戻そうというのではない。今の憲法は敗戦のドサクサにアメリカがたった一週間で作り日本に押しつけたものだ。日本の自由意志がない占領中に作られたものだから、占領が終わった今となっては効力を失っている。今の憲法が失効となれば、元の明治憲法がまだ潜在的に生きてるわけだから、これを基に憲法を改正したらいい。そういう主張である。

これは僕もそう思っている。大体、自分たちの力で憲法を作れないなんておかしい。やたら回りくどい言い方で、真意を確かめようとすると英語の原文に当ってみなくてはならない。これではどう見ても日本の自主的な憲法とはいえない。独立国家として当たり前の疑問であり、怒りではないか。

そして日本人の手で憲法を作りなおす。その結果が、今と同じようなものになったとしてもそれはいいだろう。僕などは、今よりももっともっと個人の自由をうたい上げる憲法にした上がいいと思う。又、国家の干渉をもっと少なくした方がいいと思う。

では天皇は象徴でもいいのかと聞かれるだろう。たしかに日本の歴史を見ると、象徴的働きといらか存在だった時代も多い。むしろ権力を持たずに、いわば象徴的な時代の方が多いだろうし、明治以降のような政治の前面に出、あるいは軍服を着て白馬にまたがる（もっとも、当時の国民の願望の投影だろうが）、天皇というイメージは日本の歴史の中では、ほんのわずかである。

象徴的側面を持たれたことは事実だが、この「象徴」という言葉には、やはりひっかかる。英語を直訳しただけだということもあるが、他に理由がある。

僕らは高校で「天皇は日本国の象徴である」と、習ったが、その時、先生が象徴の意味をこう説明した。「鳩は平和の象徴である」といった場合、本当に尊いのは平和である。しかし平和は目に見えないので鳩であらわした。白い鳩は平和的に見えるからである。しかし、鳩でなくてもいい、白い羊でも白い猫でもいいわけだ。鳩は、たまたま思いつきで選んだだけで、それはどうでもいい。大切なのは平和だけだと。

これと同じ段で言うならば、日本国が大事なのであって、しかし、それは目に見えないから、何でもいいが、天皇であらわそう。そういうふうにも聞こえる。では元首ならいいのかと言っても、これだって当時の西欧列強に追いつこうとして無理に使った言葉だ。

では、どうすればいいのか。憲法にはどう規定すればいいのか。僕は何も憲法であえて規定する必要はないと思う。天皇は天皇でいいじゃないか。外国の言葉をかりて象徴とか、元首とか規定する必要はないと思う。もっと極端に言えば、憲法なんてどれほどのものかと思う。例えば、憲法で自衛権を規定したから自衛権が発生するわけではない。鎌倉時代に元の大軍が攻めてくれば、自衛権を規定した憲法がなくとも人々は自衛の戦いを戦った。

しかし、ここまで行けば極端かもしれない。日本の民族性に根ざし、今の日本に合った憲法を作るべきだろう。今の憲法よりも、もっと自由を盛り込んだ憲法をと言ったが、三島由紀夫はかつて「言論の自由と天皇制は両立するし、両立させなければならない」と言っていた。

僕もその通りだと思う。無理に力づくで、「敬わない奴は刑務所にぶち込む」などとやって、力で押しつける「天皇制」には全く意味はないと思う。第一、そんな強権政治は天皇陛下の大御心から最もはずれるものであろう。

前の項で、長谷川三千子氏の「陛下の平和を希求する祈りはこれからの世界の本当の平和を実現する一つの目やすになるだろう」という発言を紹介したが、と同時に陛下の存在は現代日本のエゴ万能、営利至上主義をも打ち破る目やすになると思う。

玉川信明氏が書いている『アナキズム』（現代書館）を読んでたら、クロポトキンの思想をこう説明していた。「人間の欲望は無限大ではないか」ということへの答えである。

「それに対するクロポトキンの答えは、人間は本来決して必要以上は求めないもので、各人の必要量は自ら決っている。人間が自分の必要以上のものを欲しがるのは、その物質が不足しているか、さもなければ不足する恐れがあるからにほかならないという」

これは牧歌的なアナキズムのイメージであり、徹底した性善説である。もしこの通りならば何も問題がない。しかし、残念ながら現実は違う。欲望には限りがないのが今の社会ではないか。金がなければカードでもローンでもと、資本主義がさらに欲望をあおり立て、それに伴なう犯罪は跡を絶たない。水田や畠をつぶして宅地にしても、平等に皆が家を持てるわけではない。金持ちは二軒も三軒も持つだろうし、貧乏人は相変わらず借家、アパート暮らしだ。クロポトキンの言うように「不足」や「その恐れ」ではない、人間そのものが変わってしまったのだ。

経済至上主義、エゴ万能の世の中で、つまりは人間が人間たることを放棄し出したのだ。では社会主義のような強権でもって〈平等〉を実行したらどうか。これにしても、物質的平等は実現できても「精神的平等」は実現できない。かえって不平、不満、名誉欲、嫉妬、憎悪などの暗い情念だけが解き放たれるだけだ。

このエゴを抑制するものはない。これは資本主義、共産主義を問わず現代社会が当面する問題だ。資本主義、共産主義の両体制は力づくでこれを押さえつけ、管理国家化、警察国家化することで対抗している。又、他に対抗法はない。

大体にして、人間であるのは、何も道具を使えたり、知恵があるからではない。他人を思いやる心があってこそ人間である。それがなければ、もはや人間ではない。人間喪失の現代で、このジレンマを救えるのは、天皇の原理だけではないか。危機にのぞんで、「自分はどうなっても国民を救けたい」と言える存在。又、自分のことは考えず、常に国民と世界の平和を祈っておられる存在。

こうした存在によって日本は守られてきたし、こうした存在があることは我々にとって誇りである。その心を〈聖〉性といってもいい。他人の為に何かしようという人間本来の心根である。他人を思いやる中でこそ人間は人間だといったが、ならば、これは最も人間らしい行為といえるかもしれない。日本人が、いや人間が最近は久しく忘れていたものである。

こうした〈聖〉性は人間であれば誰にでもあるはずだ。クロポトキンがいうように〈必要以上に求めない〉という善なる性である。エゴとエゴがぶつかり合う俗世間にあって、たとえ一〇%でも一%でも、この聖性は我々にもあるはずだ。聖性、性善、愛他心と言ってもいいし、人間らしさといってもいい。

「若者たちの神々」に出た時も言ったことだが、天皇陛下が「私心」のない一〇〇％聖なる存在であるということは、我々の中にもそれを見る聖なるものがあるからだ。たとえ一〇％でも一％でも、自分の内在の〈聖〉性を見ることが、即、天皇をおもう心ではないか。そしてこの「聖なるもの」を見つめ直すことが、いまの世の中を、いまの人間を救う原点になると思う。

# 第四章　新右翼の現在

## 朝日新聞阪神支局襲撃事件と義勇軍

六十二年五月三日、朝日新聞阪神支局が「赤報隊」の名のもとに散弾銃で襲撃され、記者一人が死亡、一人が重傷を負うという事件が起った。これと相前後して、一月にも東京本社、九月には名古屋の社員寮が襲撃されている。

この事件で、「赤報隊」の名と共に、「日本民族独立義勇軍」の声明が出されたので、一水会系の「新右翼」の行動ではないかということでジャーナリズムで騒がれ、多くの取材をうけるはめになった。

これは、昭和五十六年から五十八年にかけての米国領事館や朝日新聞襲撃事件の時に一水会に送られてきた「日本民族独立義勇軍」の声明文（補章に収録）を「レコンキスタ」に掲載したことから関連づけられたのであろう。

この事件については、多くを書いてきたので、その中でも比較的まとまっている「朝日ジャーナル」（昭和六十二年五月二十九日号）を引用し、その後に「義勇軍」について書いてみたい。

右翼の中では今回の事件は右翼と関係ないと思ってる人が圧倒的ですよ。右翼の装いをして私憤をはらそうとしているヤクザなり暴力団なりの仕業ではないかと。あの「赤報隊」の声明文を読むとちょっとわざとらしいなという気がするんです。日付が「二六四六年五月三日」と皇紀を使ってるでしょう。右翼だって外国へよく行く人の中には西暦を使う人もいるし、僕の周りの人間に「今、皇紀何年だ」なんて聞いたって誰もわかりゃしないですよ。普通は「昭和」しか使わない。それに、あれくらいの文ならば別に右翼思想なんか持っていなくても書ける。

これは野村秋介さんも言っていることだけど、この犯罪そのものが、「臭い」がないという か、乾いた感じがするんです。右翼の行動にはいつも何らかの「臭い」とか「情緒」とか「精神」を感じさせるものがある。ところが今回はそれが全くなくて、「完全犯罪」というかプロのやり方という感じ。

戦前の五・一五事件などの右翼のテロは、殺す相手に個人的に恨みはないけれども政治的な責任をとってもらい、それで自分も堂々と捕まったり腹を切ったりした。特に戦前は左翼も含めて言論が弾圧され、集会もデモも自由にできなかったわけですから、それらの事件は非常に悲しいものだけれども、一種の「肉体言語」というか自分たちのテロでもって言葉を話すしかなかった。

しかも右翼の場合、やりたくて、憎くてやるんじゃないから夜うなされて痛みを持ったりする。右翼のテロリストというのは、例えテロを実行したとしても、遺族に詫びにいったり毎年墓参りを欠かさなかったりするんです。

「いや、それでも右翼は言論の自由のある戦後にもテロをやった」と言う人がいるかもしれないけれども、経団連事件にしろ三島事件にしろ確かに違法ではあるけどテロじゃないんですよね。別にそれで誰かを傷つけようという気は全くないし実際傷つけてない。むしろ傷ついてるのは自分たちなんです。そして傷つくことによってひとつの言葉を提起しようとした。

ところが、今度の事件はその言葉が全くない。今までの何件かの事件とも違うし、右翼全体の流れとも違うと思う。何かヨーロッパ的というか、日本的でない、乾いた感じがする。

新聞報道には「やったのは右翼血盟団」と書いたところもあったけれども、例えばその血盟団的なものを何人かで作って命を賭けて『朝日』を打倒しようとしますね。でも、大幹部をねらうのならともかく、末端の記者を無差別にやろうということになったら「じゃあ、おろしてもらう」ということになると思う。それは右翼的とか左翼的とかいうことじゃなくて日本人の心情だと思う。

それをあっさり超えたというのは、何か別の目的のために右翼の名をかたってかくれみのにした可能性がある。

この事件の手口でふっと思いついたのは新左翼のテロですよね、あれだけ完全にやれるのは。牧田吉明氏が言っていたけど、新左翼はテロをやってもセーフになろうとしてセーフになる。右翼の場合は、野村さんの経団連襲撃もそうだけど、アウトになるつもりでやって実際みんなアウトになってる。セーフになろうとか人民を盾にして逃げようとか考えない。

新左翼は理詰めでやるでしょう。急所を一撃して逃走経路まで考えている。まあ夜うなされるなんてこともないんでしょうね。

もちろん、そういうことを考えても、右翼がやった可能性はまだある。

右翼の中には『朝日』の不買運動をやってる人もいるし、街宣車で『朝日』に抗議している人もいますね。そういう人の中には、『朝日』の言論の権力の大きさの前にいくら右翼の人が正論を言ったって相手にされないから、「言論の自由なんて言ったって、それを持っているのは大新聞の記者だけだ」と思っている人は多い。その人の中には思いつめてる人がいるかもしれない。

僕も『朝日』は社全体の思想方向としては左だと思うしその点は批判を持っている。例えば大東亜戦争に対する考え方とか教科書問題、靖国神社の問題なんかは許せないと感じる部分が多い。日本の青少年が日本に誇りを感じられなくなるような報道がなされている。

しかしながら僕は、にもかかわらず『朝日』は社全体としては開かれていると思う。僕も何度も原稿を書かせてもらっているし、左翼の連中との対談にも出させてもらっている。右でも左でも自由に登場させて討論させる。社自体としては左だが、それを批判、否定する意見もこうして載せる。これは他の新聞では全くないことだ。だからその点では『朝日』を評価しているし、そういうことによって自分としては思想闘争の手がかりを得ていると思っている。

そういう点を一切考えずこんなやり方をするのは「新人類」右翼というか、「今までの右翼もダメだ、新右翼なんていっている鈴木もダメだ、もう殺（や）るしかない。しかも特定の一人二人殺っても効果がしれている、もっと大きな恐怖を『朝日』に与えるには無差別に殺ることだ」、と考えてのことかもしれない。

もしこれが考えぬいた作戦なら確かにみんなビビッてしまって大きな威力があるでしょう。みんな命は惜しいし、それは僕だって同じです。

人を殺すのはてっとり早くて簡単ですよ。世間は騒いでくれるし問題ははっきりする。しかし、それはやっぱりできないですよ。『朝日』の人間八千人を全員殺したって『朝日』の思想は生き延びるでしょう。キリストを殺してキリスト教が広まったように、いくら人を殺しても血で思想は変わりませんよ。

今回の行動には僕たちも賛成することはできないですね。少なくとも僕は人を殺すことによって革命がなしとげられるとは思わないし、テロによって世の中が変わるとも思わない。もしそれで変わるのならばこんな回りくどいことはやらないし非合法闘争だけでやりますよ。今は戦前とは時代背景も違うのだから。だからこれは僕らに向けられた銃口でもある。

一水会でも「あの事件と我々は関係ない」という声明を出せという人もいて、また右翼全体でも新聞協会みたいに「右翼はあんなことはやりません」という声明を出すべきだという人もいます。でもまだはっきりしない段階でそんなことやったら茶番ですよ。新聞協会の声明だって、もしこれが個人的な怨恨が動機だったら茶番になってしまうでしょ。なんで確証もない段階でああいう声明を出すのかわかりませんけどね。

逆に、「独立義勇軍」から送られてきた声明を昔『レコンキスタ』にのせたことがあるというので無責任に激励する電話がかかってきたりするんですよ。僕らは「容共右翼」とか「朝日御用達新右翼」なんて言われて罵倒されていますから、今回のことで「お前らもたまにはいいことやるじゃないか」とか「今回のはスゴイ。どんどんやれ」とか言ってくる。僕らがあの声明を掲載したのは、新聞社や通信社が送られてきた犯行声明を掲載するのとまったく同じことだったんですけどね。

で、ひどいのになると、「社員は使命感を持ってやってるだろうけど、新聞少年を狙えば誰も『朝日』を配らなくなるからみんな『サンケイ』に行く」とか言ってくるのがいるんですよ。『朝日』を作ってる人間だけでなく読んでいる人間も全部敵だ、と。でも、そうなったら国民全体が敵になってしまう。

今は右翼も左翼も思想的には堕落してるんですよ。全共闘の時代は敵がはっきりあったからみんな勉強したし言論の訓練もした。金目あての右翼なんて存在できないような状態だった。それが機動隊とか大学立法などの暴力によって左翼運動がつぶされて左は内ゲバに突入して不毛な状態になった。で、左からの理論闘争がないから右も勉強しないようになって堕落した。

新左翼といういいライバルがいなくなって議論を闘わせる場がなくなり、思想闘争の中で展望を見いだせなくなってしまった。そんな状況が「いくら何を言ってもちっとも取りあげられない、殺すしかない」と思いつめる人間を生み出すことになる。

　それに警察がどんどん弾圧するから地下にもぐるものも出てくるんですよ。僕らがあくまで合法的な集会をやったって、一人でも新しい人がいれば徹底的に尾行して会社に行ったりアパートに行ったりして「何で新右翼なんてやるんだ」なんていやがらせをする。又、関係のないことでしょっちゅうガサ入れをする。会社にもアパートにもいられなくする。

　だから、表現の自由とか集会の自由とか憲法にうたっていても、そんなものは実際にはないんですよ。それはいわゆる過激派だけじゃなくて市民運動なんかのレベルにまで及んでいますよ。そこにもこんな犯罪を生みだす背景があると言えるかもしれません。


　再三名前が出てくる〈義勇軍〉について次に書いてみよう。一般には新左翼のゲリラ戦術から学んだ右翼の異端と思われているからだ。いわゆる新右翼について書くときは、どうしても触れないわけにはゆかない、それが義勇軍だ。

　ただ、義勇軍といっても、いろいろある。いや、もっとはっきり言うならば二つの義勇軍がある。一つは公然部隊としての「統一戦線義勇軍」。もう一つは非公然部隊としての「日本民族独立義勇軍」。前者は池子の米軍弾薬庫闘争などで活発な運動をしている。ヘルメットに覆面という新左翼的なスタイルで過激なデモをやっている。昭和六十二年一月の住友不動産会長宅襲撃事件に加わった針谷大輔はこの統一戦線義勇軍のメンバーである。

もう一つの「日本民族独立義勇軍」の方だが、これについては全く分かってない。朝日新聞阪神支局襲撃事件で一躍有名になってしまった。ただし、「統一義勇軍」が表の顔で、その裏の顔が「独立義勇軍」というわけではない。両者は一体であり、表と裏を使いわけてるだけだと見る公安関係者やマスコミも多いが、どうも違う。

と、こう断定する僕自身だって、「統一」とは付き合いがあるが「独立」の方は全く知らないのだから、そちらのことをどうこう言うことは出来ない。僕としては、この二つは全く別であり、つながりはないと思う。この他にも「抗ソ救国義勇軍」とか、いろんな名前が勝手につけられ、タス通信などに火炎ビンが投げられたりした。だから、この義勇軍というのは、いわば新右翼過激派の「共有のネーミング」のような気がする。

では、この二つをもう少し詳しく紹介してみよう。まず、統一戦線義勇軍だ。これは「北方領土奪還青年委員会」がその前身である。これは発足したのが昭和五十二年九月。この名前の通り、二十歳前後の青年たちで北方領土返還の街頭宣伝や署名集めを地道にやっていた。委員長中里雄二、書記長木村三浩で、ヘルメットをかぶってジグザグデモをやったりして、右翼の人々をおどろかせていた。「遅れてきた全共闘」のような感じであった。この団体が五十六年九月に発展的に解消し、「統一戦線義勇軍」となる。水谷橋公園で結成大会、デモをやった。義長は木村三浩がなり、よりラジカルな路線を歩む。

名前のように「統一戦線」であり、元の「北方領土奪還青年委員会」の人間を主体にしながらも、いろんな団体、個人が結集した。一水会の若手も参加した。一水会の上の方は学生運動出身者だから、どうしても三十代後半になる。どこもそうだがロートル化している。しかし若い人間は、思い切って体を動かして運動をしたいし自己主張もしたい。そういう人間はどんどんデモなどをやったらいいだろうと僕ら一水会などでも思っていた。

この義勇軍のスローガンは「反米愛国　抗ソ救国」。なにやら昔の連合赤軍の母体であった京浜安保の路線に似てるが、それも構わないだろう。この年代の青年たちは全学連も全共闘も知らない。本で知ってはいても見たこともない。僕らのように、なまじ知ってるが故のコンプレックスもない。むしろ、全共闘を俺たちがつくるんだという気概があるのかもしれない

今までの右翼のように反共、反ソだけではない。同じウェイトで反米がある。戦後四十年間、日本はアメリカに占領され続けている。又、日本はその状態から脱しようとしない。これではダメだ。安保条約、憲法をアメリカにつき返し、自前の軍隊、憲法を持つべきだという主張である。

この観点から池子闘争も闘っている。池子の米軍弾薬庫跡地に米軍住宅を建てようとして地元民の反撥をかい、今も大きな問題になっている。義勇軍は、米軍住宅建設反対をスローガンに安保反対、自主防衛の立場で闘っている。何度も現地で集会をやり、新左翼ばりのデモもやっている。火炎ビンを投げ逮捕者も出している。又、この闘争には義勇軍だけでなく、他の団体の人も応援にかけつけている。住友不動産会長宅襲撃事件の三人はここで初めて知り合った。

ここで、もう一つの義勇軍である独立義勇軍について触れておこう。こちらの方は僕も知らない

から、新聞報道でしか書けない。昭和五十六年十二月八日に神戸の米国領事館に火をつけたたいまつ二本が投げこまれた。そして「日本民族独立義勇軍」の名前で犯行声明が出された。「ワガグンは西南日本において米国外コウ館をコウゲキセリ。今こそ真の民族独立のために立て」…と。これがデビュー戦だ。

これをきっかけに横浜・元米海軍住宅放火（五十七年五月）、大阪・ソ連領事館火炎びん投てき（五十八年五月）、朝日新聞東京本社放火未遂（五十八年八月）、同名古屋本社放火未遂（同）と五件の実力行使をしている。五十六年から実力行使を始めている点では統一義勇軍と同じだ。ただ、両者の間に連絡はないと思う。あったなら、どこかで必ずボロが出るし、捕まる。

統一義勇軍の機関誌「義勇軍報」ではこの五件の独立義勇軍の事件を全面的に評価し、支持している。「まだ見ぬ同志」と呼んで声明文を出しているほどである。最初にも書いたように、第一回目の神戸米国領事館襲撃の時は、どういうわけか一水会に「犯行声明」が送られてきた。新聞を出しているから、この手の声明文が来るのは珍しくない。又、一水会の住所など、僕が出した本にも書いてるし、レコンだって全国の書店においているから、すぐに分かる。

その声明文をレコンにのせたことで、以後ずーっと警察当局からにらまれることになる。「独立義勇軍はレコン読者だろう」と勝手に判断し、独立義勇軍の事件のたびに、一水会関係者は毎回ガサ入れ（家宅捜索）されることになる。

独立義勇軍はどこでレコンを見たのか分からないが、少なくとも民族派的な考えを持つ人間だと思う。統一義勇軍について、「これではあきたらない」と思って非合法闘争に飛び込んだのか。あるいはテレビや週刊誌で統一義勇軍の活躍を見て、「よし、俺もこのネーミングを使ってやろう」と思った人間がいたのか。それは分らないが、「まだ見ぬ同志」といってもいいと思う。

ところが朝日新聞阪神支局襲撃事件になると、これはちょっと違う。ちょっとどころではない、全く違う。今までの五件は人を傷つけるつもりはなく、「警告」あるいは「思想闘争」としてやっている。非合法ではあるが、「一つのアピール」だけだ。

しかし、阪神支局襲撃は物も言わずに散弾銃を乱射し、記者一人を殺し、一人に重傷を負わせている。これまでの五件の実行犯とは全く違う。…と思う。だが、同じ「日本民族独立義勇軍」の名前で犯行声明が出された。ただ今までの五件とは少し違うという意味でか「別動、赤報隊一同」とつけ加えられていた。

独立義勇軍の放火路線にもあきたらず、そのメンバーがテロにまで突き進んだのか。あるいは、独立義勇軍の実力行動を新聞で知った人間が、さらに過激に連帯するためにやったのか。その辺は分からない。

大体にして、右翼の名をかたっただけかもしれない。僕も当時はマスコミがドッと取材におしかけ、どう思うかと聞かれたので、「これは右翼ではないだろう」と答えた。何もテロを右翼がやらないと言ってるわけではない。事実、戦前は血盟団事件、五・一五事件、二・二六事件と血なまぐさいテロの歴史がある。戦後も浅沼社会党委員長刺殺事件がある。しかし、どれも政、財界のトップを狙っているし、決行後は自決するなり、自首するなり、堂々としている。何も個人的な恨みでやるのではない。どうしても日本の為にならないと思うから涙をもってテロをやる。そしてその責任はとる。そうした「涙をもったテロリズム」が右翼だった。

ところが阪神支局襲撃事件には、この〈涙〉がないし、犯人は闇から現われ闇に消えてしまった。大体、何のために人を殺したのかも分からない。これでは政治的テロの意味がない。それにトップを狙わずに、一般の記者を無差別に襲っている。

だから、「右翼なら、こんなことはしない」と僕も何度か発言したし、その気持ちは今も変わらない。しかし、「万が一」という可能性だけはある。そうなると僕らなどが全く理解できない右翼の〈新人類〉なのかもしれない。一つの推測として言うならば、朝日新聞は日本のためにならないと思いつめた人間が、トップを狙うよりも一般の記者を無差別に殺した方がショックが大きいだろうし、朝日により大きな恐怖を与えられると確信してやったのかもしれない。

たしかに反日史観を植えつけ、日本人でありながら日本の歴史を冒瀆している元凶が朝日だと思ってる人はかなりいる。しかし、だからといって即、朝日の人間を殺そうとは思わない。投書したり、街頭で訴えたり、文書で訴えたり、新聞の不買運動をするだろう。それでも変わらない。ではどうする。ギリギリのところでテロしかないと思いつめても、トップをやろうとするだろう。

しかし、トップをやっても多分朝日の編集方針は変わらないだろう。一般の記者にしても、「あれはトップだからやられたんで、我々下っ端は関係がない」と、いつも通りセッセと記事を書き何も変わらない。これではテロをやっても意味がない。だから無差別殺人しかない。と思いつめて、実行したのかもしれない。もし、「万が一」に犯人が右翼だとしたらという仮定で書いている。

ただ、これはあくまでも個人的な一つの想像だし、そこまで〈効果〉だけを考えて「涙のないテロル」を実行できる右翼がいるとは思えない。大体、そうした、乾いた心情の人間は右翼にはならないし、右翼に興味も持たない。この犯人は右翼ではないと僕が思う最大の理由がこれだ。野村秋介氏も、「政治的事件なら、又、右翼の事件なら必ず〈臭い〉があるがこれには全くない」と言っていた。この本が発行される頃は、事件がどうなっているか分からないが、僕の推測に間違いないと思う。

又、野村さんや僕の推測が間違っていて、右翼がやったとしたのなら、そうした「涙のないテロル」を平然とやれる人間が出現したということだろうし、そうなると全く僕らの理解を超える人種だ。

## 住友不動産会長宅襲撃事件と経団連襲撃事件

六十二年一月十三日、「ＹＰ体制打倒青年同盟」を名乗り、住友不動産安藤会長宅を襲撃する事件が起った。そのメンバーは次の三名だった。まず大悲会会長の蜷川正大（35）、そして義友同志会会長代行の中台一雄（35）、統一戦線義勇軍の針谷大輔（21）。

大悲会は新右翼のドンともいうべき野村秋介氏がずっと会長をやっていたが六十一年に、「俺は第一線をひいて、青少年育成の人間塾をつくる」と後輩の蜷川氏に任せたものである。蜷川氏と僕はもう十年以上のつき合いになるし、十二月末の一水会の忘年会にも来てくれた。その時は勿論そんなそぶりは一切見せなかった。中台氏とは、いろんな集会で顔を合わせていたが僕自身はそれほど深くは知らない。ただ池子の米軍住宅建設反対運動で一水会、義勇軍の若手諸君がずい分とお世話になっていた。

最後に針谷大輔君だが、彼は三年前に突然一水会の事務所にやって来て「一緒に運動をやりたい」と言って、運動に参加した青年だ。一水会と同時に義勇軍にも入っている。義勇軍では情宣局次長をやっていた。

三人は「地上げなどの悪徳商法で国家、国民を食いものにしている住友不動産の悪業を世に知らせたかった」と供述しているという。今、地上げ屋、不動産会社がからんでの土地暴騰ブームはすさまじいものがある。誰もが苦々しく思っていた。彼ら「YP体制打倒青年同盟」が当日まいた「抗議文」にも、そうした怒りがこう書かれている。

「…日米安保の美名の下、戦後四〇余年我が国は、ヤルタ・ポツダム体制の下に構築された奴隷の平和と魂のない繁栄を満喫して来たのである。この自民党と結託した財界・大手企業の物質万能主義、営利至上主義によって山河は荒廃し、海は埋めたてられ、あまつさえ開発と言う名の土地の買い占めとダミー会社を使った強引な地揚げ等、国家と国民を食いものとして住友不動産に代表される悪徳不動産業者はその私腹を肥やして来たのである」

この抗議文は五十三年の経団連襲撃事件の時の檄文ともきわめて似ている。日本の麗しい山河を切り崩し、公害で人々を苦しめておきながら財界は一片の反省もないと、野村秋介氏らは経団連を襲撃した。又、この経団連襲撃事件の時の檄文の下敷きになったのは四十五年の三島事件の檄文である。だから、いわゆる新右翼といわれる思想、運動は三島事件からスタートしたともいえる。

この住友襲撃の「抗議文」にはさらにこう書かれている。

「…土地ブームに便乗した大手不動産業者はその豊富な資金力と一部政治家との癒着による土地コロガシによって土地は値上りし、サラリーマンが一生かかっても都心では一坪の土地さえ手に入れることのできない状況を招いた。土地を単なる投機の対象としたマネーゲームに終始する住友不動産、商事は庶民のマイホームへの夢を非現実的な嘆きの中に落し込んだのである」

現実は、まさしくこの通りであろう。土地問題に対しては誰もが、このように思ってるはずだ。ところが、新聞やテレビは、「右翼にそんなことを言う資格はない」といった調子で、けなしまくっていた。又、「暴力行為」「兇悪犯」「単なる売名」と決めつけていた。彼ら三人も会長宅襲撃という「行為」そのものを認めてくれなどと言ってるわけではない。それが違法行為であることは百も承知だし、そのことで非難されるのは甘んじて受けるつもりだった。ただ家人を傷つける気はなかった。彼ら三人は街頭で車の上から訴えたり、ビラをまいたり…と、それだけでは効果がないと思ったから決行したのだろう。だからこの決起も身体をかけた一つの〈言葉〉である。いわば「肉体言語」である。

その証拠に、「あの行動は悪いが住友不動産の強引な土地買占めや地上げも悪い」「暴力的な地上げの犠牲で自殺者も出ている」という記事も新聞にドッと出た。一般の人々が、噂では聞いてもその実態が分らなかった〈土地〉犯罪が大企業によって行なわれていることがはっきりしたのだ。それだけでも三人の行為が〈言葉〉として人々に語りかけ、訴えた効果は大きい。街頭で訴えたり、ビラをまいたり、ポスターを貼ったりといった〈言葉〉とは比べものにならない規模の大きさをもった〈言葉〉になったわけである。

この言葉さえ聞いてもらえばよかった。あとの罵声はいくらでも甘んじて受ける。そういう気持ちだったに違いない。新聞やテレビが余りにもこの事件を叩くので、一般の人々も実際にそう思っているのかと聞いてみると、全然違っていた。「よくやった」「住友不動産の悪どさはよく知っていたし、いつか誰かがやると思っていた」という声ばかりである。同じ住友グループの企業に勤めている人からもそういう声を聞いた。又、この事件を徹底的に叩いているマスコミの記者でさえも、「新聞ではあのように書かざるをえませんが、本音では、あれは起こるべくして起こる事件だったと思ってますよ」などと言う。

では、その本音を書いたらいいのにと思うが、給料をもらってる身としてはそうもゆかないらしい。又、「起こるべくして起きた」「いつか誰かが」というのは、そうした一般国民の義憤が渦巻いていたということでもある。ならば、誰がこの義憤を代弁しても、いいはずである。政治家だろうが、一般国民だろうが、ジャーナリストだろうが、新左翼だろうが、新右翼だろうが…。又、どんな手段をとっても（例えば週刊誌、テレビ、国会での質問、デモによる住友不動産の包囲ｅｔｃ）、その問題を明らかにし、世間に大々的に問題提起したならば、いいはずである。

ところが、その義憤の代弁を、よりによって彼ら（マスコミ）の嫌いな右翼によってやられてしまった。そのことに対する屈折した嫌悪感もあるのだろう。「正義漢ぶって、土地問題などを言ってるが、本当の目的は別にある。背後関係を洗え」「売名のために土地問題を利用しただけだ」…と。「新右翼もたまにはいい事をやるじゃないか」「やり方は少々荒っぽいが、新右翼の気持ちも分る」という雰囲気が出ないうちに先回りして叩いておこうというつもりらしい。

例えばサンケイ新聞（昭和六十二年一月十五日）のコラム「サンケイ抄」では、こんなふうに書いていた。

「…彼らは乱入の動機を『大手不動産会社の土地買い占めや地上げを糾弾する』といい『サラリーマンが一生働いても家が建たないような土地政策は間違っている』と主張しているという。どうせ売名が目的だろうが、動機の名目がなんとも耳に響きがいいだけに始末に困るのである」

しかし、東京の土地買い占めや地価狂乱は大きな社会問題になり、「地上げ」「底地買い」などで買いあさられた土地は最終的には住友などの大手不動産の手に落ちていることは周知の事実だと書き、だからこそ、「世相に便乗」して豊田商事の永野会長に〝義憤〟を晴らした事件のように、庶民感情がくすぐられる錯覚があるという。

「だからこそこの種の暴力風潮は危険であり、こうした兆候は警戒を要する。ビートたけしのフライデー乱入事件で『ビート君の気持ちはわかる』と理解を示した政府高官も、『新右翼君の気持ちはわかる』とは言わないだろう」

たしかに政府高官は言わないだろう。しかし、サンケイはじめ他のマスコミも、狂乱地価が「周知の事実」だなどと偉そうに言うのならば、自分たちの武器である新聞、テレビを最大限に使って糾弾すればよかったのである。そうすれば、何も新右翼の三人が思いつめて事件を起こす必要もなかったし、新右翼に「庶民感情がくすぐられる」こともなかったのである。

マスコミにそんな力がないとは言わせない。一国の総理大臣の首すらも飛ばす力を持っている。アメリカだって大統領を首にしている。地上げに狂奔する不動産会社をいましめる位、できないはずはない。本当は出来るが、やらなかっただけなのだ。それは何故か。不動産会社からの広告収入が無くなっては困るからだ。それがこわくて、自分たちはキャンペーンの一つもはれないで、他の人間が〈言葉〉を発したからといって売名よばわりはないだろう。

ルポライターの竹中労氏は当日の夜のテレビでこの事件について、「みんなは右翼は金で転ぶものだと思ってるだろう。しかし金で動かない右翼もいる。それに、今の東京の地価は狂っているし、その責任は住友不動産らの大手不動産会社にあることは事実だ。彼ら三人はそれを言っただけだ。だからテロをするつもりはなかったし、病人の奥さんが一人いただけなので一時間ですぐ投降している。これは彼らの優しさだ」と言っていた。三人とは思想的な立場が違うはずの竹中氏ですら、こう評価し、弁護しているのだ。一般の人々はなおのこと、一般国民の怒りを代弁する「行為」と受けとめ、「言葉」と受けとめたのだ。

大体、今回の事件ほど一般の人々とマスコミの受けとめ方・評価の違ったものはなかった。又、「新右翼」というものに対し、これほど誤解と偏見があったのかと改めて驚かされた。「戦後の全てを否定し、銃口からしか平和は生まれないと主張している」「最近は全く沈黙を守っていた」……と新聞には書かれていた。しかし、野村秋介氏は全国を飛び回り講演し、フィリピンのゲリラに捕えられた石川カメラマンの解放に尽力し、早大大隈大講堂で演説しと大活躍であり、他の新右翼と呼ばれる人々もかなり頑張って活動していた。出版、言論活動も活発に展開し、それなりの手応えを感じていた。それが「沈黙を守っていた」とか「全く動きがなかった」と言われ、こうした事件があった時だけ「動いた」と言われるのではたまらない。

安藤会長宅襲撃事件はちょうど十年前の経団連襲撃事件を踏襲していると先に書いたが、この経団連事件が、その後十年の〈新右翼〉を左右したともいえるので次に触れてみたい。

この事件の時も、「どうせ右翼の売名だ」「右翼のくせに正義漢ぶって」とマスコミには袋叩きにされた。ただ、国防や憲法や日本の危機を叫んだ三島事件の「檄」とは違い、その時の野村氏らの「檄」には「大企業の営利至上主義」「環境破壊」「公害」「赤ちゃん殺し」「教育問題」の糾弾が多く、これが右翼の檄文かと思った人が多かったはずだ。

公害問題糾弾などは、いわば左翼の専売特許だった。左翼といえば、こんなエピソードがある。左翼に襲われるのなら分るが何故俺が右翼に襲われるのかという戸惑いは当の土光経団連会長（当時）にもあり、事件直後こう語っていた。

「いままでこの種の身辺に危険を感ずるような事件は、なかった。経団連会長室を襲ったのは右翼だ、との情報だが、本来私は右翼であり、右翼から襲われるなどということは、おかしな話だ。大体木の芽どきにはこの種の行為がありがちなのではないか」（「朝日新聞」昭和五十二年五月四日付）

なんともオソマツなコメントだ。それに、自分が理解できないからといって気違い呼ばわりするとはひどい話だ。

檄文を読んでも、「なんだ左翼のマネか」とか「反公害運動のブームに乗っただけだ」と批判しているマスコミも多かった。しかし、「日本の山河をまもれ」というのは右翼・民族派の昔からの主張である。それが戦後、「反共」が第一義になることで忘れ去られてきたのだ。右翼は在野に徹し、反体制の牙を持つべきだという主張と共に、これは右翼本来の姿勢への「先祖回帰」でもある。

二・二六事件に連座して逮捕されたことのある末松太平氏は『証言・昭和維新運動』の中で、この点をやはり強調していた。「天壌無窮」という言葉、つまり「日本の国は天壌と共にきわまりなし」というのが愛国者の合言葉だったが、今やその天壌がおかしくなっている。天はスモッグで汚れているし、「青雲の志」「山紫水明」といわれたのも、見上げる青い空もないし、山も水もよごれている。だから、と末松氏は言う。

「今の愛国者はもっと公害問題をとり上げて闘うべきですよ。天壌がおかしくなっては皇運を扶翼すべしと言われたって扶翼すべきものの条件がなくなってしまうじゃないですか。悪どい資本家のために体がきかなくなって寝たきりになってる人を救け、日本の美しき自然、天壌を守るのに、右翼も左翼もありませんよ。維新運動は公害撲滅運動一本にしぼっていいと思いますよ。僕がいま昔の状態の青年将校だったら、それで維新をやりますね」

そして、「それで維新をやろう」としたのが経団連事件以降の新右翼運動だった。ただこの経団連事件の時点でそれに気づいた人はほとんどいなかった。「売名だ」とか、「狂気の行動だ」「いい格好しいだ」と批判しただけだった。しかし、京都大学名誉教授の会田雄次だけは、これは大きな影響を与えるだろうと、「その後の新右翼」を予言していた。

「檄文の文章はわかりやすく行動の無謀な面をあえて抜きにして考えれば、言っていることはさほど間違っていないという感じだ。犯人らが叫んでいる公害、赤ちゃん殺し、教育問題についてもそう感じている人も多いことだろう。それだけに犯人らが影響を受けたと思われる三島由紀夫らの事件より与える影響は大きそうだ」(「朝日新聞」昭和五十二年三月四日付)

三島事件よりも影響は大きいだろうと言ってるのだ。この予言の通り、これ以後、右翼・民族派による新しい運動が全国的規模で展開された。反公害、自然保護をスローガンに、空港建設反対闘争、反原発闘争、大企業糾弾と続き、六十二年一月の住友不動産会長宅襲撃事件となる。

左翼や労働組合も反公害闘争をやっており、俺たちが本家だという意識はあるだろう。しかし、いくら人民の為だと口では言いながら本当は自分たちの得たものを失うまいという自己保身的な運動でしかない。そう糾弾、暴露したのが、あの〈狼〉グループだった。彼らは『腹腹時計』の中ではこう書いている。

「日帝本国における労働者の闘いイコール賃上げ、待遇改善要求などは、植民地人民からのさらなる収奪、犠牲を要求し、日帝を強化、補足する反革命的労働運動である」

大企業は経済侵略してアジアの民を苦しめながら利益を上げているのだから、そこの労働組合が賃上げを要求するのは、もっと侵略して利潤を上げろといってるのと同じだ。そう断定する。これに影響を与えたといわれる太田竜は、公害企業の労働組合が賃上げを要求するというのは反革命的だとさらに言っていた。公害や侵略でもっと黒い利潤をあげ、それを労働者に分配せよと言ってるのと同じだという。だから、むしろ「賃金カットを要求しろ」という。

しかし一般の左翼や労働組合にしろ、自分の身を犠牲にしてまで何かやろうという気はない。〈狼〉や太田の批判・提案に対しても、「何をバカな」「もはやこれでは労働運動ではない」と毒づいていた。

つまり左翼とか労働組合といいながらも、この戦後体制の中から余りに多くのものを得てしまい、失うべき多くのものを持ちすぎた。だから革命だとか、世界の貧困を救え、公害患者を救えといいながら、自分を犠牲にしてまではやろうとしない。政府がやれ、国がやれと要求するばかりだ。方向は違っても、犠牲を覚悟でやるのは〈狼〉や右翼・民族派だけである。

三島事件、経団連、そして住友の事件と全てそうである。表面は〈凶悪〉であり、〈過激〉に見えるが、しかし、何もこれはテロでもクーデターでもない。誰を傷つけようというのでもなく、傷ついてるのは当の決起者だけである。自己犠牲でもって〈言葉〉を発しているだけの話だ。この三つの事件も、ポスターを貼り、チラシをまき、本に書き…といった合法活動だけではあれほどの影響力も効果もなかったろう。残念だがこれは事実である。あえて、〈肉体言語〉というか、非合法的〈言語〉を発したからあれだけの影響があり、人々に対する問題提起になったのである。

しかし、〈狼〉にしても又、三島をはじめとした右翼・民族派のこうした行動も余りにも犠牲の大きい〈言葉〉でもあった。戦争でも革命でも最も優秀でいい人間から先に死んでゆくというが、これは本当のようだ。思想戦争の世界においても優秀で真面目で、思いつめた人間から先に死に、傷つき、とらえられてゆく。

最後に「YP体制」について蛇足ながらつけくわえておきたい。

昭和二十年二月、ソ連クリミア半島のヤルタに米英ソの首脳が集まり、戦後の世界体制を決めた。同年七月には、やはり米英ソ三国の首脳がベルリンの近くのポツダムに集まった。戦後の世界は、この二つの会議により決まり、特に米ソの二大国による世界支配体制が出来上がった。この戦勝国に対しては、日独伊の敗戦国は二度と立ち向かえないように牙をぬかれた。こうした戦後の世界を「ヤルタ・ポツダム体制」と言い、「戦後体制」とも言われる。ポツダム宣言を受け入れて戦後の日本はスタートしたが、独立を達成した今、もう一度、日本は〈戦後〉を見直すべきだという主張が「YP体制打倒」である。

いわゆる新右翼と言われるグループは、この「YP体制打倒」を主目標として闘っている。

# 増補　昭和の終わりと平成時代の民族派運動

## 昭和天皇の崩御と平成の天皇像

『新右翼』を出してから二年ほどしか経ってないのに、その間には実に多くのことがあった。昭和天皇の崩御、平成時代の幕明け、長崎市長へのテロ、右翼糾弾キャンペーン、盧泰愚韓国大統領の訪日、天皇陛下のお言葉…と。その中で民族派運動も揺れ動き、新たな展望を模索している。特に「テロと言論の自由」という古くて新しい問題をめぐっては民族派陣営内部が真っ二つに分かれるほどの見解の違いを示している。

天皇（制）を守るためにテロは必要だと言う人もいるし、いやあくまでも言論で戦うべきだという人もいる。これは右翼・民族派とは何か。これからも必要なのか、といった根本的なところにも係わってくる問題である。だから、こうしたテーマを中心にしてこの章では考えてみたい。

昭和の終わりから書き初めよう。昭和の終わりと書いたが、考えてみると、あの当時は昭和に終わりがあるとは考えてもみなかった。変な話だが、昭和は永遠に続くと思っていた。非科学的と言われるだろうが、漠然とそう思っていた人は結構多かったはずだ。全国で記帳所が設けられ、ご快癒を祈る人々が日ごとに多くなり、お祭りなどが中止になり自粛一色となっても、でも、昭和が終わるとは思わなかったし、そんな日が来るとも信じられなかった。

昭和は永遠に続くのだと思っていた。ところが昭和の終わりは現実に来た。昭和六十四年一月七日、昭和天皇が崩御された。右翼・民族派陣営にも一様に虚脱感がただよう。そんな状況だった。いや右翼と一般の人々との区別なんてなかったのだろう。皆な同じ思いで昭和を見届け、見送ったのではないだろうか。

昭和六十四年は、たった七日しかなかった。一月八日からは平成と時代も変わった。時代が変わっても本屋に行けば「昭和六十四年一月十五日号」なんて週刊誌が並んでいるし、「昭和六十四年二月号」なんて月刊誌も並んでいる。ありもしない架空の年月が堂々と印刷されているのだ。仕方がないと思いながらも何か奇妙な感じがした。

僕の車の免許証にも「昭和六十六年の誕生日まで有効」と書かれている。いろんな文書の上ではまだ昭和は生き、続いているのだ。

昭和が終わる時というのは、世紀末だと思った。二十世紀が終わる本当の世紀末は十年後だが、しかし、その時でも昭和の終わりの時のような重苦しい、息をひそめる実感はないだろう。昭和が終わることによって、何かとんでもない事が起こるのではないかとフッと考えた。天変地異が起こるかもしれないし、日本が沈没するかもしれない。あるいは地球が破滅するかもしれない。

何を馬鹿なと言われるかもしれないが、そんな事を考えた。しかし、平穏のうちに時代は平成へと変わった。ああ俺も二つの時代を生きることになるのかと痛感した。僕らにとって大正生まれや、まして明治生まれは、はるか昔の人だという意識があった。しかし、いつかは僕らもそう言われるのだろう。「昭和生まれの老人が…」なんて言われるのだろうか。淋しい話だ。

偉大な明治が終わった時もこんな感じだったのだろうか。そうも考えた。皇居に続々とつめかけ昭和天皇にお別れを告げた人々もそう思ったのではないか。東京駅から歩いてゆく道すがら僕もそんなことを思っていた。又、こんな時しか「天皇体験」が出来なかった自分達は不幸だと思った。僕らの先輩たちの中には天皇のために戦い、戦争をし、あるいはクーデターをやろうとし、そして倒れ、死んでいった人も多い。いい意味でも悪い意味でも「天皇体験」があった。天皇のために兵隊にとられて…と恨む人にも天皇体験はあった。天皇と自分、国家と自分は不可分のものだった。ところが現代の我々にはそうした体験も実感もない。

そんな中で昭和から平成へと時代が変わった。二日間はずっとテレビを見ていた。昭和とはこんな時代だったのかと思い、考えながら見ていた。「天皇のために公共の電波を二日間も独占させるのは許せない」と反対する人もいた。これは軍国主義の日本に戻すものだという主張もあった。しかし、そういう反対集会も自由にやられているし、その集会を放映したテレビ局もあった。どこまでも自由な中で、時代は変わっていった。

それを見て気がついたことがある。先ほども言ったように僕らには生死の境をくぐるような「天皇体験」はない。又、一般的に言っても今の時代は一番、天皇尊崇の気持が薄い社会だと思っていた。ほとんどの人が天皇陛下に関心がないと思っていた。漠然とだが、そう思っていた。だからこそ、ちょっと天皇反対の声や集会にも「天皇あやうし」と右翼が危機感を持ち、過敏な反応をするのだろう。

しかし、どうもこれは違うようだ。二日間テレビを見ながら、そう思った。逆に、あるいは今が一番、天皇尊崇のあつい時代ではないかと思ったのだ。考えてもみるがいい、昔のように不敬罪や治安維持法もない。学校教育でも天皇については何も教えてない。むしろ反対の教育ばかりだ。教育もないし、強制もない。天皇制反対を言うのも書くのも、集会を開くのも全て自由だ。マスコミだってそんな動きを喜んで取り上げ、応援してくれる。

にもかかわらず、天皇陛下の病がおもいとなれば何百万人の人が記帳に訪ずれ、ご快癒を祈る。誰も強制しないのにだ。又、新聞社の世論調査でも八割以上の人々が現在の象徴天皇制を支持している。いや象徴ではダメだ、元首でなくては…と言う人もいる。しかし、象徴という言葉は余りよくないが、やはり天皇制であることは同じだ。又、日本の歴史の中では天皇が政治的な力を持った時代は、ほんの少ししかない。あとのほとんどの時代は政治を離れて、いわば象徴的存在だった。

だから、今が一番、天皇尊崇の気持ちが強い時代なのではないか。そう思ったのだ。そうであるなら、右翼もそう焦ることはないのかもしれない。『サンデー毎日』(平成二年四月二十九日号)で桂文珍と対談した時も、文珍は同じようなことを言っていた。彼は落語家でお笑いタレントだが、なかなかのインテリで関西大学の講師もやっている。「俺は愛国者だ。国を守るんだ」なんて声高に言わなくとも、日本人は皆ひかえ目な愛国心は持ってるし、日本にも日本文化にも誇りを持っている。だから右翼の人も、もっと国民を信頼していいのではないかと言っていた。

なるほど、そうだろう。国民を信頼すると言えば、新天皇の「朝見の儀」のお言葉は、まさしくそうだったと思う。その中で天皇陛下は「皆さんとともに日本国憲法を守り」とおっしゃられた。当然のことであるにもかかわらず、このお言葉に戸惑った右翼の人が多かった。「我々は憲法改正の運動をしてるのに、困った」「これは君側の奸が言わせたのだ」…と。

しかし、天皇陛下としては天皇は国民とともにあるということを強調されたかったのだろう。又、改正されない限り今の憲法が生きていることは事実だし、それを守られるのも当然だ。もし八割か九割か知らないが、圧倒的多数が改正すべしと言い、国会の議決、国民投票と正規の手続きを経て改正されたなら、天皇陛下もその新しい憲法を守ると言われるだろう。

戸惑う右翼の方がおかしいのだ。恨むのなら自分の力不足を恨むべきだ。これは自己批判を含めて言っているのだが。広く国民運動をして、今の憲法ではダメだ、もう一度考え直そうという風潮を起こさなくてはならない。その点では、右翼は大きく遅れをとっている。これは真剣に考えるべき問題なのだ。

いや、そんなまどろっこしい事はしていられない。国民運動なんて百年河清を待つようなものだ。そんな事よりもテロだ、クーデターだと主張する人もいる。僕など「テロはいけない。思想戦は百％言論でやるべきだ」と言うと、「やはり、テロは必要だ。テロを否定したら右翼ではない」などと言われる。

しかし、そうだろうか。たとえば今の時点で改憲論者が二割くらいだとする。あるいはそんなにいないかもしれないが、ともかく圧倒的な少数者だ。その少数者がテロやクーデターをやって改憲を強行したとしても、多分、天皇陛下は拒否されるだろう。それが「皆さんとともに」という意味だと思う。

又、記者会見の席では、天皇制批判を含めて「言論の自由は大切だ」とおっしゃられている。さらに本島市長へのテロ事件の後、皇太子殿下は「言論の自由を暴力によって封ずる行為は二度とあってはならないと思います」と発言されている。

こうしてみると、天皇陛下も皇太子殿下もかなりはっきりとした決意をもって断言されている。「こうした質問はやめてくれ」と宮内庁が言ったのに、その反対を押し切って皇太子殿下は言われたという。あるいは天皇陛下の「護憲発言」にもそうした経緯があったのかもしれない。

又、礼宮様のご婚約にしても、古い伝統などはどんどん壊して行こうというお考えがあるのではないだろうか。一般の家だって「兄貴が嫁をもらわないうちは次男の結婚なんてとんでもない」とか「姉から先だ」という家が結構ある。だから、右翼や一般の国民よりも、もっと進んで、平成の世の「新しい皇室」をつくろうと闘っておられるのかもしれない。それについて行けない右翼が戸惑い、おたおたしているのだろう。

そういえば平成の時代になって天皇陛下に相続税を課するということになり、右翼が政府や国税局に抗議するという事件があった。平成元年七月六日には「皇位継承に伴う相続税阻止国民大会」が新宿・安田生命ホールで行なわれ、僕らも参加した。「天皇陛下に税金をかけるとは何事か」と参加者は激怒していたし、僕らもそう思った。政府や宮内庁は許せないと思ったが、あるいは天皇陛下みずからの御意志があったのかもしれない。たとえ皇室財産がなくなっても国民と同じように課税してほしいというご意志だったのかもしれない。

今となれば、そうかもしれないと思う。又、これは僕個人の推測だから間違っているかもしれない。ただ、我々のような右翼の「天皇像」よりは、はるかに進んだかたちで、国民とともに生きる「平成の天皇像」を考えておられるのだろう。そんな時に「天皇制を守るにはテロしかない」と言うのなら、ますます天皇陛下の御考えからかけ離れてしまうだろう。

## 本島長崎市長へのテロ事件

そのいい例が平成二年一月十八日に起こった本島等・長崎市長へのテロ事件だったと思う。「天皇に戦争責任はあると思う」という本島発言に怒っての襲撃だというが、右翼団体「正気塾」の田尻塾生に至近距離からピストルで撃たれ本島市長は重傷を負う。「右翼テロを許すな」「言論への挑戦だ」とマスコミは連日キャンペーンを張る。右翼は今までもこれだけの「言論妨害」をやってきたという糾弾報道が、これでもかこれでもかと続けられる。

中には「右翼を放しがいにするな」と主張していた新聞もあった。勿論、誰だってテロや暴力にはいけないと言う。しかし、それでも右翼テロはなくならない。ここに問題がある。赤報隊事件の時も同じように右翼テロ糾弾の声が満ち満ちていた。しかし、再び右翼テロは起こっている。声高に批判し、糾弾するだけで終わっていては、何度でもテロは起こる。残念ながらこれは事実だ。この本にも書いたが、日本には完全な「言論の自由」はない。特に右翼の人は「自分達には言論・表現の自由はない」と思っている。世の中のマスコミは全て左傾化していて、自分達の発言を取り上げないと思っている。本島発言だって、国民のほんの一部の声のはずなのにマスコミは大々的に取り上げ英雄視している。そして、それに反対の声は取り上げない。

仕方がないからビラやチラシや街宣（街頭宣伝）で対抗するしかない。しかし、警察が来てすぐ排除されてしまう。自分たちの声は国民には届かない。マスコミからは「ただの騒音公害」として批判される。これでは我々に「言論の自由」がない。反天皇の言論は自由にやられ、本屋に行ってもそんな本ばかりだ。新聞、テレビもそんな人間の発言ばかりを取り上げる。このままではダメだ。我々が立ち上がらなくては…と焦燥にかられるわけだ。

言論が封殺されているのなら、最後にはテロしかないと思いつめる。勿論、マスコミには叩かれるだろう。しかし、そのことによって国民に警鐘を乱打することは出来る。そう思ってテロをする。しかし、時代が違うのだ。戦前のように一切の言論が文字通り封殺され、肉体言語しか対抗手段の無かった時代とは違う。そこが分からない。当然、マスコミも国民も批判し、糾弾する。

マスコミからは叩かれても、心ある国民は分かってくれるだろうと期待感がテロリストにはある。五・一五事件の頃ならばそれもあった。純真なテロリストに同情し減刑嘆願書が、十万通も来たとか。それは言葉を奪われた決起者への同情もあったし、国民の政治への不満、いらだちを決起者が代行してくれたからでもある。

しかし今、テロの銃口は一市長を狙い、一記者（赤報隊事件）を狙う。権力者へのテロとは言えない。又、テロしかないと思いつめるほど言論活動をやったのか。大衆運動をやったのかと人々は問う。たしかにその通りだ。自分で「言論の場」を確立するための努力をどれだけやったか疑問だ。これは自分たちの自己批判として言うことでもある。どんなことがあろうともテロはいけない。たとえマスコミが全く左傾化し、右翼の言論を一切閉め出しても、それでもテロはいけないし、テロに正当性などはない。

これは正論だ。しかし、この正論だけでは右翼テロは防げない。次々と起こる。ではどうするか。「俺たちには言論の場がないからテロしかない」というテロの大義名分を奪うことである。つまり、積極的に「言論の場」に引きずり出し、そこで叩いたらいいのだ。そうしたらテロなど出来なくなる。

「いや、でも右翼は極論だし、話が合わない」というかもしれない。そうであるなら、なおのことマスコミに出したら一般の人はそれを見て、右翼に失望するだろう。大衆の見ている前で論破されたからといって、くやしくてテロをすることは出来ない。そんなことをしたら「卑怯だ」「それでも男か。日本人か」と言われる。「言論の場があるのにテロをするとは許せない」となる。テロなど出来ない。だから右翼テロを無くすなんて簡単なのだ。

マスコミもそれをやらないから、テロや暴力や言論妨害が起こるのだ。又、「どうせ俺達には言論の自由がないのだから…」と右翼が絶望的になり、その言論から排除されてることに逆に甘えることにもなる。真っ黒い車でボリューム一杯に軍歌をかけて走り回ってるのもそうだし、左翼の集会に事あるごとに突っ込んで妨害するのもそうである。

僕ら一水会でも白い小さな街宣車を持っていて、駅などでとめて街宣したり、ビラを配ったりしている。最近は右翼の車でも、そうやって訴えている車は結構ある。人々に聞いてもらおうと思うと、音もしぼるし、分かりやすい言葉で、ソフトに語りかける。バカヤロー、コノヤローなんて決して言わない。少しでも「言論」として認められたらそうなる。紳士的に穏やかに訴えなければ…と思う。

白い小さな一水会の車が走っていると、大型の真っ黒い右翼の車に「バカヤロー、非国民！売国奴！」などとマイクで怒鳴られることがある。左翼の車と間違われるのだ。気がついて「すみません」と言うが、普段から左翼や一般の車に対してはそんな事を言ってるのだろう。これだって、自分たちは少数派だ。誰も聞いてくれない、という被害者意識があるからだ。だから自分以外は皆な敵だと牙をむく。

よく左翼の集会や原発反対、反戦集会などをやってると右翼が押しかける。しかし押しかける人に聞いたらいいが、彼らは決していやがらせに来たとは言わない。あくまでも言論活動で、抗議に来たという。しかし、主催者側が会ってくれないからマイクで叫ぶしかないと言う。そこへ機動隊が来て、両者の間に割って入り、騒ぎは大きくなる。そういうケースがほとんどだ。

その場合、主催者が会えばいいのだが、怖がって会わない。右翼は追いかける。と、イタチごっこだ。

これは地方の人に聞いた話だが、ある時、押しかけた右翼の人に対し、主催者側の人が、「分かりました。あなたたちも思想を訴えるために来てるのでしょう。だったら、中に入って壇上に登って喋って下さい。そして冷静に話し合いましょう。五百人ほど集まっていますから」と言った。ずい分と勇気のある人だ。そしたら押しかけた右翼は今までの元気はどこへやら、「いや、困る。今日はこれから用事がある」とか言って早々に退散したという。

これを聞いた時は笑ってしまったが、本当の話だという。「言論の場」を与えられるというのは、だから、右翼にとっても厳しいことなのだ。又、そういう厳しい場に引きずり出せば、お互いの思想闘争もレベルアップする。自分たちの仲間うちだけで、いくら話し合っても仕方がないのだ。

テロについてのこういう考えを機会のあるごとに僕は言ってきた。マスコミから取材された時は、こうすれば右翼テロは簡単になくせるとコメントしてきたし、自分が発行している「レコンキスタ」でも何度も書いた。又、この新聞は小なりとはいえ言論の場をつくろうとしているのだから、自分たちと考えの違う人達にも登場してもらおうと努力してきた。

「レコンキスタ」の平成二年二月号は「言論の自由とテロル」の特集号にした。そして、岡留安則（「噂の真相」編集長）、茶本繁正（評論家）、西垣内堅佑（弁護士）、二木啓孝（「日刊ゲンダイ」記者）、丸山実（「新雑誌X」編集長）、遠藤誠（弁護士）…といった左翼と言われる人からも寄稿してもらった。又、レコンや僕らに対する反論の投書は必ず最優先で載せることにしている。極端に言ったら全ページを我々への反論のために提供してもいいと思っている。何をキレイ事をと言われるかもしれないが、自分たちのやってる事や言ってる事に自信があったら、そう出来ると思う。

例えば右翼なんて馬鹿ばっかりで、とても取り上げるに足らんと思ってる人がいたとする（一杯いるのかもしれないが）。そう思うなら、その右翼の「馬鹿な発言」をマスコミにそのまま載せたらいい。それを読んだ国民が、「やっぱり右翼は馬鹿だなー」と思うだろう。結局、右翼を取り上げることにより、右翼の化けの皮をはぎ、右翼退治が出来る。こんないいことはない。

だから僕らの機関紙だって、天皇制反対、右翼撲滅論…なんでも載せる。そのことによってむしろ、こちら側の正しさを証明できると思うからである。

## 民族派へのマスコミの対応の変化

僕らのこんな主張のせいか、二月末頃からマスコミの反応が急激に変わってきた。少なくとも僕にはそう思えた。テレビ、新聞、週刊誌などで、右翼を扱うものが急に増えたのだ。それも昔のように、ただ非難、糾弾するだけでなく、真っ正面から右翼の主張を取り上げようというのである。

そのキッカケになったのは平成二年二月二十三日の深夜一時から六時までの五時間、テレビ朝日で放映された「朝まで生テレビ」だった。「徹底討論〝日本の右翼〟」と題し、小田実、大島渚、野坂昭如、西部邁らと右翼陣が激論を交わした。右翼側は浅沼美智雄、岸本力男、箱崎一像、松本効三、四宮正貴、鈴木邦男、木村三浩の七人だった。「生テレビ」始まって以来の大反響で、最高の視聴率だったという。

「本島市長へのテロを肯定するのか、否定するのか」という右翼側への質問から激論は始まった。僕は否定し、言論はあくまで言論でやるべきだと言ったが、他の人達は全員、テロを肯定すると断言。「これじゃー話にならん」と小田実が激怒する場面もあった。又、天皇の戦争責任や、あの戦争のとらえ方をめぐっても激論になった。あれは侵略戦争だという左翼言論人に対し、いや、大東亜解放の戦いだった。その証拠に西欧列強の植民地から脱し独立したアジアの国が多いではないかと右翼側は反論。

又、「右翼の運動の資金源は？」「自民党や警察と癒着してるのではないか」という厳しい質問も出たし、「街頭宣伝車はただの騒音公害だ」「右翼は怖い、近よりがたい」といった率直な感想も出た。時にはツバを飛ばして喧嘩になる場面もあったが、一般の視聴者にとっては初めて見る右翼であり、初めて聴く右翼の主張だったろう。

ただ、右翼側といっても考えが同じではなく、「いろんな考えの人がいるんだなー」とわかったのではないか。「婦人参政権はいらない」と言う人もいたし、「米の自由化は必要」と言う人もいた。テロや言論の自由についても各々違う。又、天皇は神かどうか、いつの時代が理想か、といった問題でも右翼側で意見が分かれていた。

五時間も生番組で右翼の主張が放映されたのは戦後はじめてだろう。その意味ではまさに画期的なことだった。これを見て、「右翼と一口で言っても、いろんな立場、主張があると分った」という人もいたし、「もう少し分かりやすい言葉で話してほしかった」という人もいた。

日本の戦前のクーデターにしろ、放送局を占拠しようとした。チャウシェスクを倒したルーマニアの人々もテレビ局を占拠し、そこから自分達の革命を世界中にアピールした。「五時間もテレビ局を右翼が無血クーデターで占拠したようなもんですよ」と興奮して言う人もいた。

まあ、それほど大げさな事ではないだろうが、出席した人、見ていた人を含め右翼陣営に与えた衝撃、影響は大きかったと思う。討論会が終わった後、控え室でビールとサンドイッチが出たが、和気あいあいと向こう側の人達とも話し合った。「左翼なんかと同席できるものかと思ったが、こうして話すと、敵ながらあっぱれという人もいる」「こうして知り合うと、とてもテロなんて出来ませんね」と口々に言っていた。

そうなんだ。テロなんかする必要はないんだ。そう分かっただけでも大きな収穫ではないか。天皇制に限らず、憲法、防衛、安保…といろんな問題で意見の違う人がいる。そのたびに、あいつは考えが違うから同席できないとか、極端な場合、殺さなくては…なんて言ったら何も出来ない。そういえば趣味の違いだけで口論になり殺人事件になることだってある。

だから、世の中にはいろんな考えの人がいることを認めて、あとは、それをどう発表し、どう平和的に討論してゆくか。その場をつくることだと思う。その討論する場さえ確立していればいいのではないだろうか。米ソだって話し合いで問題を解決していこうという時代なのだ。日本で出来ないわけはない。

この「生テレビ」のあと、ドッと右翼がマスコミに取り上げられることになった。これは本当に驚くべき大変化だった。

主なものでは、まず朝日新聞が平成二年四月五日から十五日まで十一回にわたり「右翼・現場からの報告」を連載した。朝日の全社をあげての取材で、全国の右翼の実態を調べ、報告した。これだけ大々的に右翼を取り上げ、その実態、主張、問題点、などを連載したのは朝日も三十五年ぶりだと言っていた。いや、マスコミがこうした長期の連載ものをやったのは戦後初めてかもしれない。

しかし右翼の実態となると資金活動や企業との癒着、賛助金など、余り触れてほしくないこともあったようだ。特に右翼とは言えないような個人や集団のことも取り上げられていた。金を集めるためだけに、それらしい名刺をつくり、全国の自治体をまわって「北方領土返還」などの名目で集金している…とか。その他、地上げや、不動産がらみの資金獲得なども報告されていた。

そうした金の話が半分位続き、「何だ朝日は右翼を兵糧攻めにする気なのか」と抗議も殺到したという。しかし後半は、運動の実情や地方の活動家、新右翼のことなども取り上げられていた。さらにこの連載中に、「右翼の良識派」と言われる中村武彦、岸本力男、大塚博英の三人による座談会「平成の右翼を展望する」も掲載（四月十二日）された。それも全十段のスペースをさいた本格的なものだった。

非常に内容も濃く、三人も堂々の論陣を張っている。見出しだけを見ても、こんな感じだ。
「戦前の右翼はもっと清潔だった。大嘗祭を契機に国民の自覚を」（中村武彦氏）
「左翼の無力化を狙ったが敗れた。街宣車は音楽をやめ啓蒙重視に」（岸本力男氏）
「本島氏は理解求める努力をしてない。我々は民族の触覚として庶民を代弁する運動を」（犬塚博英氏）
天皇や、戦争、テロ、言論の自由についても各々語っているが、特に、「右翼はこのままではダメだ」という危機感が共通している。朝日の連載は、かなり右翼に厳しいもので、「これは右翼つぶしのキャンペーンだ」と反発した右翼もいたが、さすがこの三氏は右翼の良識派といわれる人達だけに、自分たちの問題として考え、自浄作用をしなくては…と語っていた。たとえば、最年長の中村武彦氏は七十七歳で激動、流血の昭和維新運動を闘ってこられた人だが、こう発言している。
「われわれの側に力がない。国民からの信頼を得ていない。朝日が取材したような実態、われわれも知らなかったような実態が現存する。戦前にはこんなばかなことはなかった。戦前の維新運動は、日本の国体を明らかにして、日本がアジアを白人ヨーロッパの帝国主義から守らなければならない、との強い自覚があった。
それにはまず国内維新だとして、合法的運動のほかに、テロの形で、血盟団、五・一五、二・二六、われわれの関係した神兵隊と、いろいろな事件になった。いわば革命的な理念を持っていた」
ところが、今はどうか。そうした真面目な姿勢があるか、とこう続ける。

「街宣車は国民を味方にするためではなくて、往々にして逆に遠ざけるためにやってる左翼の別動隊じゃないかと皮肉られるほどだ。右翼というからには、本当の右翼というのはなんであるかをまじめに勉強してもらいたい。運動方法にしても活動資金の集め方にしても、まじめな活動、まじめな運動資金の集め方をしている者とそうでない者とがいる。本当にまじめな右翼は、非常にやりにくくなっている」

何ともすごい。厳しい。僕らじゃここまでは言えない。右翼の大先輩だからこそ言えるのだと思う。この三人の中では一番若い犬塚博英氏は四十一歳で、民族派学生運動のOBだが、やはり右翼の現状にはこう厳しく批判している。

「右翼に社会的な存在意義がなければ、自然に淘汰されるだろう。われわれは右翼の陣営を守るために活動してるわけじゃない。食えないから辞めるような右翼であれば、いなくなってもらう方がいい」

これから右翼はマスコミにも取り上げられる事が多くなる。発言の場も増えるが、同時に、右翼の運動姿勢、資金集め…などについても批判されるだろう。正義の運動をするのなら、それに見合ったものに我々のスタイルも変えていく心要がある。それには国民から誤解、偏見を持たれないように自浄作用をしなくては、という思いがよく表われていたと思う。

こんなすごい企画は右翼の機関紙でもやらないよ、と僕などは思ってしまった。又、「これじゃー、まるっきり右翼の宣伝じゃないか」という批判もあったそうだ。そういった反対を押してやったのだから朝日も大したものだ。右傾保守的といわれている産経新聞や読売新聞だって絶対にこんなことはやらない。それに朝日は右翼（と思われる）の赤報隊に襲われ自社の記者を殺されているのだ。

このあと、四月二十二日にはＴＢＳ「報道特集」で一時間「密着取材・日本の右翼」が放映された。朱光会、学純同、一水会、義勇軍など右翼、民族派団体の活動を中心に放映された。

この他、週刊誌、月刊誌などでも、かなり取り上げられた。右翼の発言の場が大幅に広がったことだけは事実だ。「鈴木さんの作戦通りになりましたね」と何人かに言われたが、別に作戦でも何でもない。テロを防ぐには言論の場で取り上げ、そこで言いたいことを言わせる。それしかないのだ。そのことを一貫して主張してきたに過ぎない。

ただ残念なのは、こうした言論の場が出来てきたのは、赤報隊や本島市長へのテロがあったからである。何やら逆説めくが、これは事実だ。何もなければマスコミもわざわざ右翼の発言を取り上げたりはしない。テロが続き、社会的問題になったから、「じゃー取り上げてみるか」と思ったわけだ。視聴者にしても、実際に会ったり、知り合ったりはしたくないがテレビを通してなら見てみたい。…と、そんな気持ちなのだ。

だから僕の作戦が当たったわけではないし、マスコミも「テロを防ぐために言論の場に出そう」という使命感でやっているのでもない。残念ながら、流血のテロがあり、国民の怒りが集中し、ショッキングな事件があったからだ。そんな事件が連続し、そこでやっと右翼の主張の場も出来てきた。何ともやり切れない、悲しい現実だ。

ただ、結果論としては良い方向に行ってると思う。言論の場が提供されれば、それだけ右翼陣営も勉強しなくてはならないし、専門用語を使わずに一般の人々に分かる言葉で話そうと努力する。又、他人に見られることで活動のやり方、活動家としての姿勢も正すようになる。活動資金を集めるのも一つの運動だ。だからその面でも聞かれたら答えられるようにしておかなくてはなるまい。又、「生テレビ」を見た人から電話があって「クンソクのカン」て何ですかと聞かれた。「君側の奸」と書き、天皇陛下の傍にいる奸賊という意味で、我々の間では皆知ってるし、いわば基礎知識なのだが、一般の人には分からない。ビデオをとってるので何度も巻き戻して聞いたが分からなかったと言っていた。

その言葉が分からないということは、このあたりの発言は一切何を言ってるか分からないし、何も言ってないのと同じになる。これは恐いと思った。「聖寿万歳（天皇陛下万歳と同じ）」や「売国奴（国を売る人間、非国民という意味だが、これも、もはや死語になってる）」だって分からないだろう。これは右も左も自分達の仲間うちだけで集まって話し合ってるからだ。仲間うちでは専門用語がポンポン出るし、より過激な言葉を使った方が勝つし、認められる。

だが、それだけではダメなのだ。大体にして右翼・民族派といわれる人々は一体どの位いるのか。日本ではよく「六八〇団体、十二万人」と言われている。一億二千万の日本人からみたら〇・一％だ。これが右翼の数だ。しかし、実際動いてる人間はそんなにいない。一万二千人位か。すると〇

・〇一％だ。左翼だってその位だろう。

そんな程度の人間同士が内部でしか通用しない言葉で一般の人に話しかけても分かるわけがない。根本的に考え方を改めなくてはならない。又、何か問題があるとマスコミは左右の対決という形に図式化して報道する。これもおかしな話だ。例えば天皇問題に関しては、「天皇を守る右翼」と「倒す左翼」の対決という形でしか報道しないし、そんなコメントばかりを集める。

考えてみると変な話だ。何も〇・〇一％の右翼が天皇を守っているわけではない。又、そんな少数ではとても守れはしない。朝日の世論調査でも国民の八割以上の人々が現在の天皇制を認めている。

例えば朝日新聞（平成元年二月八日付朝刊）に発表された天皇制についての世論調査によると、こうだ。「あなたは天皇制についてどうお考えですか」という問いに対し、「天皇制は廃止する方がよい」は10％。「天皇は今と同じ象徴でよい」が83％、「天皇の権威を今より高める方がよい」が4％、「その他」が3％。つまり「象徴でよい」「さらに高める」を含め87％の人が、天皇制を認めているわけだ。

そういう圧倒的多数の人々が守っているわけだ。本来ならばそういう大多数の人々の声を取り上げなければならないはずだ。ところが、そうではなく、〇・〇一％の左右両翼の人間にばかりスポットをあてて、「左右対決」の政争の具にしているわけだ。

政府にしてもそうだ。普段は「象徴だから政治的発言をしてもらっては困る」と言いながら、韓国に対しては「政治的発言」を要求するわけだ。八割以上の天皇支持の「国民」の声はどこにも生かされてない。どこにも表われない。そして左右対決、あるいは日韓政府間の政争の具にされる。

## 天皇の謝罪問題と大嘗祭

五月二十四日から二十六日まで韓国の盧泰愚大統領が訪日したが、その前に天皇陛下に謝罪のお言葉を期待したいと申べ、日韓両国民の間で大問題となった。マスコミも、この時とばかり、天皇は謝罪すべきだとあおり立てた。しかし、不幸な過去に遺憾を表明された六年前の昭和天皇のお言葉で解決がついていたはずだった。それを今になって問題をむし返すのかと反発した国民は多かった。しかし、「韓国側からみると、加害者としての謝罪がはっきりしない」と盧泰愚大統領は言う。

この踏み絵を突きつけられた日本は大揺れに揺れた。「謝罪する必要はない。昭和天皇のお言葉で解決している」という右派、保守派。「いや、はっきりと謝罪すべきだ」という左派。という図式だった。いや、そのはずだった。ところが、ここに憲法上の問題が出てくる。象徴天皇というからには政治的発言をしてはならない。「いや謝罪の場合は例外だ」というかもしれないが、これを前例にして、いろんな機会に政治的発言をされては困ると、社会党などは考えた。

そこで、社会党と自民党、さらに右翼は同じように反対した。天皇の政治的利用はいけない。象徴なのだから政治的な場に出てもらうべきではない…という点で一致していた。まことに奇妙な風景だった。

だから、従来の左右の対立という図式ではとらえ切れないものがあったのだ。保守派の産経新聞の「正論」でも珍らしく、この問題では考えが分かれていた。正論はいつも一つだったのに、今回は真っ二つにその正論が割れたのだ。

作家の上坂冬子は「（昭和天皇のお言葉で）決着のついた問題をなぜもう一度むし返す必要があろうか」と疑問を呈し、「たとえお詫びを要求されても、つっぱねるのが真の友好であり礼儀であろう」と強く言う。（平成二年五月十八日付産経新聞）

猪木正道は、正反対で、こう言う。

「歴史を冷静にふりかえって、旧大日本帝国が両国に加えた侮辱や圧力を深く反省し日本国の象徴としての天皇陛下から、率直に遺憾の意を表明していただくことが望ましい」（五月十七日付産経新聞）

さらにこうも言っている。

「首相がいくら努力しても、韓国民は決して満足しないだろう。陛下にご迷惑をかけまいという役人たちの善意は、国際的視野から眺めると、陛下の君徳を傷つけるおそれがある」

「正論」でさえ、こんなに真っ二つに割れるほどの複雑な問題なのだ。僕らは当然、上坂冬子の方が正しいと思った。では六年前の昭和天皇のお言葉はどうなる。さらには日韓条約の締結もある。あれだって過去を清算し、新しい両国の時代を作るために締結したのではないのか。いや、あれでは不十分だ。それにあの時は民主的に選ばれた大統領ではなかったと言うかもしれない。

そういうのなら今の盧泰愚大統領はどうか。たしかに初めて民主的に選ばれた大統領かもしれない。しかし国内の支持率が十%もないという。国内の不人気を外交で（それも天皇陛下の謝罪のお言葉を引き出すことで）カバーしようとしてるのではないか。又、これから後、天皇陛下が韓国を訪問される。北朝鮮と国交を回復する。中国や東南アジアに行かれる。そのたびに「謝罪を」とくり返されるのではたまらない。本当は政府や国民の問題なのに、全てを天皇陛下にのみ押しつけていいのか。これでは象徴ではなく、「天皇謝罪機関説」ではないかとも思った。

いろんな新聞や週刊誌からコメントを求められたので、僕はそんなことを言った。又、一水会としては「天皇の政治利用を許すな」というビラをつくり、連日、情宣活動を展開した。

そんな時、TBSから電話があり、五月二四日の「ニュース23」に出てくれといわれた。筑紫哲也の番組だが、そこで猪瀬直樹と対談してくれという。猪瀬は『ミカドの肖像』などの著書があり、天皇問題には詳しい。「猪瀬じゃー手ごわいですよ」と忠告してくれる人もいたが、別に勝った負けたじゃないし、たとえ負けてもいいと思って引き受けた。

番組は夜の十一時から十二時半で、後半三十分が対談だ。TBSから迎えの車が十時に来るから、九時から十時までのNHKニュースは見て来て下さいという。そこで天皇陛下のお言葉がある。

実はその前に他の新聞社から、お言葉の文案をファックスで送ってもらっていた。だから一度目を通していたし、それを見ながらNHKで天皇陛下のお言葉を聞いていた。その文案を読まれてるはずなのだが、全く違うのだ。自分では、戦争も知らないし、天皇体験もないし、きわめてクールな人間だと思っている。それが、思わず涙ぐんでしまった。盧泰愚大統領も涙をぬぐっていた。

「我が国によってもたらされたこの不幸な時期に、貴国の人々が味わわれた苦しみを思い、私は痛惜の念を禁じえません」

とおっしゃっていた。文字で読むのと、天皇陛下の言われるのでは全く違うのだ。どうしたことなのか。自分でも不思議だった。これを聞いて、四十五年前、よく聞こえないラジオを通して人々が聞き、涙した終戦のお言葉も、こんなふうだったのかと思った。そして、これは第二の終戦のお言葉だと思った。韓国の人々との心の戦争は続いていた。それに今、終わりを告げたのだ。

たしかに今回の事は、天皇陛下に無理をお願いしたし、我々のことは棚にあげて、天皇陛下一人に責任をなすりつけた。その政府や我々の怠慢と責任は大きい。しかし、このように最後は天皇陛下に出ていただくしかなかった。これは事実だ。厳密に言ったら憲法違反かもしれないし、政治利用だろう。しかしそういう形でしか問題を解決できなかった。

猪木正道が言うように、いくら首相が努力しても韓国民は満足しなかったのだ。天皇は政治的立場にないと言っても、いや、外国から大統領や首相が来ると日本を代表して会われるではないかとなる。日本イコール天皇であり、天皇イコール日本なのだ。「象徴天皇制という名の元首なのだろう」と僕もTBSで感想を言ったが、外国では確かにそう見ているのだ。

ただ、こういう形で天皇に甘え、最後は天皇に出て頂くということは、これ以上あってはならないと思う。あるいは憲法を改正し、天皇を元首にし、謝罪も含めて、個人的、政治的発言も出来る立場にするのか。あるいは象徴のままでいいのか。そうした憲法とのギャップを今回は考えさせられた。自衛隊だって憲法破りだし、今回のお言葉でもそうだ。憲法を破ることによってしか国を守れないとしたら、一体憲法とは何かということになる。

戦後四十五年たち、現実が進みすぎて、憲法や安保といったものの矛盾がはっきりと出てきたのだろう。戦後の再検討が迫まられている。その時、右翼、左翼といった区分けはもはや不要だろう。先ほど言ったように、天皇、君が代、日の丸、憲法、安保、領土問題…といった重要課題が〇・〇一％の人間にゆだねられ、「左右対決」の道具になっている。これはおかしい。そうさせてはならないのだ。左右両翼からそれらの課題を奪還し、国民全てが考えなければならない。右翼、民族派はその為の問題提起をする。それだけでいいと思う。

今年十一月には即位の礼、大嘗祭がある。

「即位の礼」と「大嘗祭」は共に皇位継承儀礼で、いわば天皇が名実ともに天皇になられる儀式である。この二つの儀式を「御大礼または御大典」とも呼ぶ。

「即位の礼」は、天皇陛下が皇位を継承されたことを天照大神に奉告され、広く国民と世界の国国に即位を宣言される。国民の代表や海外の賓客からお祝いをお受けになる。

続いて行なわれる「大嘗祭」は、即位されて初めて取れる稲の新穀を、天皇御自ら天照大神や天神地祇にお供えになり、また神々と共に召し上がる厳粛な祭儀である。

この二つの儀式を通し皇位が継承される。「日本を守る国民会議」作製の「平成のあけぼの即位の礼・大嘗祭」によると、

「即位の礼が、古代の大陸の影響を受けた即位儀式であるのに対し、遠い昔より我国の純粋な形態を残した即位儀式が、この大嘗祭なのです」

と書かれている。日本に稲作が始まって二千年以上になるが、この稲作を中心に日本人の生活が営まれ、文化が作られてきた。収穫時に新穀を供えて神々に感謝するのが新嘗祭で、天皇御即位の最初の新嘗祭が特に大嘗祭と呼ばれる。御一代に一度の最も大切な祭祀とされる。

現行憲法下でも第七条「天皇の国事行為」として「十、儀式を行ふこと」とある。天皇が天皇になるための儀式であるなら、これで何ら問題はないはずだが、一部の左翼学者からは「いや、大嘗祭は宗教色が強いから国事行為としては認められない」と反対があった。それに苦慮した政府は、「即位の礼」を国事行為とし、「大嘗祭」を皇室の公的行事として斎行することに決定した。

しかし宗教色云々というのなら、「即位の礼」だって宗教色が強い。又、天皇を認めるということは、天皇が代々続き、その継承の儀式も認めるということではないか。今の憲法上からもそう読める。そうであるなら、共に国事行為として何らさしつかえないはずだと思う。

ところが政府は大嘗祭は「皇室の公的行事」とした。右翼・民族派陣営はあくまでも国事行為をと主張してきたが、中には、全有連（全国有志大連合）のように、「皇室の私的行事ではなく、公的行事とされたことは、政府の意図がどうあれ、政治を超越された地位にあられる天皇の御本質か

らみて、むしろ本然の在り方であるといえる」と見る説もある。ともかく、伝統に即した大嘗祭が執り行なわれるように望んでいる人が多いことは事実だろう。

この大嘗祭問題を含め、マスコミでは「守る右翼」と「打倒を叫ぶ左翼」という図式で報道している。しかし、これもおかしい。今の国民が八割以上は天皇制を支持しているし、天皇陛下がおられる日本は素晴らしいと思っている。

憲法第一条には「天皇は、日本国の象徴であり日本国民統合の象徴であって、この地位は、主権の存する日本国民の総意に基く」と書かれている。この後半を楯にとって、代替わりのたびに国民投票をして「国民の総意」を聞くべきだという人もいる。なるほど一見もっともらしい説だ。そうした方が、かえって天皇制ははっきりと認知されるし、盤石のものになるからいいという支持論者もいる。

どこの世論調査でも天皇支持は八割以上だ。国民投票をしてもそうなる。いや、それ以上になるだろう。だが、国民投票をやって選ばれたら、それは「天皇」ではない。大統領か何か、別の名前で呼ばなくてはならない。そうなる。天皇制は長い歴史があり、日本を代表し、日本の文化を代表してきた。政治をはなれてはいても日本そのものだったし、危機の時は天皇のもとに国民が結集し、危機を乗り切ってきた。そうした歴史すべてを含めての天皇だ。直接、投票や選挙で決めるとなれば、それはもはや天皇ではない。

「日本国民の総意に基く」というのは、このように長い歴史を通じて国民の総意に基づいてきたし、今もそうだということだろう。アメリカから押しつけられ、不十分な憲法ではあるが、その中にすら、そんなことは読みとれる。そうした歴史的存在である天皇を認めるということは御代替わりの即位の礼、大嘗祭も認めるということになる。違うだろうか。それを認めたくないというのなら、憲法を改めて天皇制を廃止するしかない。その方がスッキリする。

なかには、「天皇を認める人達だけでお金を出し合って天皇家を支えたらいい」という暴論をはく人もいる。しかし、憲法上、天皇は一般国民からの献金は受けることが出来ないし、これもやるためには改憲しかない。又、そうしたら、天皇が信じられないほど強大な権力を持つことになる。政治にも自由に発言できる。それを利用する人も出るだろう。そうなってもいいと思ってるのだろうか。それよりは立憲君主制の方が安心ではないのか。

ともかく即位の礼、大嘗祭は左右対決の場ではないし、世界に誇る伝統儀式として、つつがなく行なわれるだろう。少くとも、盧泰愚大統領来日時の天皇陛下の「お言葉」ほどには問題にならないし、政治的論争を呼ぶこともない。少くとも僕はそう思う。

これによって平成時代は本格的にスタートする。前にも書いたように「闘う天皇」は新しい時代の新しい皇室像をつくろうとされている。そして日本の平和、世界の平和にどう貢献しようかと考えておられる。

戦後的問題はまだまだ残っている。それも今はまだ「左右の対決」という形でしか取り上げられない。しかし、やっと、それが国民的課題として論議されだした。その手応えを僕らも感じる。まだまだ民族派のやるべきことは多いし、試練は続く。これから「新右翼」といわれる我々も力量を試されることになる。

何度も言うように、我々は何も奇異な、極端な事を主張しているわけではない。当たり前の事を当たり前に主張しているだけだ。だから、これが一般の声になる。国民の声になる。戦後的諸問題が堂々と論議されるようになったということは、そういう時代が近いということを示している。そしてその時は、わざわざ「新右翼」というあだ名で我々が呼ばれる必要のない時代だ。

# 新増補　野村秋介・出会いと別れ

## 三島由紀夫のような死

この章では野村秋介氏の自決と、その後の「新右翼」の現状、将来について書いてみたい。ここで客観的にというか、他人行儀に「野村秋介氏」と書き出したが、どうも書きずらいし、ピンとこない。何かそぐわない感じがする。だから、いつも言っていたように「野村さん」と書こう。

野村さんは、「新右翼の教祖的存在」と言われていた。教祖と言われるにふさわしいスケールの大きな人だった。人間的には涙もろく、優しい。しかしいったん行動に出れば激しく、そして世の中の不条理、巨悪と闘い続けた。又、運動家としての面だけではなく、新しい言葉を創る芸術家の面をも併せ持っていた。俳句をつくり、エッセーを書き、映画をつくり、ビデオをつくり…と。

そうした新しい、大きな「言葉」を駆使して世の中に訴えていったからこそ、野村さんの言動も、又、新右翼という言葉や思想も浸透し、理解されていったのだと思う。その生き方や、戦略や、運動のやり方はどこか三島由紀夫に似ていた。平成五年十月二十日の野村さんの自決の報を聞いて、「三島事件と同じだ」と思った人は少なくなかった。「楯の会」の会員の中にもそう言う人が何人かいた。「二十三年前の三島先生の決起を思い出しました」…と。

まず形が似ていた。かなり前から周到に準備し、それでいて他人には絶対に気づかれない。同志を当日は集めておき、事件の第一報がそこに伝わるようにして自分の遺志を伝えようとした。又、他人を誰一人殺さずに、自分が死ぬことによって大きな言葉をのこし、訴えた。

　野村さんは三島のように生き、三島のように死のうと思った。それは形だけでなく、精神においても、思想においてもそうだった。この『新右翼・新増補版』の「資料篇」に野村さんと僕の対談が入っている。そのことが、ここにはよく表われている。「反共右翼からの脱却」という題で、十七年も前の対談だ。河野邸焼打事件で千葉刑務所に十二年入っていて、出所後すぐにこの対談は行なわれた。野村さんとは出所後はじめて会ったから、ほとんど初対面同然の時の対談だった。その後、野村さんが自決するまでは十七年間のつき合いだった。

　しかし、その間に経団連事件で六年間、府中刑務所に入っている。だから正味、十一年間のつき合いだった。決して長くはない。しかし、いろんなことを教えられ、考えさせられた。野村さんとはその間、何十回、いや何百回と会ったかもしれない。一緒に講演をしたり、座談会に出たり、対談をしたり…。とかなりやっている。だが、不思議なことに野村さんと二人だけでじっくり話し、それが活字になった対談は余りない。

　今わかっているだけで二回しかない。いやもっとあったはずだと思って必死に探したがない。一回目は府中刑務所を出た直後の「反共右翼からの脱却」で、これが「新右翼」を作った対談と言われた。もう一回は野村さんが府中刑務所を出た直後、僕ら一水会の機関紙でやった対談だった。昭和五十二年（一九七七年）、経団連事件を起こし、野村さんは府中刑務所に。昭和五八年（一九八三年）八月の暑い日に野村さんは出所してきた。その直後に野村さんは静養のために鬼怒川の温泉に何日か滞在した。そこに「これからの運動についてじっくり話し合いたいから来てくれ」と呼び出されていった。その時、野村さんはかなり厳しい口調で、現状の右翼運動を批判していた。僕も叱られたことを覚えている。

だから今考えると不思議な因縁を感じる。昭和五十年に千葉刑務所を出てきた時と、昭和五十八年に府中刑務所を出てきた時の二回、対談したわけだ。二回とも野村さんの人生では大きな転機になった時だ。いわゆる「新右翼」運動の転機にもなった。そして二つとも野村さんの方から「対談をやろう」と話があったのだ。明らかに運動の中の戦略・戦術として対談も考えていたわけだ。その当時は分からなかったが、今となればそう思う。

そして今読み返してみると、ああなるほどこういうことを考えていたのかと思うことがたくさんある。初めての対談の時は、本当に二人は意気投合していた。別に僕が遠慮して合わせたわけではない。考え方がほとんど一致していたのだ。特に、その年（昭和五十年）に三一書房から『腹腹時計と〈狼〉』（改訂版『テロ』として彩流社から出ている）を僕は出版した直後だった。連続企業爆破事件の東アジア反日武装戦線〈狼〉のことをルポして書いた本だ。マスコミからは「右翼が極左を支援した」「左右接近か」と書き立てられ、右翼・民族派の多くの人達からは「こんな本を出して許せない」「右翼が誤解される」「鈴木はもう仲間ではない」と批判された。そしてガックリしていた頃だった。

ところが、野村さんはこの本を評価してくれた。それだけでも嬉しくて舞い上がって話したような気がする。ただ、野村さんは三島由紀夫とからめて〈狼〉を評価していた。この視点というか考え方には驚いた。「三島由紀夫の叫びが〈狼〉にこだましている」と言ったのだ。「さらにその反響が右翼に戻ってくる」とも言っていた。正直いって、この時はよく分からなかった。失礼ながら、言葉のアヤというか、レトリックかと思った。さらに野村さんはこんなことを言っていた。

「三島さんのやってきたことを右翼はそのまま継がなかったでしょう。継げなかった。もう戦後体制にどっぷりとつかっちゃったからね。（中略）それが〈狼〉にこだまして、その〈狼〉の行動が我々にこだまして、そうして迂回して三島由紀夫の言ったことを我々にのこしてくれてるような気がするんですね」

今から考えるとハッとするようなことを言っている。しかし、この時は僕も鈍感でよく分からなかった。三島が〈狼〉にエコーし、さらに今度は右翼に来る…か。すごいことを言う人だと思った位だ。しかし、少し考えたら分かることだが、この場合の「右翼」とは誰のことを言っているのだろう。と、その位のことは疑問に思ってもいいはずだ。ところが僕は全く気がつかなかった。右翼の誰かにこだまするのかなー。でも、そんなことはあるかなーと、漠然と思っただけだった。

しかし、今考えると、この〈狼〉のこだまを継ぐ右翼とは野村さん自身のことだったのだ。三島のこだまを右翼は継げなかった。〈狼〉だけが継いだ。よし、見ていろ、俺がキッチリ受けとめ継いでやる。そういう覚悟というか、決意の表明だったのだ。この時から野村さんは三島のように生き、三島のように死にたいと思っていたのだろう。

勿論、野村さんはこの対談中に、初めてこう考えたのではない。獄中でずーっと考え続けていたのだろう。昭和四十五年（一九七〇年）の三島事件の時は千葉刑務所の中にいた。どんな衝撃を受け、どんなに悩み、考えたか。僕らの想像を超えるものがあったと思う。「刑務所を出たら、必ずやってやる」と思ったのだろう。〈狼〉なんかに負けない闘いをしてやる。新しい運動を起こす。そして自分なりに三島のこだまに応える運動をやってやると思っていたのだろう。対談を今読み返すとそんな気がしてならない。

三島の遺志を継ぎ、三島のように生きたいという意欲があふれている。対談の題名からも分かるように、「反共右翼」ではダメだ、新しい勢力を作ろうといっている。事実、このあと「新しい日本を創る青年集会」を全国各地で開き、地方の青年達に訴えて回っている。「地方にはまだまだ純真ないい青年がたくさんいる」というのが当時の野村さんの口癖だった。

三島由紀夫も「楯の会」を作った初期の頃は、百人の会員から出発しているが、その一人一人がさらに百人を指揮できるような部隊を…と考えていた。又、大衆運動的なことも考えていた。運動に希望を持ち、まだ絶望していない時だったからだ。これは野村さんも同じだ。

野村さんは地方の同志を集め、新しい戦線を作ろうとした。新しい大衆運動をおこそうとした。しかしそれは二年しか続かなかった。昭和五十二年の三月に経団連事件を起こし再び獄中の人になってしまったからだ。千葉刑務所を出て経団連事件を起こすまでの二年間は、変な表現だが、「仲間あつめの二年間」だったような気がする。広い意味で運動の仲間を集めるということもある。

しかし、もう一つ、経団連事件のための仲間を探す時期だったと思う。野村さんと決行を共にした人間は三人で、そのうち二人は三島の「楯の会」の人間だった。この二人にしても、死に遅れたという気があっただろうし、野村さんと共に第二の三島事件をやろうと思ったのだろう。

「反共右翼からの脱却」の中で、「三島のこだまが今度は右翼にくる」と言ってたのは、この事だったのだ。ただ、三島事件の時の三島ほどには野村氏は絶望していなかった。むしろ経団連で自決しようと逸《はや》る三人の若者を死なせないために、いわば後見役のような形で参加したという。経団連を襲うことで、営利至上主義の戦後日本を撃った。又、このことにより「反共」だけで、本来の闘いを忘れている右翼をも撃った。

## 野村さんとの考え方の違い

そして経団連事件では六年の刑を受け府中刑務所に服役する。昭和五十八年（一九八三年）の八月に野村さんは出所してくる。この時は、かなり思いつめていたような気がした。その十年後に野村さんは自決するが、今から思えばこの時から死を考えていたのかもしれないと思う。「これからは最後の闘いだ」とか、「生き様は十分見せた。これからは死に様を見せてやる」「もう二度と刑務所には戻らない」とよく言っていた。

これらは全て死を予感させる言葉だ。しかし回りの人間も僕らも、そうは考えたくなかった。これは野村さんの厳しい覚悟を語った言葉だと思った。又、そう思おうとした。三島も晩年は何度も死を口にしていた。しかし余りに頻繁に死のことを言ったので、かえって回りの人間は麻痺していたという。それと同じことが野村氏についても言えた。

昭和五十年の時の出所と違い、五十八年の時はかなり思いつめていたと言った。「レコンキスタ」で対談した時もそんな切迫感を感じた。その対談の時、僕は「新右翼なんて言葉はもうやめましょうよ」と言った。そしたら野村さんに「いや、このままでいいんだ。一つの言葉で突っ走ったらいいんだ」と言われて叱られたことを覚えている。今読み返してみても、かなりギクシャクした対談だった。

このあたりから、いろんな所で二人の考えの違いが出てきたような気がする。昭和五十年の対談の時は、ほとんど意見が一致したのに…だ。誤解のないように言っておくが、これは僕の考えが変わったからだ。野村さんは僕の知る十七年間、終始、考えが一貫していた。それは何とも厳しいものだった。その反対に僕の方はコロコロと考えが変わり、変節したのだ。だから野村さんから批判されても仕方はない。

僕の方では野村さんに対し、いい先輩だと思っていたし尊敬していた。ただ野村さんは、すでに人生のゴールを決めていた。そこに向かって着々と準備を進めていた。だから僕のようにだらしがない後輩にはイライラしていたのだろう。「それだけ鈴木さんのことを期待していたからでしょう」と言ってくれる人もいるが、その辺はちょっと分からない。

野村さんの亡くなる二年ほど前には、「鈴木君とは絶縁する」とまで言われた。それも一水会の現代講座に来て講演している時にだ。ただ「個人的な友情は別だから」とも言っていた。事実それ以降もずっと面倒を見てくれたし支援してくれた。

昭和五十年（一九七五年）の対談の時は、あんなに意気投合してたのに何故なのかと疑問に思う人が多いだろう。これは僕だって不思議に思っている位だ。と言うのは、右翼の人というのは外から思うほど、考えが一致しているわけではない。一水会の中でも考え方はいろいろだ。たとえば天皇問題一つとってみても、元首にすべきだ、今のままがいい、もっと政治から離れた方がいい…と、考え方に違いがある。又、それでいいと思っている。

又、そんな違いがあっても、「つきつめれば天皇（制）をまもろうとする同志だから」ということになる。逆に言えば、その線さえ一致していれば、あとはどうでもいいといったアバウトなところがある。それに余り熱くなって理論闘争をやるという雰囲気もなかった。

だから野村さんと僕は、団体も違うし、いろいろと考え方が違っていても、それは何ら問題にならないと思っていた。しかし、野村さんは、「同じ右翼」「同じ新右翼」なのに、考えがバラバラではまずい、と思ったのかもしれない。それでは力にならないと思ったのかもしれない。さらに前にはあれだけ考えが一致したのだから…ということもあったのだろう。

例えば、テロや天皇論、憲法論、団体論について僕が発言したことについて野村さんに叱られるということが多くなったのは平成二年頃からだと思う。本島長崎市長に対する右翼のテロがあって、その直後に、「朝まで生テレビ」で「日本の右翼」が特集された。そこで「このテロを肯定するか否定するか」と司会の田原総一朗に聞かれ、僕だけが一人「否定する」と答えた。

そこまで言い切っていいのか、迷ったし悩んだが、「我々右翼は…」という集団思考ではもうダメだと思っていたし、「僕はこう思う」という形で個人で責任をとった発言をすべきだと思って、勇気をもってそう言った。一般の人には分かってもらえたが、右翼の大半の人からは「何だ、許せない」「同じ仲間なんだから支持すると言うべきだ」と、さんざん非難された。野村さんも、この僕の発言にはカチンと来たようで、どうもこれ以来、「鈴木は甘い」「ダメだ」と思われたのではないだろうか。そんな気がする。

テロのことは後でもう少し触れるが、その他では天皇問題もあった。今、「反共右翼からの脱却」を読み返してみると「皇室民主化反対」ということでは完全に一致している。「開かれた皇室」に対して反対しているのだ。その直後に、こんな所がある。

**鈴木**　三島さんも皇室の民主化には反対してました。小泉信三が一番悪いとか言って。

**野村**　鈴木さんとは一致する点ばっかりでこれでいいのかな。対談にも討論にもならないじゃないかな。少々心配だ（笑）

**鈴木**　僕も激論になるんじゃないかと期待してたのに、拍子抜けですよ。

別に意識して野村さんに合わせたわけではない。あの時は僕も若かったし、右翼・民族派の活動家という意識が強烈にあった。だから、どうしても「我々は…」といった発想をしてしまうし、過激でもあった。しかし、それから十七年がたち、僕は運動をやっていく上で、いろんな壁にぶつかり、考え込み、そして考え方も変わっていった。野村さんは一貫して、一筋の道を歩んでいた。ひたむきに、思いつめた野村さんの生き方がこわくて、目をそらしたこともあった。そういった生き方の差が出たのだと思う。

別に、野村さんが悲観的、絶望的で、僕が楽観的だったと言うわけではない。野村さんは残された時間を真面目に力一杯、生きようとした。僕は野村さんの「残された時間」には気がつかず、呑気に生きていた。又、僕は学生運動から含めると三十年近くも民族派運動をやってきたのだ。疲れやマンネリも出てきたし、同じことを長年やってきてダレてきたこともある。それに、いつまでも「右翼」というレッテルを貼られて蔑まれることにも、とことん嫌気がさしていた。「阻止する」「粉砕する」「命をかける」…といった仰々しいスローガンにも疲れてきた。

又、今はそんな時代でもないだろうと思っていた。大学のサークル活動のように軽いノリで楽しくやりたいと思った。一水会という組織を維持し、「レコンキスタ」という新聞を出している立場としても、一般の人から恐がられ毛嫌いされるようではやっていけないと思った。

そうした僕の体験からきた考え方を、いろんな所で喋った。それが野村さんには「鈴木は甘い」「大衆に迎合してテロ否定なんて言っている」「ふざけている」…と思えたのだろう。

「君個人としては何を言ってもいい。しかし君が考えを問われる時は新右翼の代表とか、右翼の代表と思われる。そうすると他の右翼の人が迷惑する。一般の人も困ってしまう」と言って野村さんに忠告されたこともあった。確かにその通りだと思った。しかし、コメントを求められる時、「これは個人的な考えだが」といちいち断わりを書いてくれるわけでもない。又、何も俺は右翼全体を代弁するわけでもないし、その理由もない。自分の頭で考え、自分の言葉で話せばいいではないか…と居直ったところもあった。

我々の運動が大衆運動になる為には、まず恐いイメージを捨てる必要がある。「テロ否定宣言」も出すべきだと思った。ところが野村さんは、それはまずいと言った。牙を捨てたら我々の運動は終わりだと言った。あるテレビ局の取材で、「一水会はどういう団体ですか」と聞かれたので僕は「入るのも出るのも自由なサークルのようなものです。UFO研究会と同じですよ」と言った。このことで野村さんに叱られた。「運動はそんな甘いもんじゃねえ。UFO研究会のために俺は命をかけ、君らを支援している訳じゃない」と言われた。

「まいったなー、言葉のアヤですよ」と言ったが、ジョークも分からないのかと内心、反撥した。しかし、体をかけた「最後の闘い」のことを考えていた野村さんにとっては僕の軽い発言は、ふざけすぎてると思ったのだろう。

しかし、野村さんが「風の会」を作り選挙に出る時は、完全に考えが一致した。野村さんが選挙に出るかどうか迷っている時、電話をくれた。僕は「それはいいですね。絶対にやるべきですよ」と言った。民族派が市民権を得るためにもやるべきだと思った。又、選挙運動を通し、右翼・民族派が一般の人々からどう見られ、どう思われているかも分かる。さらに、テロだ、暴力革命だ、なんて言うわけにもいかない。国会議員になったら、さらに責任ある発言をし、一般の人々に分かる言葉で話し、理解させなくてはならない。そういった作業を通し、右翼・民族派も大きく変わるだろう。だからこれはいい事だと思って賛成した。

「じゃー、その時は鈴木君も一緒に候補者に名前を出してくれよ」と言われた。これには一瞬ウッとつまった。「考えが違うから鈴木君とは絶縁だ、と言いながらいまさら何だ」とちょっぴり心の中では抵抗した。「僕なんかとても…」と口では固辞したが、野村さんに強く言われたら断わり切れないなと思った。その時は仕方がない。やってやろうと思った。しかし「風の会」は全国の右翼・民族派を大同団結させて選挙に臨むという。それじゃー僕ではマズいだろう、と思った。だから、

「野村さんはよくっても他の右翼の人達は反対するでしょう。冗談じゃない、鈴木なんかを我々

の代表とはみとめられないって…。僕は右翼の人からは嫌われているし。無理に僕を出したら大同団結にならないでしょう」

と言った。これは事実だ。しかし「いや構わん。俺が説得するよ」と野村さんが言ってくれると思った。そこまで言われたら仕方がない。やるしかないなと思った。ところが、

「それもそうだな。君は右翼には嫌われているからなー。じゃーやめよう」

とアッサリと撤回した。これには僕の方が拍子ぬけしてしまった。ともかく選挙戦は始まり、一水会でも全力をあげて応援した。僕は当選は無理だと思った。ただ、負けたとしても、「今回は準備不足だったからだ。でもこんなに得票をとれた。今から準備すれば次は絶対に当選できる」と、そう思わせる位の票はとれる思った。又、そこまで善戦できたらいいと思っていた。

ところが野村さんは本当に当選すると信じていた。選挙を手伝った人を励ます為にそう言ってるだけではなく、本当にそう思っていた。比例代表だから候補を十人立てる。もしかしたら二、三人入るのではないか。最悪でも名簿一位の野村さんは当選すると思っていた。その時は誰々を会社をやめさせて秘書にしようという話もしていた。ただ何年も議員をやる気はないから何年かで次にかわり順番に「風の会」の人が議員になるのもいいなー、なんて言っていた。

野村さんからは選挙中、何度もそういう話を聞かされた。だから冗談ではなく、真剣に考えていたのだ。この時だけは野村さんの方が楽観的で、僕の方が悲観的だった。

もし国会議員になっていたらどうなっていたか。やはり、同じように自決をしたのか。あるい

は、今も国会で活躍していたのか。それは分からない。しかし僕としては後者の可能性を信じたい。少なくとも自決は何年か遅れたと思う。

昭和五十八（一九八三年）に府中刑務所を出所してからの十年間は、「死」を考えて生きてきたのだと思う。三島のように生き急ぎ、三島のように死に急いだのだと思う。もしかした「俺の命はあと十年だ。その間にやれるだけのことを全てやる」と時間を限定して生きてきたのかもしれない。

野村さんの残された人生設計にとっては「風の会」はいわばハプニングだったろう。選挙に出るなんてことはそれまで一度も言ったことはない。思ったこともないだろう。むしろ否定的だった。三島由紀夫と石原慎太郎はかつて親友だったが、石原が選挙に出ると聞いて三島は見限った。三島と石原の論争も新聞か雑誌で読んだことがある。「やっぱり三島は偉かった」と野村さんは言っていた。だから石原のような選択は絶対にしないと思っていた。ところが友人たちの説得、頼みを断り切れずに決断をした。何といっても情の人だったのだ。よほどのことがあったのだろう。友人たちがそこまで言うのなら、ちょっと寄り道してやろうかと思ったのかもしれない。

三島由紀夫のように生き三島由紀夫のように死にたいと思いながら、石原のように転進する可能性もあったわけだ。僕はその方がよかった思う。どんな形でもいいから、生きて闘い、我々をずっと教え、叱っていてほしかったと思う。だから自決は何とも残念で仕方がない。

選挙は皆で全力で闘ったにもかかわらず二十二万票だった。当選圏内の百万にはとうてい及ばなかった。「今から頑張ったら次は大丈夫だ」と言えるほどの票でもなかった。野村さんもガックリきていたようだ。「地方選もやって次に備えましょう」と言う人もいたが野村さんは「もうやめだ。風の会も解散だ」と早々と宣言していた。

この選挙が野村さんの命を縮めたという人がいる。それも結構いる。他には知名度のある人がいないので野村さんに白羽の矢が立てられ、祭り上げられて選挙に出た。本人は当選するつもりだったのに大差で負けた。俺たちの力はこんなものだったのかと現実をまざまざと見せつけられた。そのショックと絶望が大きかった。

しかし、そんなことで自殺する野村さんではない。ただ、選挙中に『週刊朝日』に「風の会」のことを「虱（しらみ）の会」と山藤章二のパロディでからかわれた。それが朝日新聞との長い闘いのキッカケになったし、そのあとに朝日新聞の社長室で自決した。もし山藤章二のパロディがなければ。もし、「風の会」で立っていなければ…といった仮定の話になったら、はたしてどうなったか分からない。

このことについて、「パロディなんだから笑っていればいいじゃないですか。」と言ったことがある。「うん、俺個人としてはそう思う。しかし無理して皆に出てもらい応援してもらったんだ。その風の会のことをこんな形で侮辱されたら許せない」と野村さんは言っていた。野村さんの抗議に対し朝日も山藤も全面的に非を認めて謝罪した。だからその件は終わっていた。

その後、朝日との公開討論会を要求していく。この問題は終わったが、これは氷山の一角であり、朝日にはこうしたものを生む体質がある。東京裁判史観、贖罪史観をはじめ、戦後の日本を誤らせた責任がある。そうした問題を公開で討議しようと言ったのだ。朝日はこれを拒否した。ただ、なぜ拒否するのかと問う野村さんと出版局長との間で何度か話し合いが持たれた。その時の話し合いの内容は野村さんの遺書となった『さらば群青』(二十一世紀書院)にかなりのページをさいて載っている。

これを読んでもらえば分かるが、日本の歴史観や現状、運動のあり方、マスコミのあり方などについて広く、かつ深く論じている。野村さんと朝日の公開討論会は実現できなかったが、ある意味ではこの本がそれになっている。

朝日との公開討論を求めての話し合いは一年ほど続き、もう終わりにしようということになった。最後に十月二十日に朝日の社長と会う。それで終わりにするとなったようだ。この日付が決まったのは四、五ケ月前だという。面会日が決まった時点で野村さんは自決の日をこの日と決めたのだろう。この日をのがしたらもう決行する場はないと思ったのかもしれない。前々から皆に言っていたように、「今度は死に様を見せてやる」。そして、体をかけて言葉の重さを見せてやる。そう思ったのだろう。

## 「新右翼」を超える言葉……

こう言ったからといって僕が何も野村さんの自決を完全に理解しているわけではない。百％理解したら僕も同じことをしなくてはならない。そういう意味では、必死に理解しようと思いながら理解しきれないでいる。ただ、野村さんは朝日が憎くて、そこを決行の場所に選んだのではない。これだけ言える。戦後マスコミの象徴として朝日を選んだのだ。他のマスコミは相手にするに足りないと思っていたのだろう。又、野村さんが親しくし、信頼していた記者は朝日の人間が一番多かった。「偏向はしているが他の新聞よりは朝日が好きだ」とはよく野村さんが言っていた言葉だった。

十月二十日は全国から右翼・民族派を集めてシンポジウムをやることになっていた。全日空ホテルの大広間で、国会議員や大学教授、民族派の人間がパネラーになって今後の運動について話し合うという。「新しい時代に対する民族派の使命」と題し、「民族派は主張する」といったかんじのものにすると言っていた。その一ケ月ほど前に野村さんと会った時にこのことを聞いた。「日教組反対」に表わされているように、右翼というとすぐ「何とか反対」だけで、自分たちの主張、提言がないように思われている。そんなことではダメだから新しい提言をして、行動しよう。そういう主旨だという。

「それはいいですね。僕も大賛成です」と言った。「じゃー、鈴木君もパネラーをやってくれよ」

と言われたので「分かりました」と引き受けた。ところが当日、会場に行くと僕はパネラーから外されていた。「そりゃー野村さんの親心だよ。おまえがパネラーじゃー何を言うか分からないし、又、右翼から集中砲火を浴びるだろうし」と言ってた先輩がいた。野村さんがそう言って外してくれたようだ。事実、右翼の討論会やシンポジウムなどでは僕だけが皆から攻撃を受けることが多い。街宣や運動スタイルについて、又、テロやクーデターについて否定的発言をすることが多いから、そんな時には一斉に批判され攻撃されることが多いのだ。

ただ、野村さんがいれば例え考えが違ってもかばってもらえる。そういうケースがよくあった。しかし、もう俺はそれは出来ない。あとはお前は一人で自分の道を行け、と言われたような気がした。(勿論、これは後で分かったのだが)。又、皆なが集まってシンポジウムをしている。そこに突然、野村さんの自決の報が届く。そんな劇的効果を狙って、全国の右翼・民族派の人々に自分の言葉を訴えたかったのだろう。すごい人だと思った。僕もそんな集会でパネラーなんかやってたら大変だったと思った。野村さんの配慮がありがたいと思った。

シンポジウムが始まって少しして、「野村さんが自決をはかったらしい」「病院に運ばれた」「重体だ」という報が流れてきた。僕らは病院に急行した。何とか助かってほしいと思った。しかし後で冷静になって考えれば野村さんほどの人が、自決しようと思って仕損じるわけがない。事実、即死に近かったというし。僕らが病院に着いた時は亡くなった後だった。

朝日の本社で社長たちを前にして野村さんは自決した。言論や報道というのは決して軽いことではない。言葉の重さを見せてやると思ったのだろう。遺書となった本や、又、いろんなところに書き、喋ったもので、それは言われている。ここ十年は、死についてかなり発言している。だから聞いてる側としては麻痺していたということもある。しかし野村さんは何回も何回も、かみしめながら、確認しながら死という言葉を使っていたのだろう。

最後の自決の時、野村さんは同席した誰をも傷つけようとしなかった。昔の右翼テロリストだったら、ためらわず社長を殺して自分も死んだろう。ところが野村さんはそんなテロはやらなかった。それをやったら自分の言葉は残らないと思った。又、ただの殺人事件にされてしまう。マスコミのこわさを十分に知っていたし、又、最後のギリギリのところでは野村さんもテロ否定だったんだと思う。

三島由紀夫も野村さんもテロではなかったからこそ人々に衝撃を与え、「なぜ死んだのか」という疑問と共に、いろんな問題について考える契機を与えた。野村さんの死後、都内の何店かの書店では「野村秋介コーナー」が設けられていた。野村さんの本やビデオを買っていく若者も多かったという。右翼や民族派に関心のなかった人にまで大きな衝撃を与えた。

さて、野村さん亡き後の「新右翼」だ。新右翼運動を作り、ひっぱってきた当人が亡くなったのだ。又、ソ連も崩壊し、右翼・左翼という区分けも意味がなくなりつつある。だから「野村さんと共に新右翼は終わった」と僕は思う。府中刑務所を出てきたばかりの時は「鈴木君はどうして新右翼という言葉を嫌うのだ。新右翼でいいではないか」と言ってた野村さんだったが、亡くなる四年ほど前からは右翼・新右翼と呼ばれることを極端にいやがっていた。

「俺は日本人として当然のことを言っている。右に偏ったことを言ってるわけではない。右翼なんて呼ばないでくれ。右翼というのは差別用語だ」とまで言っていた。さらに、「右翼ではなく新浪漫派と読んでくれ」とも言っていた。

しかし、「新浪漫派」という言葉はまだ定着しないでいる。ただ、何も偏よった奇異なことを言っているのではない。だから僕もこの野村さんの言ってることには賛成だ。僕がいくら「野村さんと共に新右翼は終わった」と言っても、ニックネームとして「新右翼」は残るだろう。それはそれでいいと思う。野村さん亡きあと、さらに新しい運動が起こり、その言葉を変えさせるほどの実体が出てくるまでは残る。僕も何とか変えさせるだけのものを作りたいと思っているが…。

# 改訂増補　9・11同時多発テロ以降の新右翼運動

## 三島由紀夫の発言の重み

三島由紀夫の声が聞こえる。「ほら、俺の言った通りになったじゃないか」…と。世の中の動きが、三島の指摘した通りになっていく。怖いほどだ。

たとえば、三島は憲法改正の草案を書いているが、天皇条項で、「皇位は世襲であって、その継承は男系子孫に限ることはない」と書いている。つまり、女帝を認めているのだ。三島が自決したのは一九七〇年。だから、三五年以上も前に女帝を認めていた。それに、この時は、皇太子さまも秋篠宮さまも生まれていた。皇室のこれからは万々歳だと思われていた。それなのに、たった一人、三島だけが皇室の危機を憂え、女帝も考えていた。

国防の項では、「日本国民は祖国防衛の権利を有する」と書き、「国民は徴兵を課されない」と書いている。国防は権利であって、義務ではないという。さらに、「国際連合との協力において、海外での治安維持およびその他の活動を任務とする国連警察軍を編成する」と書いている。この提案は、『自衛隊二分論』として別に詳しく三島は書いている。

三島は、「自衛隊を国軍とせよ！」と叫んで自決した。憲法を改正し、自衛隊を名誉ある国軍にする。しかし、近い将来、「国際貢献」が叫ばれ、「日本だけが何もしなくていいのか」言われる時が来る。三島はそこまで考えた。その時は、自衛隊を二分して、陸上自衛隊を中心に祖国防衛隊に。もう一つは航空自衛隊を中心に、国連警察予備軍にあげたらいい。そう言っている。今の状況を予見していたのだ。

最近は、「愛国心教育」が盛んに言われている。福岡だったと思うが、愛国心のあるなしを通信簿につけた学校があった。日の丸、君が代、そして愛国心。それでもって、日本に誇りを持たせようとしている。ところが三島は、「愛国心—官製のいやなことば」と題して朝日新聞（一九六八年一月八日夕刊）にこう書いている。三七年も前のことだ。

「実は私は『愛国心』といふ言葉があまり好きではない」と、のっけから言う。「愛妻家」という言葉に似て、背中がゾッとするという。この言葉には官製のにほひがするし、言葉としての由緒やさしてがないと言う。

「自分がのがれやうもなく国の内部にゐて、国の一員であるにもかかはらず、その国といふものを向う側に対象に置いて、わざわざそれを愛するといふのが、わざとらしくてきらひである」と言う。

やはり三島は天才なのだ。日本がどういう方向に行くのか。全て分かっていた。その上で、憲法改正のために生命を捨てた。生命を賭けなければ訴えられない重いテーマだったのだ、憲法改正は。ところが今はどうだろう。その辺の大学教授も文化人も、国会議員も、皆、軽いノリで、「憲法改正」を口にしている。学生や子供までが、時代の流れだとばかりに、「憲法改正」と言っている。そして「愛国心」を言っている。国民総保守化、総右傾化だ。言葉が軽くなっている。そして、全体的なムードに流されている。

三島が今の状況を見たらどう思うだろうか。喜ぶか。逆だろう。こんな時代になるだろうと予見した。しかし、期待したのではない。考えてもみたらいい。三五年前、大学教授も文化人も、「愛国心」なんて言えなかった。ましてや「憲法改正」なんて言えなかった。教授のポストを辞める覚悟でなければ言えなかった。だから三島も生命を賭けて発言した。東大全共闘に呼ばれた時も、生命を賭けて出席し、発言した。それだけ、言葉も重かったし、輝いていた。そんな時代に闘えて、三島も幸せだったはずだ。だから、死後三五年たった今だって、三島の発言は輝いている。全く古くなってない。

## アメリカ依存と「北朝鮮許すまじ！」

初めに結論めいたものを書いてしまったが、話を戻す。『新右翼』新増補版は一九九四年六月に出て、その時、「野村秋介・出会いと別れ」を書いた。そして一九九八年一〇月には新増補版第二刷を出している。詳しくは巻末の年表を見てほしいが、二一世紀に入り、日本も世界も大きく変わった。右翼の世界も大きく変わった。特に二〇〇一年九月十一日のアメリカへの同時多発テロ。そして、その報復としてのアフガン攻撃。イラク戦争。…目まぐるしい変わりようだ。日本人が人質にとられ、あるいは殺され。小泉首相の二度の訪朝。拉致被害者の救援をめぐる北朝鮮との攻防…。

これらが二一世紀初頭の数年間に集中して起きている。それらとからめながら新右翼運動について書いていこう。実は、二一世紀は僕にとり、個人的にも新しい時代だった。というのは、一水会の代表をやめて、二一世紀は新しい人事で一水会をやってもらいたいと思っていた。そして、その思い通りになったからだ。二〇〇〇年（平成一二年）一月に、木村三浩氏が一水会の新代表になり、僕は顧問になった。これで一水会も若返ったし、より活動的になった。

こんなことならもっと早く替わるべきだと思った。一九七〇年に三島事件が起こり、一九七二年に一水会は出来た。だから僕は二八年間も一水会代表をやってきたことになる。やはり、長すぎた。実は、「二一世紀を迎える前に新体制で…」と思ったのには、いくつかの理由がある。

一九九九年一〇月一一日に一水会創設メンバーで、元「楯の会」一期生の阿部勉氏が亡くなった。癌だった。五三歳だった。我々もそういう年になったのだ。早く、運動もバトンタッチしておかなければ…と焦った。さらに、この年の七月四日付朝日新聞に「日の丸・君が代」について僕がコメントしたが、「何を言ってるんだ。ふざけるな！」と右翼の間では評判が悪かった。僕としては、日の丸、君が代は好きだし、愛してるつもりだ。だからこそ、もっと大事にすべきだと思う。ガヤガヤとうるさい中学生や高校生などに押しつけたら、日の丸、君が代がかわいそうだ。二〇歳になったら初めて歌う資格を与える。…くらいでいい。又、本当の国旗・国歌として認知するために、国民投票をしたらいい。その結果、国旗が赤旗になり、国歌がインターになったら、それでもいい。

といったことを喋った。別に間違ったことは言ってないと思っている。それに、国民投票をしたら、圧倒的多数が日の丸、君が代を選択する。その確信があるからこそ言ったことだ。でもそのユーモアが通じない。「やっぱり鈴木は赤旗が好きなんだ」と思う人もいた。右翼の人々から誤解されても僕としては別に困らないが、かわいそうなのは現場で運動している一水会の若者たちだ。いちいち弁解しなければならない。「あれは鈴木さんの個人的な考えで」と言わなくてはならない。これはまずいと思った。

天皇制や国旗、国歌問題、さらにアメリカをどう見るか、はては、少年犯罪、少子化問題、夫婦別姓問題などについて聞かれることもある。そんな時、「僕個人としては…」と前置きして喋っても、「一水会」の考えと思われる。そして、「右翼全体」の考えと思われる。これは僕にとっても、一水会、右翼にとってもまずいだろうと思った。だったら、本当の個人となって好きに発言した方がいい。その方が一水会にとっても、右翼全体にとってもプラスになるだろうと思った。

二〇〇〇年一月に、一水会新体制が発足すると、本当にプラスに作用した。僕は顧問として残った。「木村氏がやるんなら」と、運動に参加する人が増えたし、支援する人も増えた。又、木村氏は僕と違い、根っからの活動家だし、国際派だ。イラクへは二十回も行き、向こうの信頼も厚い。ロシア、インド、ユーゴなどにも行き、世界の愛国者との連帯を深めている。「一水会代表」になってその行動と発言に更に重みが増した。一水会の機関紙「レコンキスタ（失地回復）」も国際的な活動報告が多くなり、時局的な論文が増えた。僕の時代には八ページがやっとで、時には四ページの時も多かった。ところが、木村新体制になってからは毎月一六ページ。時には二〇ページになり、毎年新年号は一面とラスト面がカラーになっている。僕の頃は考えてもみなかったことだ。

こう書いてきて奇妙な事に気付いた。「これから日本も世界も大変な時代を迎える。そのために万全の体制で臨もう」などと思ったわけではない。そんな予知能力はない。三島由紀夫ではない。だが、その危機に備え、迎え撃つ体制に、何故かなったのだ。別に虫が知らせたというわけでもない。そして運命の（二〇〇一年）「9・11同時多発テロ」が起こる。

僕もテレビを見ていて、これは映画だろうと思った。ところが、事実だった。テロだった。この時点ではアメリカへの同情と追悼。そしてテロリストへの怒りで、日本人の気持ちは一杯だった。ところが、その後の、アメリカの常軌を逸した報復戦争については日本でも世論が割れた。アメリカはアフガンを武力攻撃し、「アメリカにつくか、テロリストの側につくか」と二者択一を世界中に迫った。二〇〇三年には、「大量破壊兵器を持っている」と難癖をつけて、イラクに戦争を仕掛けた。今も内戦状態は続いている。

そして、今までの戦争とは全く違う局面を日本は迎えた。イラクに自衛隊を派遣したことだ。これは三島も予測しなかったことだ。一〇年か二〇年まえならば、大変な騒ぎになっただろう。何十万人というデモ隊で、革命騒ぎになっただろうし、自衛隊は、とうてい出発できなかったろう。しかし、世の中全体が保守化、右傾化の時代だからか、アメリカの言いなりになって小泉首相は自衛隊派遣を決めた。

又、ここで北朝鮮の拉致問題がからむ。二〇〇二年九月、小泉首相は訪朝、金正日総書記と会談した。この席で金書記は日本人拉致を認めた。「北朝鮮許すまじ！」の声が日本中で沸騰した。死亡したと発表した拉致被害者の遺骨もウソだったり、北朝鮮の対応も真摯さが感じられず、日本人の怒りはさらに増した。「経済制裁しろ」「戦争に訴えても拉致被害者を救出しろ」「対抗上、日本も核を持て」といった強硬論が毎日のように聞かれるようになった。右翼よりも一般の人々、保守派のマスコミの方がずっとずっと過激になり、強硬になった。例えばこんな事件があった。一般の刀剣愛好家や僧侶、医者などが、「朝鮮征伐隊」「国賊征伐隊」を名乗り、朝鮮総連、朝鮮銀行、社民党…などに銃弾を撃ち込んだり、脅迫状を送りつけた。右翼運動などしたことのない、全くの一般の人が犯行に走ったのだ。「この位のことをしても当然だ。向こうは拉致をやってるのだ」といって自らの行為を正当化していた。やり方が杜撰だから捕まったが、慎重にやっていたら、公安からはノーマークだったし、捕まらなかったろう。

ともかく、「北朝鮮許すまじ！」の世論が沸騰したということだ。それと同時に、「アメリカ依存」が強くなった。対北強硬論が強くなればなるほど、日本一国では出来ないと分かる。「核を持て」「戦争も辞さない」と強硬論が出ても、その時はアメリカの協力がいる。日本一国では出来ない。対北経済制裁だって日本一国では効き目がない。アメリカの協力が必要だ。さらに、今の国際情勢の中で、アメリカと手を組んでいた方が有利だ。それが「国益」にかなう、と思う人が増えてきた。だから、対イラク戦争でもアメリカに協力した方がいい、となったのだ。そのためにイラクの人々が何万人殺されようと仕方ない。…という事になる。

「国益」という言葉は、一国の利益、エゴということだ。卑しい言葉だ。しかし、ナショナリズムが昂揚し、拉致問題で、さらに刺激されて、「国家のエゴ」が最優先される。アメリカに見放されたら日本はやっていけない。拉致被害者も帰ってこない。だから、問題はあるが、アメリカのイラク戦争を支援しよう。自衛隊も出そう。そういう理屈なのだ。

テレビの討論会などを見ると「反米か親米か」「自衛隊派遣賛成か反対か」で、真二つに割れているように見える。小林よしのりさん（漫画家）などが反米で頑張っている。しかし、国民の大部分は残念ながら、「アメリカについていた方がいい」と思っている。だから国会の議決も経て、自衛隊はイラクに行った。「我々の側につくのか。テロリストの側につくのか」というブッシュ米大統領の乱暴な恫喝に屈したのだ。小泉首相も、日本国民も。

一九六〇年代や七〇年代だったならば、いや、二〇年前ならとても考えられない。自衛隊を海外に出す、となったら暴動になっただろう。革命が起こったかもしれない。自民党の暴走に対し、反対する勢力がないのだ。民主党は「第二自民党」で、基本的には同じだ。自民党出身者を主にして作ったものだ。マスコミも、「ちょっと待てよ」というチェック機能がない。絶望的だ。

## イラク戦争直前の訪問で見たもの

そんな日本を外から見る機会があった。戦争の始まる直前、一ヶ月前に、イラクに行ったのだ。二〇〇三年二月だ。段取りをしてくれたのは一水会の木村三浩代表だ。彼はイラクには二〇回も行っている。彼とイラクとの縁は湾岸戦争の時だ。「アメリカの暴挙は許せない。イラクの反米闘争を支援する」といって、イラク大使館に行った。一〇人ほどの同志をつれて、戦闘服で行った。「義勇兵として共に闘いたい」と申し出た。イラク側は大感激だった。「こんな日本の若者もいたのか」と喜んだ。ただし、「志はありがたいが、闘いは我々だけで十分です」と言った。それからの親密な関係だ。

僕らがイラクに行ったのは二〇〇三年二月一五日から二四日だ。でも前後四日間は飛行機の乗り継ぎ、バスなどの移動にかかり、イラクにいたのは五日間だ。行ったのは三六人。一水会の人間だけではない。塩見孝也さん（元赤軍派議長）を初めとした新左翼の人、反戦活動家。平野悠さん率いる「ロフト・プラスワン」の人々。それに沢口ともみ（反戦ストリッパー）、雨宮処凛《かりん》（作家）、パンタ（ミュージシャン）、大川興業の大川豊さん、それに元皇族の竹田さんもいた。

この時期、「アメリカの戦争に反対する」ということで、世界中から反戦団体、活動家がイラクに集まった。そしてデモや集会を毎日のようにやった。日本からだって僕らの他に、ジャミーラ高橋さんのグループ（三〇人）、それに、ピースボート、喜納昌吉さん（ミュージシャン）などが来ていた。彼らと合わせると総勢一〇〇人ほどが日本からイラクに来たのだ。

それも皆、外務省の中止要請を振り切って行ったのだ。いつ戦争が起こるか分からない。イラクには行かないように、と外務省からは強く言われていた。ジャミーラ高橋さんのグループからは「人間の盾」として、ずっと残った人もいた。我々のグループの代表は木村氏。塩見さんと僕が副代表だった。行く前の壮行会で木村氏は言った。

「単なる訪問団ではありません。戦争を阻止しようという決意と志を持った人だけを集めました。我々、反戦活動家はイラクに行って、国際反戦集会やデモに参加し、日本人としての反戦・平和の積極的意思表示をします。」

僕らも「反戦活動家」になってしまった。それに、戦争が始まったら、その時は死ねばいい。それによってアメリカへの抗議と反戦の意志を示せる。と悲壮な覚悟を決めていた。いわば、「自己責任」だ（この時は、まだそんな言葉は使われてなかったが）。

イラクまでは遠い。成田からアムステルダム（オランダ）まで一二時間。空港で六時間待機し、アンマン（ヨルダン）へ向かう。六時間の飛行機だ。アンマンで四時間ほど仮眠し、車一〇台に分乗し、バグダットに向かう。砂漠の中を一五時間も走る。行けども行けども同じ風景だ。五回ほど休憩し、食事したり、休憩したりした。「遠いなー。まだ着かないのか」と言ったが、でも、この時はまだ幸せだったのだ。

戦争が始まってからは、このアンマンからバグダットの街道は、「略奪街道」「虐殺街道」と呼ばれる。日本人の五人が人質になったのもここだし、日本人外交官二人、橋田さん、小川さんが殺されたのも、ここだ。世界一危険な街道だ。今は、首都バクダットを初めイラク全土が内戦中だ。日本人など外は歩けないし、ホテルにいても危ない。

ところが、不思議なことに、僕らが行った時は、イラクは世界一平和で安全な国だった。街には軍隊や警察の姿はない。いや、目立たない。人々は明るいし、日本人だと見ると近づいてきて、「カラテ」「サムライ」と言う。元々、日本人が好きなんだ。特に日本は広島、長崎に原爆を落とされた、そこまで、アメリカと闘った。「カミカゼ」も知られている。そんな日本に尊敬の念を持っている。と同時に、「その日本がどうしてアメリカと一体となってイラクを敵視するのか」と言う。これにはまいった。

別に僕らはフセイン支持ではない。アメリカの戦争に反対なだけだ。世界中から来た反戦団体の人々もそうだ。毎日集会、デモがあったが、驚いたことに、イラク人は、やけに陽気だし、勝手気儘にやっている。集会でも、大臣が挨拶してるのに、イラクの若者が立ち上がり勝手に演説をしている。反対するわけではなく、「そうだ。そうだ。アメリカは許せん!」と言っている。大臣も立ち往生だ。「賛成演説」だから無理に阻止は出来ない。そのうち又、別な人が立ち上がり演説をする。中にはスローガンを叫ぶものもあり、歌い出す者もいる。初めは、「大会の演出」か、と思ったが違う。自由なのだ。アナーキーなのだ。だって、元皇族の竹田さんの演説が予定されていたが、この自由演説の為に吹っ飛んでしまった。

じゃ、何をやってもいいんだ、と思った日本人グループも便乗し、「私は『人間の盾』としてイラクに来ました！」と叫ぶ人がいる。隣にいたイラク人が通訳すると、割れんばかりの拍手と歓声だ。大川豊さんは学生服で、「フレー、フレー。イラク！」とやると、これも又、喝采を浴びた。

デモに行った時もそうだ。国連事務所に抗議デモに行ったのだが、何をやろうと自由。走ろうが、ジグザグデモをやろうが、フランスデモをやろうが自由。パトカーは全く規制しない。それどころか、「もっと大きな声を出せ！」「もっと騒げ！」と激励している。こんなに自由だとは思わなかった。だが、会議は全く進まない。人々は勝手に発言し、歌ったり、踊ったりしている。「会議は踊る」だ。独裁国家なんだから、もう少し統制とってやれよ、と思ったほどだ。

それに、変なのは、日本から来た人々も、このアナーキーな雰囲気に慣れて、勝手に行動し出したことだ。会議やデモにもう飽きた。とばかりに街に遊びに行く。買物に行く。タクシーを雇って遺跡めぐりをする。夜だって、フラフラと遊びに行く。誰がどこに行ってくるかなんて誰も把握できない。「ここは写真に撮らないで下さい」と何度も言われてのに、勝手に行って撮る人もいる。「軍事施設を撮った」と警察に逮捕された人もいた。そのたびにイラクの係の人がかけ回り、交渉して解放してもらった。同じことを北朝鮮でやったら、何年間は確実に拘束される。同じように、「独裁国家」と言われてるがイラクと北朝鮮では全く違う。

又、遊び歩いて疲れ、街で買い食いして病気になる人もいた。うち一人は病院に運ばれたが、帰る時までには退院できた。「イラク支援」と言いながら、迷惑をかけに行ったようで心苦しい。こんなに人々が明るく、自由で、豊かなのか、と驚いた。だからといって、フセイン体制がよかったというのではない。独裁だったし、強権、弾圧、虐殺もしただろう。フセインの悪口も言えなかったろう。しかし、多民族、多宗教の国だ。さらに、国民も自己主張が強いし、陽気で、ラテン的だ。だから、フセインのような強権でしか統治できなかったのか、とも思った。

## 再びアメリカの占領下の自由

戦争が始まり、フセインの独裁を倒してくれたアメリカに感謝したイラク人もいただろう。それは認める。しかし、その後はどうか。フセインの悪口は言えるようなった。しかし、それ以外の自由は全て失った。あんなに明るく、豊かで、平和だったイラクはもうない。街も恐くて歩けない。そして、アメリカの占領はいつまでも続く。

アメリカの占領下で選挙をやり、憲法を作らせるだろう。そして、アメリカとイラクのの間の「安保条約」を結び、それで徐々に米軍を引き上げる。そういう目論見のようだ。そう、日本の占領と同じなのだ。「東京裁判」のように「イラク裁判」も始まるだろう。

イラクに行った時、元駐日大使のアリさんに会った。彼はこんなことを言っていた。

「世界にはいろんな形の民主主義がある。イラクもイラク型の民主主義だ。でもアメリカは、アメリカ型の民主主義しか認めない。それ以外は全く、〝独裁〟であり、〝悪〟だという。しかし、その国の政治のやり方はその国がきめるのではないか。我々はアメリカや日本の政治が、違うからといって、抗議するつもりはない。それは内政干渉になる」

「日本だって、民主主義ではないかもしれない」とも言っていた。そういえば、日本の国会議員の半数以上は二世、三世、それに官僚だ。とても国民の代表だとはいえない。徳川時代の世襲の殿様と同じだ。だからといって、「こんなのは民主主義じゃない。悪だ。封建主義だ」といってアメリカは戦争を仕掛けるわけではない。

ある意味では日本も民主主義ではない。ただ、アメリカの言いなりになってるから、日本を非難しないし、戦争を仕掛けないだけだ。日本はそれだけアメリカべったりだ。日本には主体性がない。政府を批判し、倒す在野の運動体がない。六〇年は安保決戦の年で、二〇万の学生・労働者が国会を取り巻いた。七〇年は、「今度こそ」と思い、「革命前夜」と思われた。三島由紀夫も、その動乱に期待した。警察力だけでは取り締まれないし、自衛隊が治安出動する。そうしたら「楯の会」も出番があるし、危機を逆手にとって、国会に押しかけ、憲法改正を迫る。と考えた。どこまで実効性のあるプランかは分からないが、そういう国家変革の夢を見られた時代だった。その意味では幸せな時代だったと思う。

クーデターの夢破れて三島は一九七〇年一一月二五日、市ヶ谷の自衛隊で森田必勝と共に自決する。その二年後、一水会は出来る。三島、森田の精神を継承する、と決意して。別にクーデターやテロをやるのではない。運動体として続けていき、啓蒙活動をする。そのうち、国会などに出る人間も現われるだろう。そしてこの国を変える。三島や森田が出来なかったことを我々の手で…。と、漠然と考えていた。ところが、三〇年たっても、夢には全く近づいてない。三〇年の運動とは一体、何だったのか、と考えた。イラクに行っても、それで戦争を阻止できたわけではない。国内でも反戦デモはあったが、それも大きな力にはならなかった。民族派運動や市民運動に果たして存在意義があるのか、とまで考えた。

## フランス国民戦線の招待

そんな時、フランス行きの話があった。イラクから帰って二ヶ月後だった。一水会の木村代表にフランスの国民戦線党首のジャンマリ・ルペンさんから三〇周年大会の招待状が届いたのだ。えっ、国民戦線も三〇年なのか。それにしては大した違いだな、と思った。それにこの時は、「ルペン現象」といわれ、世界中が驚いた。二〇〇二年の大統領選挙でルペンはシラクを追いつめ、二位になり、そして決戦投票になった。そのルペン人気、ルペン現象を実際に見てみようと思った。

二〇〇三年四月一九日から三日間、フランスのニースでFN（ナショナル・フロント＝国民戦線）の三〇周年大会が開かれた。木村代表と僕が出席した。世界中の右翼・ナショナリストが集まる。それも五千人も。ロシアの極右といわれるジリノフスキーさん（自由民主党党首）も来ていた。他に、イタリア、スウェーデン、デンマーク、ギリシャ、ルーマニア、スロベニア、ボスニア…と二九の国々から来ていた。驚いたことに、それらの人々は、国会議員が多い。議会活動が主なのだ。「一水会は何人、国会に送っているんですか」と聞かれて戸惑った。

フランスを初め、ヨーロッパの「右翼」というと、皆スキンヘッドに軍服を着たネオナチやネオファッショだと思っていた。ところが、大会に行ったら、そんな人は一人もいない。国民戦線書記長のゴルニッシュさんに聞いたら、こう言っていた。

「我々は、大統領選を戦い、それに国会、欧州議会に進出してます。合法的な運動をやってます。でも我々が行進をすると、スキンヘッドの人達が一〇人位、勝手に入りこんで行進する。出ていけ、ともいえないでいると、テレビはその人たちだけを映す。そして、国民戦線はネオナチだ、と宣伝するんです」

そうなのか。ネオナチのような過去の遺物を否定し、全く新しい運動を起こしているのに。旧東欧などもそうだが、ロシアから解放されて急激に民族主義が台頭している。それが、フランス、オーストリアなどの運動と連帯し、さらに大きくなっている。フランス、ロシア、セルビアでは大統領選挙を戦い、オーストリア、イタリアでは政権に参加している。

ルペン党首は七五歳。元気だ。日本の石原慎太郎のような感じだ。いや、石原よりも圧倒的に人気がある。会場ではアラブの人もいるし、「私はユダヤ人です」という人もいて、話し合った。会議中に、日本から来たというので、ルペン党首もわざわざ時間を取ってくれた。

「私は人種差別主義者、ファシストなどと攻撃されたが全くの間違いだ。私はフランスが好きなだけだ。私が差別主義者なら、なぜ私の党に黒人やアラブ人、ユダヤ人がいられるのか」

これなど現地に来てみないと分からないことだった。ルペン党首は、三島由紀夫が好きで読んでるといった。日本はサムライの国だから尊敬している、とも。ただ、「そんなサムライの国がアメリカに六〇年間も占領されてるなんて。日本人の誇りが許さないでしょう」とも言う。これは耳が痛かった。

ゴルニッシュ書記長は、実は、日本の京大に留学していた。奥さんは日本人で、大の親日家だ。今は欧州議員だ。それにパリ大学やリヨン大学で教授をしている。国際関係論と日本文学を教えている。三島、川端、芥川、源氏物語、平家物語が好きで、教えているという。

国民戦線の大会に出て思い出したが、フランスは「右翼のルーツ」なんだ。日本だけでない、世界の右翼のルーツだ。「右翼」という言葉はフランスで生まれた。フランス革命後の議会は、鳥が翼を広げたような形だった。議長席から見て、右の翼の席にはジロンド党（保守派）がいたので右翼と呼ばれた。左の翼の席にはジャコバン党（急進派）がいたので左翼と呼ばれた。「右翼・左翼」発祥の地なのだ。そこに来て、世界の右翼と会っている。感慨深いものがあった。

国民戦線三〇周年に集まった人々は皆、紳士だった。制服を着た人はいない。新しいスタイルで、新しい言葉で国民に語りかけている。暴力を否定し、議会活動を主にして国民の支持を得ている。日本の右翼・民族派運動は完全に負けてるな、と思った。

実は、フランスに行く前は、日本の右翼が一番進んでるなと思った。街頭で演説し、新聞を出し、大学教授もいるし、テレビの討論会にも出てる。それに比べたら、ヨーロッパの右翼はスキンヘッドで、制服を着て、外国人を襲ったりしている。そう思っていた。ところが、行ってみると全く違っていた。日本こそ一番遅れている。

僕はいい点ばかりを見せられのかもしれない。民族差別や排外主義もあるのかもしれない。しかし、何とか脱却しようとしてるし、議会を主にして活動している。それは事実だ。

日本では一九九二年六月に、野村秋介さんが「風の会」を立ち上げて参院選に打って出た。「三人は当選するよ」と野村さんは言っていた。新聞は毎日、デカデカと「風の会」を取り上げていたし、それに幻惑されたのかもしれない。しかし結果は、一人も通らなかった。それ以来、右翼・民族派の選挙戦はない。いや、魚谷哲央氏を中心とした維新政党「新風」が頑張っている。選挙にも挑戦している。近いうちに当選者を出すかもしれない。

今、右翼・民族派陣営は決して活発とはいえない。ロシアは崩壊し、東欧もなくなり、日本の左翼もほとんどない。保守派・新保守派にやられっ放しだ。右寄り・保守化の時代だ。これを見て、右翼も複雑だ。「これも、俺達が長年運動をやってきた成果だ」と言う人もいる。「もう役目は終わった」という人もいる。しかし、全般的に言うと、右翼は乗り越えられた。一般の新聞や雑誌、それに文化人、大学教授も、ドット右旋回している。かつての左翼も次々と転向している。田原総一朗が言っていた。「今の右翼の論客は半分以上が元左翼です」と。つまり転向者が大半だという。

そこまで多いかどうかは疑問だが、かつての「左右対決」はない。今や、ほとんどが「右右対決」だ。右の中の反米か親米、右の中の保守か革新かといったトーンダウンした仲間うちの争いだ。さらに、偏狭、不寛容な「愛国心」が世を覆っている。例えば日の丸、君が代について、ちょっと違うことを言えば、僕なども「非国民」と言われる。日本精神は、もっともっと寛容で自由だったはずなのに、と思う。又、戦前の右翼・民族派は中国革命の孫文を助け、インド革命のチャドラ・ボース、ビハリ・ボースを助け、アジアの革命家たちと連帯するインターナショナリストだった。今の日本人のような「国益」だけを考える、排外主義とは違う。そうした〈違い〉もこれからは大きく表われてくるだろう。そんな時代になる。そして「新右翼」の真価も問われてくる。

新改訂増補　国家が暴走する時代をどう生きるか

## 「テロとの戦い」、そしてヘイトスピーチ

いよいよ最終章だ。この『新右翼』の初版が出たのは一九八八年二月八日。もう二七年も前だ。新右翼運動を全体的に見て、体験した人間が書くというのは他になかった。だから資料的価値もあったと思う。その後、増補版、新増補版、改訂増補版と出て、そのたびに、「その後」の運動、問題点、課題を考え、書いてきた。又、「年表」も書き加えてきた。前の「年表」は、平成一七年（二〇〇五年）の二月まで書かれている。激動の時代の中で、終わっている。二〇〇一年は「9・11同時多発テロ」が起きた。世界中が凍りついた。この報復として、米英軍がアフガニスタンに軍事攻撃を開始。又、二〇〇三年三月、大量破壊兵器を持っているとして、イラクを攻撃。その一ヶ月前、僕らは、開戦直前のイラクに行った。又、同年四月、フランスの極右政党といわれる「国民戦線」の三〇周年大会に呼ばれ、フランスのニースに行った。世界的な緊迫情勢と不安の中で「年表」は終わっている。

「その後」は、どうだったのか。緊迫と不安は解消されたのか。残念ながら、それはない。それはますます強くなっている。「テロとの戦い」を口実に、「第三次世界大戦」が始まるのではないかとさえ心配されている。あらゆる点において人々は、〈不安〉なのだ。自分の仕事、収入、家庭の不安。人々は多くの不安を抱えて生きている。この本を読んだ人なら分かるだろうが、昔

なら「我々の力で解決しよう」「闘いとろう」という覇気があったし、気概、行動力があった。デモをやる、ストをやる。ともかく抗議していた。政治家などには誰も頼まなかった。「俺達が闘いとるのだ」と叫び、闘った。

しかし今、闘う人々はいない。大体、左翼がいない。ほとんど絶滅危惧種だ。学生も青年もそうだ。そして、「政治で何とかしてくれ」「政治家がやってくれ」と言う。自分たちでは何も出来ないから政治家に頼むしかないと思っているのだ。不安な時代にあって、それを自分で解決しようという人がいない。運動がない。そうすると、「政治家にやってもらうしかない」と思う。テレビの政治討論番組もそうだ。「そうだ。政治が変わればいいのだ」「そうしたら我々は幸せになれる」と思う。「政権交代したら、よくなる」という声も強くなった。そして、実際に政権交代が出来た。

二〇〇九年、民主党政権が出来た。自民党は初めて政権を野党に手渡したのだ。ところが、「政権交代」で問題は解決したのか。人々の不安は解消されたのか。それはなかった。それどころか、二〇一一年、東日本大震災が起きた。国内は大パニックになった。そして、自民党への郷愁が起こった。「自民党だったら、もっとちゃんと対応してくれたんじゃないか」と。菅首相の失態も大きい。イラ菅といわれ、ただ、まわりの人間を怒鳴っていただけだ、と思われた。沖縄の米軍基地をめぐっての鳩山由紀夫首相の発言も、あきれられた。そして民主党政権は終わった。「民主党は国際政治に空しい夢や希望を語ったからダメだったのだ。現実を見ろ！」と言われた。「まわりを取り巻く国々への警戒を厳重にし、防衛を強固にすべきだ。そして憲法改正だ」と言った。不思議なことに、マスコミも国民も、その発言に反対しない。「そうだ、そうだ」と相槌を打つだけだ。中国・韓国という「新たな敵」を安倍政権は差し示し、マスコミも、国民も納得して、中国・韓国を思い切りバッシングしている。

書店へ行くと、新刊書コーナーは反中、嫌韓本であふれている。大出版社も、反中・嫌韓国を出している。又、街頭では、「朝鮮人は、死ね！」と叫ぶ、ヘイトスピーチデモが行われている。ヘイト本を読み、ヘイトデモに参加し、それで、「気分がスッキリする」という国民もなさけない。なげかわしい国民だと思う。それ以上に、こんな下らない本を読み、ヘイトスピーチのデモに出て、「俺は愛国者になった」と思う人間が多いことだ。朝日新聞の従軍慰安婦をめぐる誤報問題でも、「朝日への攻撃」は執拗だった。

記事を書いた元記者への嫌がらせ、脅迫の電話、メール、手紙が集中した。僕の知り合いの女性記者は、社を出たところで、大勢の人々に取りかこまれたという。「反日だ！」「売国奴だ！」と批判された。「死んでしまえ」とまで言われた。

「民主党崩壊は、いわば第二の「連合赤軍事件」だ」と思った。一九七二年の連合赤軍事件で、「左翼」は一掃された。「革命や変革、国際連帯」などとキレイ事を言うからダメだったのだ。

「仲間殺し」したんだ、そんな夢や理想を言わずに、「現実」を見ろ！　というわけだ。昔は「非武装中立」などと言う人もいたが、今は、そんなことを言う人はいない。言う自由はない。

言ったならば「反日！」「売国奴！」と罵倒される。「ほら見ろ、九条や国際連帯だなどと甘いことを言ってるからダメなんだ。国防を強化し、憲法を改正するしかないんだ！」と言う。又、そんな強い発言をする人がテレビ討論では勝つ。国民の心も揺れる。「そうだ、まず国防だ！」「強い日本にしなくては！」「中国、韓国になめられるな！」と国民も思う。国家が強くなれば、国民一人ひとりも強くなれる、幸せになれると思っている、でもこれは錯覚なのだ、国民はどんどん弱くなる。

## 「右翼」という言葉も死語に……

そんな時代に僕らは生きている。『新右翼』新増補版の「あとがき」が書かれたのは平成一七（二〇〇五）年三月だ。あれから一〇年が経った。一〇年経って、「新改訂増補版」を出そうと思い、今、書いている。不安は解消されないが、民族排外的な風潮はさらに進んでいる。自民党の一党支配で、民主党はじめ、「野党」はもうない、といっても過言ではない。自民党だけが独り勝ちだ。そして「集団的自衛権」「秘密保護法」……と進み、「憲法改正」もやるという。このままの状況ではそうなるだろう。北朝鮮による脅威、「イスラム国」のテロも最大限利用されている。人質になった日本人は見殺しにされた。解放に向けた交渉も、ほとんどしていない。「テロリストと交渉しない」「テロに屈しない」と言うばかりだ。又、そんな残忍な政府のやり方を目にしても「よくやった！」「テロに屈しないのは立派だ」と言う国民が多いのだ。支持率も上がっている。「国のために人々は命を捧げろ！」といわんばかりだ。心の中においては、もう〈戦争〉を受け入れる準備をしている。社会が大きく「右」にぶれてきたのかもしれない。

「それはお前たちにとって好都合ではないのか」と言われることがある。「世の中が右傾化している」「安倍首相も憲法改正を言っている」……と。安倍首相の「日本を取り戻す」というのは、新右翼が言っている「YP体制（戦後体制）打倒」と同じことではないのか。とも言われる。さらに、「やっと三島由紀夫の叫びが国民に届いたのだ」と言う人もいる。周りの人や、外部の人が客観的に言うのではなく、右翼—民族派の運動をやってきた人の中でも、そう言う人がいる。いや、そう言う人の方が多い。果たして、そうだろうか、最終章では、そのことを考えてみたい。

「左翼は死滅した。右翼は乗りこえられた」と前に僕は言ったことがある。左翼が死滅したことは明瞭だろう。大学でも立看板はないし、ヘルメットをかぶってビラをまいている人もいない。労働組合のストもない。日教組の力も激減している。では右翼はどうか。左翼がいなくなり、右翼は勝利したのか。そんなことはない。むしろ「敵」をなくして、自らも存在意義を失っている。昔のように、真っ黒い街宣車で演説をしている団体もいない。又、昔は、真っ黒い街宣車が何台も連なって「車輌デモ」をしていることもあった。大きな脅威でもあった。でも今はない。

左翼が強い時は、それに対抗する右翼も増えた。反撥する人が行動に移すし、又、左翼に反対する人も応援してくれた。ところが、左翼がなくなると、「平和になったんだから、もう応援しなくてもいいだろう」となり、運動をやる人間も、「危機が去ったんだから」と思う。全共闘が盛んな時は、それに反対する右派学生運動も伸びた。ところが、一九七〇年を前にして警察力で全共闘がつぶれると、敵を失った右派学生運動は途端に力を失って、人がやめたり、内部分裂をするようになる。僕もその中で、運動の世界から追われた。だから、その時の気分はよく分かる。

同じことは、その後も何回か起きている。ソ連が崩壊した時、「敵であるソ連がなくなったのだ。もう我々も運動をやる意味がない」と思った右翼の人がいた。「我々の勝利だ、だからもう運動は卒業する」と言う人もいた。「ソ連はなくなったが、ロシアという大国は残った。このロシア帝国主義が我々の敵だ」と言って、運動を続けた右翼もいた。さらに日教組もほとんどいなくなり、民主党政権もつぶれた……「敵」はどんどん姿を消してゆく。

一九六〇年に、日本革命が起きると思い、日本を守るために命をかけると思った青年がいた。一七歳の山口二矢だ。この時、彼が考えたのは三人の敵だ。日本を危うくする敵であり、「売国奴」の代表だ。社会党の浅沼稲次郎委員長、日本共産党の野坂参三議長、そして日教組の小林武委員長だ。この三団体、三人が「売国奴」だと思い、そのうちの一人でも殺したら、日本はよくなる。革命の危機は阻止できると思った。そしてチャンスのあった浅沼委員長を刺殺した。

しかし、今、どうだろう。「この人間を倒せば、世の中は変わる」「日本はよくなる」と思われる人間がいるだろうか、いない。今、社会党はないし、日教組も力はない。共産党も激減している。「倒すべき巨大な敵」はいないのだ。それに、左翼も右翼も、運動家は少ないし、だから、警察もフルにマークしている、極端に言えば残された「左右の活動家」は「犯罪者」視されている、あるいは「犯罪者予備軍」と思われている。

それに、今、書店に行けば、反中国・嫌韓のヘイト本が山積みされている。又、保守系の新聞、雑誌も元気がいい。集会もやっているし、デモもやっている。その人たちは、自分は右翼とは言わない。「粗暴な右翼とは違う。我々は保守派だ」「保守系市民」だという。だから警察も、「犯罪者」のように取り締まることはない。それに、こちらの方が圧倒的に影響力がある。だったら、普通の人は、こちらの方へ行く。「右翼だ！」と思われない。「保守派」の市民として集会に出て、デモに出る、そして「国のために戦っている」という満足感も得られる、使命感も達成される。

どんなに小さな団体でも、影響力がなくても、右翼ならば普通の人がそこに入ったら、警察は目をつけ、監視する。そこを離れても、「偽装ではないか、テロをやるのではないか」などと勘ぐって、尾行する。へたをしたら、一生つけられる。又、こんな人がいたら、過大に誇張して報告し、上にあげる。右翼は数も少ないが、いつでもテロをやる気で準備している。過去にはこんな例もあると報告する。そのことによって公安警察は必要だし、我々こそが右翼のテロやクーデターを阻止しているのだ、日本を守っているのだ、と報告する。

だから頭のいい学生、青年は、どんなに考えが似ていても、右翼団体に入ろうとは絶対に思わない。それよりは、大新聞社、大出版社の主宰する集会やデモに行く。そこは、「右翼」ではないし、保守派の市民運動だ。だから安心だと思う。学生が右翼団体に入ったら、多分、就職活動にはマイナスだろう。本人は黙っていても、興信所を使って調べたら分かる。ところが、新聞社や出版社の保守派の集会ならば、別に問題はない。むしろ、「今時の学生にしては珍しく勉強している」と好ましく思われる。

「右翼」という言葉は、まだまだ危ない響きがあるが、「俺は右派だ」「右だ」というのは、「いい言葉」として最近は言われ出した。それにくらべ、「左翼」「極左」……などという言葉は、昔は「偉い」「勉強家だ」と見られていたが、今は一転した。「左翼」「極左」は〈犯罪者〉なのだ。

去年（平成二六年）一二月には衆院選があった。その時、このことを痛感した。何と辻元清美さん（民主党）から、選挙応援を頼まれたのだ。辻元さんは「ピースボート」を立ち上げた人で、前は社民党だった。今は民主党に移っている。大阪の高槻市から出ているが、ネトウヨから猛攻撃を受けているという。「でも僕なんか行ったら逆効果でしょう」と言ったが、「そんなことはないです。来て下さい」と言う。ネットを見たら、もの凄いバッシングだ。「辻元は極左だ！」「極左「自衛隊は違憲だと言った」「違憲の自衛隊から物資をもらってはダメだ、と言っている」「極左であり、極左の仲間ばかりだ」「赤軍派とも仲間だ」「極左であり、反日だ」……と、メチャクチャ書かれている。辻元さんは、自衛隊については感謝しているし、批判など一度もしていない。全くのデマなのだ。でも今は、選挙においてネット活動は自由なので、ネトウヨたちは勝手に書き込んでいる。

高槻市で降りて、迎えの人たちの車に乗って、辻元さんが演説しているスーパー前に行った。辻元さんは演説している。「私は極左ではありません。反日でもありません」と強調していた。僕の姿を見かけると、「極左でない証拠に、私は右翼団体の親分の鈴木邦男さんとも友達です。あっ、その右翼の鈴木さんが今、応援に駆けつけてくれました」と声をはり上げて、そして、僕にマイクを渡す。「右翼」という言葉が、「いい意味」で使われたなんて初めてだ。ずっと「悪い意味」にしか使われてなかったのに。今は逆で、あいつは「左翼だ」「極左だ」と言われるのは、一番の批判・罵倒の言葉だ。「日本を裏切る人間だ」「日本を滅ぼそうとしている」「反日だ」……という意味になるのだろう。

それに比べて、「俺は右派と呼ばれる」「考えは右だな」というのは「日本のことを考えている」と思われているのか、完全にいい意味で使われている。「保守」という言葉は、さらにいい言葉だし、ほめ言葉だ。

「右翼」という言葉だけは、まだダーティなイメージだが、今は、〈保守〉になだれ込んでいるのだろう。「右翼」はなくなり、右派、保守派に統合されようとしている。その意味では「右翼」「左翼」はもう死語に近いのかもしれない。「左翼」はなくなり、ただ、人を批判する〈悪口〉として残っている。「昔、左翼と呼ばれる人種がいて、日本を中国、ソ連のような国にしようとした悪人なんだ、売国奴だ。お前の今の発言は、それを想起させる」……と、そんな使われ方をしているのだろう。「右翼」もそうだ。「国を思ってるといいながら、ヤクザや暴走族が団体をつくり、粗暴なことをやっていた。売名や金のためにやっていた連中だ、我々は違う。法を守り、愛国心に基づいた運動をしている市民だ。この日本を守る保守派だ」。そう言っているのだ。

さらに「新右翼」という言葉だ。これは、評論家の猪野健治さんが命名者だ。僕が一九七五年に『腹腹時計と〈狼〉』（三一書房）を出した直後、猪野さんが言ったのだ。「左翼の人間の闘いにシンパシーを感じている。これはもう旧い右翼とは全く違う体質を持っている。だから『新右翼』と呼んだ方がいい」と週刊誌に書いたのだ。猪野さんは右翼やヤクザの記事をよく書いてたし、説得力があった。又、野村秋介さんの活動もあって、この「新右翼」運動が注目され、マスコミにも大きく取り上げられた。それで「新右翼」という言葉が定着したのだ。

もう一つ、この前に「新左翼」という言葉があった。それの対比でよく使われたという理由もある。元々、日本の左翼は日本共産党と日本社会党だった。しかし、これらには満足しない学生や青年たちが、日共離れをしだした。そして「反日共系」、「反代々木系」と呼ばれた。そして、共産党、社会党は旧い左翼だ、これとは違う、ということで「新左翼」という言い方がされた。多分、当人たちが自分で言ったのだろう。共産党は「新左翼」という言葉は使わない。自分を否定する言葉だからだ。「新左翼」と言ったら、自分が「旧左翼」だと認めることになる。だから、絶対に使わない。彼らを「左翼」だとも認めない。「左翼を僭称してる」とか言うし、「トロツキスト」「暴力分子」などと批判する。

不思議なことに、今、「新左翼」は壊滅し、「旧左翼」の共産党だけが残った。野党が皆、自民にすり寄り、右傾化する中で、共産党だけは野党の誇りを持って闘っている。だから、最近は人気も高い。社会党は分裂し、ほとんどは民主党に行った。残った人だけで社民党を作っているが、昔の勢いはない。昔は、〈自社対決〉と言われたが、今日、〈自共対決〉となるのかもしれない。いや、今は「自民一党支配」だ。

新右翼は、新左翼があったので、その対比で名付けられた。先行する「新左翼」がいなくなったんだから、「新右翼」というのもおかしなものだ、と言われる。「新右翼」も死語になるかもしれない。

「右翼」も「新右翼」も死語になり、「保守」だけが残るのか。その中で、版を重ね二七年間続けてきたこの『新右翼』も最終章を書き、終わるのか。そう考えると少々、淋しいものがある。ある人に言われた、「でも、右翼も新右翼も、あだ名だって言ってたじゃないですか。自分で言ったわけじゃないし」……と。その通りだ。何と呼ばれようと構わないと思っていた。要は、何を主張し、何をやるかだ。それは右や左に偏ったものではない。手っとり早く人を理解しようとするには、「この人は右翼だ」「いや新右翼だ」とレッテルを貼りつけて、それで安心した。つまり、自分で言い出したことではない。だから、「「右翼」「新右翼」という言葉が死語になり、なくなっても、鈴木さんたちが考えていたことはなくならない」反対に、今やかなり発言権もあるんだし、かえって主張が通るのではないか。そう言う人もいるのだ。これは好意的に見ている人だ。そうではなく厳しい見方をする人もいる。

「鈴木はただ、ひねくれているだけだ。右翼、新右翼がマスコミに取り上げられたので、あえてマスコミ受けを狙って左翼的なことを言っているのだ。せっかく三島さんの叫びが国民に理解され、安倍首相も憲法改正を言ってるのに、それに反対することを言っては、注目され、マスコミに出ようとしてるだけだ。」……と。こういう批判は結構多い。「昔は愛国者だったかもしれないが、今はマスコミ受けを狙ってるだけの人間だ。昔の志を忘れ、左翼とも仲よくしてるし、ただの転向者だ。裏切り者だ」と言う人もいる。昔、一緒に民族派学生運動をやっていた仲間からも言われる。それは、かなり厳しい。「ほら、昔の仲間だってそう言ってるんだ。鈴木は裏切り者だ」とも言われる。特に、昔の仲間で、今は安倍政権を支援し、応援している人たちからは、よく言われる

「ニコ生」に時々出ると、ジャンジャンと批判・罵倒の書き込みが流れる。「転向者！」「裏切り者！」「北朝鮮に帰れ！」と。「北朝鮮に帰れ！」というのは最近のネトウヨの悪口の代表的なものだ。少しでも安倍政権を批判したりすると、もう「日本人じゃない！」「左翼だ！」と決めつけられる。「反日だから、日本人じゃない。北朝鮮に違いない。帰れ！」と言うわけだ。何とも単純だ。僕は今、一水会の顧問をしている。代表は木村三浩氏だ。木村氏が「ニコ生」に出た

時、こんな書き込みがあった。「容共・鈴木邦男を除名しろ！」。僕が一水会の顧問で、木村氏が代表であることを知ってるんだ。これには笑ってしまった。

## 一番嫌われていた言葉が「保守」だった……

さて、三島由紀夫についてだ。この本の表紙にも三島は描かれている。一九七〇年のあの事件がなかったら、新右翼は生まれなかった、重要な事件だ。「三島の叫びがやっと国民に届きかけている、それなのに、何故、否定するのか」「三島の出来なかった憲法改正を安倍首相はやろうとしている、それを何故反対するのだ！」と批判される。「お前の原点は三島だろう。それなのに、マスコミに受けようと思って、その三島さえ否定するのか！」「転向者め！」と批判される、右翼の雑誌や集会ではもよくそう言って批判される。

僕は今でも三島は好きだし信奉している。全集も読破した。三島事件があったので、運動に復帰したのも事実だ。又、三島と一緒に自決した森田必勝の存在も大きい。この本を読んでくれた人は、分かってくれるだろう。だからこそ、三島が安易に利用されるのには我慢がならないのだ。

学生時代に三島由紀夫には何度も会ってるし、自分たちの集会の講師にも来てもらった。又、新潮社が出している『決定版三島由紀夫全集』も読んだ。だから僕は三島のことは全て知っている……といった傲慢な気持ちで言ってるのではない。ただ、三島なら今の状況に満足しないだろうな、と漠然と思うのだ。憲法や自衛隊のことが論じられるのはいい。だが、憲法が改正されて、アメリカの戦争に協力し、自衛隊がどこにでも出てゆく。そんな状況には我慢がならないだろう。三島は、「檄」の中で、「このままでは自衛隊は魂のない武器庫になる」「アメリカの傭兵になる」と言っていた。三島が憂慮した通りになるのではないか。又、三島は上から押しつける「愛国心」は嫌いだと言った。徴兵制にも反対した。国を守るのは国民の名誉ある権利である。徴兵制にしたら、その「名誉ある権利」が「汚れた義務」になってしまう。そう言っていた。

又、三島は東大全共闘から呼ばれた時も、たった一人で乗り込んでいる。今、そんな勇気のある保守派の学者はいない。当時は、圧倒的に左翼が強かったから、愛国心、天皇、改憲なんてことは右派の学者もなかなか言えなかった。少しでも言おうと思ったら、大変な勇気を必要とした。三島に限らず林健太郎、福田恆存、村松剛、会田雄次……といった学者たちは、「千万人といえども我行かん」の覚悟を持って行ったのだ。左翼学生に取り巻かれて糾弾されたり、暴力を振るわれた。村松剛さんなどは家に放火された。皆、生命がけで発言し、闘っていたのだ。

今は、天敵である左翼はいなくなり、全くの安全圏で、保守派の学者たちは騒いでいる。愛国心、天皇、憲法改正……と、三島と同じことを言ってるようだが、全く違う。心構えが違うし、覚悟が違う。あの時代、右派と言われた覚悟を持った学者たちは僕は無条件に立派だったと思い、尊敬する。そんな先生たちに教えてもらったことを誇りに思う。ところが今の保守派の学者たちにはそうした覚悟はないし、あまり尊敬する気にもなれない。時代が右傾しているから、それに乗かって発言しているだけじゃないか。そんな風にも思える。

今は、「保守派」という言葉がよく使われている。しかし当時、左右を問わず、一番嫌われていた言葉が「保守」だった。左翼は勿論、右翼も「保守」と言われることを極端に嫌った。このままの現状がいいなんて、おかしい。我々もこの日本には満足できない。右の方から変えるのだと思っていた。それなのに、昔の「悪口」が今は、誇らしげに使われている。どうにも理解できなかった。三島由紀夫は「愛国心」という言葉は嫌いだと言っていた。上からおしつける官製のにおいがする、と言っていた。また、今の状況をそのまま認めるようで、「愛国」も「保守」という言葉も嫌いだった。「憂国」が好きだった。「憂国」という小説もあるし、自ら監督し、主演し、映画にもした。この点はダメだ。この国を憂え、ここはおかしいと批判し、闘うのが憂国だ。「反日」と重なるものもある。血盟団事件、五・一五事件、二・二六事件と続く昭和維新運動も、激しい憂国の運動だ。要人を殺し、クーデターを目指し、ただの〈愛国〉ではない。こんな腐敗した国家など、つぶしてしまえ……といった激しさを秘めた憂国なのだ。

でも福田恆存は「保守」ではないか。そう思う人もいるだろうが違う。福田はよく「保守派」のルーツのように言われるが、本人は決してそうは思っていない。「保守」というのは個人的な生活や趣味の次元で使うべき言葉だという。つまり、「俺は食いものに関しては保守的だ」とか使うべきで、それがイデオロギーになって「保守主義」となると、それは反動になってしまう、という。なかなか味わいのある言葉だ。そのことが分からなくて、僕らは学生の時に、福田からはよく叱られていた。又、三島が「愛国心という言葉は嫌いだ」と言った時も、「困るよな、三島さんも、左翼に迎合するようなことを言って」と、仲間うちで言い合っていた。つまり、相手が余りに大きすぎて、理解できなくなったのだ。

でも、今なら分かる。今、政治家も学者もマスコミも、「自分は愛国者だ」と言っている。中国・韓国を罵倒し、それで「愛国者」になったと思っている。日本は歴史上、何も間違ったことはしてないと思い、少しでも批判すると「許せない！」「反日だ」「売国奴だ！」と罵る。そしてその罵倒する自分に酔っている。自分こそ「愛国者」だと錯覚し、満足している。本屋に行っても反中・嫌韓のヘイトスピーチ本があふれている。街でもヘイトスピーチのデモが行われている。政治家も安全圏にいて、他国の悪口を言っている。まるで、ヘイトスピーチ国家だ。なげかわしい。

## 日本全体が「ネトウヨ国家」になったようだ

去年の夏、こんなことがあった。外国人特派員協会によばれた。国会議員の有田芳生さんと二人だ。日本のヘイトスピーチについて聞かれたのだ。有田さんは議員を集めて集会を開き、これを取り締まる法律を作るべきかどうかで話し合いを持っている。この時、アメリカの記者に質問された。質問というよりも、日本人に対する不満を述べたのだ。「東日本大震災の時は、世界中が日本に同情したし、復興に向けた動きを支援し、応援した。暴動や略奪も起こらず、皆、整然と、法を守って頑張っている。日本人は本当にすばらしいと思った」と言う。そこで終われば良かったのだが、次がある。「ところが、今年の初めの大阪のヘイトスピーチで、世界中が凍りつき、日本を批判している」と言う。東京の大久保だけでなく、大阪でもヘイトスピーチのデモはやられている、そのことかと思った。「あんなのはほんの極く極く一部の人間であり、例外的な人だ。現に右翼の人たちだって、ああいう差別的なデモには反対だ」そう言おうと思っていた。そしたら、大阪のデモではなく、一女子中学生の発言だという。何と、彼女は、街頭でこう叫んだ。「ここは在日の人が多いです。私は許せません。在日の人は皆殺しにしたいです。鶴橋大虐殺をやります！虐殺されるのが厭なら韓国へ帰りなさい。北朝鮮に帰りなさい！」と言ったのだ。

「おいおい、何を言ってんだよ」と普通なら周りの大人が止める、しかし、そこには、ヘイトスピーチの仲間しかいない。皆、「よし！　もっとやれ、もっとやれ！」と煽り立てる。その映像がネットで流れ、世界中で見た人が多い。でも、日本のニュースでは一切出てない。ニュースとして批判的に放送しても、「なんでこんな差別的な発言を流すのか」と視聴者からのクレームが来る。それはさけたい。ネットだって、必死に捜さないと分からない。恥ずかしいことに僕は分からなかった。あとでネットで見せてもらい、「これは醜い！」と思った。

八月一五日に靖国神社に行くと、軍服を着た人たちが集団で行進し、突撃ラッパを吹いて、サーベルを抜いている。軍歌をうたっている。元軍人もいるし、軍人の格好をした若者もいる。異様な光景だ。普段はそんな格好の人は街を歩いていない。八月一五日、靖国神社にだけ突如、出現する。「あっ、またか」と僕らは思うが、外国の記者・カメラマンには珍しいから、写真をとりまくっている。そして世界中に発信される。それを見た人々は、「あっ、日本は又、戦争をしようとしている」と思う。特にアジアの人々はそう思う。ヘイトスピーチのデモ映像も流れるし、安倍首相は集団的自衛権を認め、憲法改正をやると断言している。それを、一つの流れと見るだろう。そう誤解されても仕方はない。

まさか安倍首相は、今すぐに戦争しようとは考えていない。ただ、中国・韓国を敵視して、外に攻撃の目を向けさせ、それで国内をまとめ、支持を得ている。対外的に強いことを言っているうちに、間違って衝突が起こるかもしれない。そんな心配はある。かつての自民党ならば、腐敗堕落したと批判されながらも、何かあったら、その国に行って交渉しようとした。そのルートもあった。少なくとも戦争にならないようにする知恵があった。それが秘密裡の、ボス交であったとしても、「戦争はしない」という確認事項があった。しかし、今そのルートはない。それだけの政治家はいない。交渉し、戦争を未然に防ごうとする力のある政治家がいない。相手国には行かないで、「中国・韓国は許せない」「もうすぐ崩壊する」と絶叫するだけだ。安全圏から叫んでいるのだ。それで「愛国者」だと思っている。

又、これは国民全体に波及している。国民の側も、「中国・韓国になめられるな!」「倍返しだ!」……と、ますますエスカレートする。「戦争も辞さず」という言葉も使われる。無責任だし、危険だ。「国家が強くなれば、国民も強くなれる」と国民は思う。錯覚なのだが、そう思わせるムードがある。日本全体が「ネトウヨ国家」になったようだ。憲法改正し、自衛隊を国軍にして、アメリカと共に世界に出てゆく。でも、その「強い国」は日本人を守ってくれない。国民の権利、自由はどんどん抑圧される。「イスラム国」に捕らえられた日本人も本気になって助けようとはしない。「テロには屈しない」というイサマシイ言葉だけが先行し、人質になった日本人は見殺しだ。「国のために死んでくれ」と言ってるようだ。国民を守らないのならば、国家を作っている意味はない。政府をもっている意味もない。政府や国家があって、そのために国民があるのではない。まず、国民がいるのだ。国民が安全に、自由に暮らせるように国家を作り、政府を作ったのだ。それなのに、政権を握った政党が「これは自分の国だ」と思い、勘違いしている。まるで中世の王様のようだ。国の回りに城壁をめぐらせ、それを強固に、高くすればいい。そして軍隊を増やし、その上で、外国の脅威を力説する。国民はその王様（いや領主か）を頼るしかない。国家が強くなければ、我々も平和ではいられない。と国民は思う。そう錯覚させるのだ。その点の軍事戦略はうまい。

この構図は実は、中国、韓国、北朝鮮も変わらない。どこも、問題がある。国民の不満もあるが。だが、外に敵を見つけて、排外主義を煽れば、国民の心はまとまる。中国、韓国は「反日」

でまとまり、政権への不満はそらすことができる。日本は「反中」「反韓」で国民の不満を逸らし、まとまる。まるで共謀してでもいるようだ。そんなことは全くないのだが、ナショナリズム(民族主義)という素朴な感情は、各々の国の指導者によって、巧妙に利用される。左翼は死滅した。マルクス主義はない。もはや、イデオロギーの時代ではない。そして、民族主義の時代だ、と言われる。この最後の「国民感情」だけが利用される。

その流れにうまく乗かっている。自民党は、そういうムードを作り出している。「戦後レジームからの脱却」「日本を取り戻す」と言っている。そうだ、そうだ……と、国民も支持する人が多い。しかし、危ない。

この本でも書いたが、僕は長い間、右翼運動をやってきた。一つの考えのもとに集団運動をやってきた。そのことの苦労もあったが、反対に喜びも、興奮も知ってきた。これは自信と誇りをもって言える。同時に、集団行動の陥りがちな怖さも知っている。自分たちは正義の運動であり、人々を救う愛の運動だ、そう思うが故に時として暴走する危険性もある。これは運動をした人間でなくては分からないことだ。一般の社会とは違い、飛び抜けて優秀な人も見た。生命がけの人、意志の強固な人にも会った。地獄を潜り抜けてきた人にも会った。運動の世界を体験しなかったら絶対に会えない人たちだった。と同時に、どうしようもなくひどい人、悪い人にも会った。それは、運動家を標榜するニセ者かもしれない。右翼、左翼、市民運動家を名乗って、実は、金集めだけが目的のような人もいた。正義と愛に基づいた社会運動だから、その志があれば誰でも入れる。特に右翼はそうだ。「私には愛国心があります」と言ったら、それだけで信用される。右翼になるのに試験もないし、資格もない。だからいろんな人が入ってくる。玉石混交だ。それだけではない。初めは、純真な心で運動に入ってきたが、それに熱中する余り、「このくらいはやってもいいだろう」「法を犯すのだって、この位はいいだろう」と思い、社会のルールを簡単に逸脱することがある。それが怖いのだ。初めはバイトをしながら運動をする。それでは時間が足りない。運動に専念したい。じゃ、新聞をつくり、カンパを集めて、それで運動をしよう、となる。それに協力してくれる会社から支援してもらおう。そのうち、企業のアラを見つけて金を要求する。俺達は命をかけて国のために運動をしている、ところが企業につとめる人間たちはそんなことを考えていない。こういう連中からは少し強引な手を使って金をとってもいいんだ……と思う。

これは運動家が陥りやすいワナだ。僕だってそう思ったことがある。ただ、実行はできなかった。そこまで割り切れなかったし、「勇気」がなかったからかもしれない。「法」に対しても、軽く考え、超えてしまうことがある。坂本龍馬だって脱藩したんだ。維新運動の先輩たちは、テロやクーデターを考えて決起した。法にしばられていてはダメだ。水溜まりを越えるように、ポンと越えなくてはダメだ。そう思うのだ。これは僕も分かるし、実際、何回か、水溜まりを越えた、そして逮捕された。逮捕されてからも心は高ぶっていた。反省はない。むしろ、ここまで身体をかけた。運動を徹底してやっているという達成感、満足感がある。「犯罪」をやったという気は全くない。いわば、「愛国無罪」だ。

今、考えると、それは錯覚だったと思う。たとえどんな法であっても、法を破ったら犯罪だ。又、犯罪では、人々を納得させられない。だが、運動家の仲間うちでは賞讃される。又、運動は、（自然に）暴走化する怖れがある。「正義なんだから、もっと大きな声で言わなくては」「もっと激しく運動すべきだ」と思う。「暴走」「犯罪」という意識はない。正義の運動のスピードを少しあげるんだ、そう思うのだ。個人が焦燥感にかられて、突っ走る、体制の壁に跳ね返されて、逮捕される。それも怖いが、集団になると、もっと怖い。クーデターをやる、社会不安を起こして、それに乗じて、世の中を変える、……と思う人々も出る。その「焦燥」が集団にとどまっていれば、まだいい。裁くべき法があり、取り締まり、逮捕する警察がいるからだ。

だが、焦燥し、暴走する主体が、集団ではなく、国家だったらどうする。我々は頑張って正しく生きているのに、我が国を取り巻く国々が、嫌がらせをする、我が国の島、領土を狙っている、反日デモをやり、世界中に日本の悪口を言っている。これは黙らせなくてはならない、そう思う。政府が無理矢理、引っぱっていくのではない、国民がマスコミが、そう思うようにしむける。日本は自由な社会だ、情報があふれている。その中から、我々は自由に選択したのだ、と思う。そして、より強いことを言う政治家ばかりを選び、書店にあふれるヘイト本を買って、よろこんでいる。それで、「気分がスッキリした」と思っている。島や歴史認識をめぐり、「どうせ話し合いは出来ないのだ」「彼らは聞く耳を持たない」と初めから決めつけ、偏見と憎しみだけを強くする。

## 「世界愛国者平和会議」の示唆するもの

憎悪と差別、対立だけが強調される。「戦争を辞さずの覚悟で」などと空虚で、危険な言葉が飛びかう。「愛国心」「ナショナリズム」がそのために利用されている。愚かしい。ただ、その中にあって、一つの希望はある。世界の愛国者同士の交流と協議、連帯だ。これは一〇年ほど前までは考えもつかないことだった。日本の我々だけでなく、ヨーロッパも、そしてアジアも、そのことを考え、必要だと思う人が出てきた。キッカケは二〇〇三年の三月、イラクに行った時だ。アメリカがイラクに戦争をしかける一ヶ月前だ。「アメリカの侵略戦争」に反対する人々が世界中から集まってきた。日本からも、いろんなグループの人たちが計一〇〇人以上、イラクに行った。個々のナショナリズムを超えて、「アメリカの侵略戦争反対」で集まったのだ。又、この年の五月、フランスの極右政党と呼ばれる「フランス国民戦線」結成三〇周年大会に招待され、木村三浩・一水会代表と共にフランスのニースに行った。「極右政党」といわれるが、洗練された紳士の集まりで驚いた。ヨーロッパ中から集まった右派の国会議員の会議だった。お互いの立場を考え、「愛国者」が話し合い、行動することは出来るのだと知った。

二〇〇七年には、ニューヨークに行った。日本の憲法改正についてのシンポジウムに呼ばれたのだ。日本国憲法二四条を書いたベアテさんも一緒だった。アメリカの学者たちと共に、憲法について考えた。ベアテさんとは時間をとって話をし、本にしたいと頼んでいた。しかし、亡くなられてしまった。日本が敗戦中に、アメリカは憲法を押しつけた、それは事実だ。しかし、ベアテさんの話を聞いて、思った。平和、男女平等を認め、アメリカでも出来なかった理想を日本国憲法に書いたと言う。その努力も知った。だったら、もしこれから日本で憲法改正をしようとしたら、ベアテさんたち以上の夢と理想をもって改憲作業をしなくてはいけない。今の自民党のように、ただ「昔に戻る」とか、軍隊を強化して、「普通の国になる」ことを目指すためではダメだろう。我々自身が「核のない世界」「戦争のない世界」への理想を語り、道しるべを示すべきだろう。そんなことを感じた。今のままでは「自主憲法をつくる」といいながら、かえって、アメリカ寄り憲法になる。アメリカの戦争をたすける軍隊をつくることになる。また、「強い国家」を目指して、国民の自由、権利は抑圧される。国民はどんどん弱くなる。そこで僕は言った。「自由のない〝自主憲法〟よりは、自由のある〝押しつけ憲法〟を」と。極論かも知れないが、本当にそう思った。憲法があって、それに適合する国民を作るのではない。まず国民があって、その国民が自由で、平和に暮らせるために憲法をつくるのだ。国民の権利や自由のためにならないのなら、憲法なんか無くても構わない。イギリスなんか憲法はない。法律だけで十分にやっていけるのだ。そんな話をニューヨークでしたら、地元にいる新聞記者に言われた。「右翼と思えない発言ですね。むしろ、丸山真男に通じますよ」と。これには驚いたが、丸山はこう言っていた。「大日本帝国の確固とした実存よりは、戦後日本の虚妄にかける」と。

　その時はよく分からなかったが、最近は分かってきた。大日本帝国は、強固だったし、その存在感は強かった。天皇のもとにまとまり、国のために戦争をする。皆、「迷い」も「悩み」もない。強国な〈実存〉だ。でも、それでいいのか、そこには〈自分〉はいない。個人もいない。一方、〈戦後〉は、「虚妄の平和」だといわれ、「奴隷の平和」だと言われた。自衛隊は戦争もしないし、血も流さない。一人も殺さず、一人も殺されない。これはむしろ素晴らしいことなのに、逆に、「やましさ」を感じている。世界中の軍隊と同じように「普通の軍隊」をつくり、そのことで「普通の国」になろうとしている。戦後の平和は虚妄だったし、「戦後レジームからの脱却」が必要だと自民党は言う。「日本を取り戻せ」とも言う。「虚妄の戦後」を投げ捨てて、「大日本帝国の実存」を手に入れようとしているのだ。丸山真男を否定して、戦前の強固な〈実存〉に戻ろうとしている。これでは単なる反動だし、後戻りだ。

　こう見てくると、外国と接触することで、自分たちの「愛国心」「ナショナリズム」を問い直してきた。そんな感じがする。イラクに行き、フランスに行き、ニューヨークに行き……と。又、北朝鮮に四回行き、「よど号」グループとも何度も話し合った。今はむしろ彼らの方が「愛国心」がある。亡命生活も四五年が経ち、日本への望郷の念も強い。日本を批判しながらも、彼らの心の中心に、「美しい日本」がある。だから、子供たちのために自分たちで「教科書」を作り、教えている。「日本は美しい国で、美しい富士山があります」……と。凄い。「愛国教科書」

だ。日本に帰ってきたら、それを「教科書」として申請したらいい。外国に行き、そこから日本を見る、又、現地の人々と話し、考える。その「戦後の虚妄」の中で、迷い、考えたのだ。そして僕がこの一〇年の中で一番衝撃を受けたのは、二〇一〇年の「世界愛国者平和会議」だ。これは日本でやったのだ。一水会・木村代表などが呼びかけ、東京で開いたのだ。フランスのルペンさんを始め、イギリス、イタリア、スイス……などから集まった。ヨーロッパの〈愛国政党〉の人たちが大挙して日本に来たのだ。

ヨーロッパはEUをつくり、「もうヨーロッパでは戦争をしない」そういう合意と確信がある。ただ、その中でも、経済、教育、移民……など問題が山積みになっている。特に移民問題では、反対や制限しろと言う人も多い。それが過剰に報道され、批判されることも多い。しかし、彼らは「ネオナチ」ではないし、国会議員の集まりだ。「差別発言をした人間は党から除名する」とも言っていた。日本とは大違いだ。日本では差別、排外主義の発言が政治家でもされている。ネットでも多い。又、それを見て、「ホンネを言っている」「勇気がある」と誤解している人も多いのだ。日本とは違うと思った「愛国者」「ナショナリスト」としての自負を持っているし、自制・自律の精神を持っている。三日間の会議が終わってから、皆を皇居前広場に案内し、靖国神社、明治神宮に案内した。向こうの人たちがぜひ見たいと言ってきたのだ。そして、「ここに日本がある」と言っていた。靖国神社に行った時は、日本のマスコミの人がつめかけ、ルペン党首たちに質問を浴びせていた。フランス、イギリスは戦勝国だ、「正義の戦争」で勝った。日本、ドイツ、イタリアは、その戦いに負けた。侵略国家で悪の国家だ。だから負けた。そう教えられている。少なくとも、ヨーロッパの右派政党の人たちはそう教育されてきた。それなのに、何故、「悪い、負けた国」の戦争指導者を祀っている靖国神社に来たのだ。そういう質問が多かった。ルペンさんは言った。「どこに行っても、その国の愛国者の墓に詣でている。その国が仏教で祀っていれば仏教のしきたりで敬意を表する。イスラム教、神道なら、それに従って愛国者を参拝する」と。彼らは、熱心なキリスト教徒が多い。それなのに、靖国神社では正殿参拝をし、参拝のやり方を宮司に聞き、その通りに実行していた。これも驚きだった。日本人だって「自分はキリスト教だから靖国神社には行かない」という人もいる、それを超えている。

この後、靖国神社の中にある遊就館を案内した。きっと不快に思うだろうな、と心配した。だって、日本がなぜ戦争をしたかの「歴史的背景」のところは、かなりイデオロギー色が強い。アメリカ、ヨーロッパがアジア侵略し、インド、中国を蹂躙し、それで日本も危機感をもった。さらに彼らは日本を経済封鎖し、日本は仕方なく、正当防衛的に立ち上がり、戦争をしたのだ……という感じで書かれている。日本人の自尊心は満足させられる。又、ここに祀られている人々にも、こう言う。「あなた達は侵略戦争のために使われ、死んだのではない。日本の自衛、そして輝かしいアジア解放のために戦い、亡くなったので、日本人は皆、あなたがたに感謝しています」……と。

初めから、「日本人向け」なのだ。内向きの説明文だ。「悪役」にされたアメリカ、イギリス、フランス……などはムッとするだろう。気持ちはよくないだろう。でも、フランス、イタリアの愛国者たちは冷静だった。「日本としては、そう言うしかないんだろうね」「歴史的に見たら、そういう面もあったでしょうね」と言う。これは驚いた。彼らは違うと思った。日本人が外国に行って、この種の「戦争崇拝物語」を見たら、皆、怒るだろう。とてもこんなに冷静に、客観的には見られない。

この体験は大きな示唆をあたえてくれたし、ここから大きな教訓を得た。国家のトップ同士だけではなく、国民同士が話し合う必要がある、特に、この時のように、各国の「愛国者」同士が話し合うというのは意義がある。又、戦争の抑止にもなると思った。

だって、戦争というのは、他国への反撥がまず「愛国者」同士で起こり、それが国家的になった時に戦争になる。愛国者たちが、隣りの国になめられた、許せない、戦争だってやれ！……と怒り、たきつける。その声が大きくなって、国家的規模になったら戦争になる。もし普段から、愛国者同士が交流し、話し合いの場があったら、自発的に「戦争しかない！」と言うことはない。憎しみ、敵意・差別が大きくならないうちに解決させられるだろう。もしどうしても「戦争したい」となったら、どうする。その時は、「愛国者」同士が戦ったらいい。格闘技のルールでもいいし、武器を持っての決闘でもいい。それをテレビで流す。残酷だ。目も当てられない。だが、無関係な人間も含め、国民全部を巻き込んでやる戦争よりはマシだろう。戦争の愚かさを教えるには、それしかないだろう。

「いや、それはマズい」「極論だ」という人もいた。では、そんな時、どうしたらいいのか。これからも話し合いをしろ、と言った。今まで、こんなことは考えてもみなかったので、大いに刺激をそそられた。ヨーロッパでは、ドイツとフランスが話し合い、絶対に和解出来ないと思われた国々さえも和解している。そのために愛国者も話し合いをしている。日本で行った世界大会が、単なる右翼の交流だけではないのも大きい。「世界愛国者平和会議」と銘打っている。我々で「平和」をつくるぞ、という意欲、理想が入っている。これはいい。

「いや、それは遠く離れていた、だから出来たのではないか」と言う人もいる。ヨーロッパと日本。遠いから客観的に見える。だが、ヨーロッパではすぐに隣だ。その中で、いろんな問題について愛国者同士が話し合い、行動している。では、日本は地元で出来るのか。「アジア愛国者平和会議」は出来るのか。残念ながら、今すぐには出来ない。ただ一国対一国、あるいは数ヶ国同士でなら話は出来る。僕は、この一〇年で、タイ、中国、北朝鮮、韓国……と行って、現地の人たちと話をした。愛国者とも話をした。それを軸としながらこれからも考えていきたい。

現、一水会代表の木村三浩氏は、さらに勇気を持って、戦略を持って行動している。ロシア、中国、北朝鮮、インド、ヨーロッパを回り、政治家や愛国者たちと精力的に話し合っている。「アジア愛国者平和会議」も夢ではないだろう。そうした希望の光を見つめながら、この本も終わる。これからの世界に飛び出したナショナリズムの運動については木村三浩氏の『お手軽愛国主義を斬る＝新右翼の論理と行動』が詳しい。この本と同じく彩流社から出ている。この本が

（『新右翼』にかわって）新しい民族主義運動の現状報告・記録になるだろう。これからの〈同時進行の貴重な運動史〉になるだろう。

# 補章　資料篇

## 三島事件（昭和45年11月25日）

### 檄

楯の会隊長　三島由紀夫

われわれ楯の会は、自衛隊によつて育てられ、いはば自衛隊はわれわれの父でもあり、兄でもある。その恩義に報いるに、このやうな忘恩的行為に出たのは何故であるか。かへりみれば、私は四年、学生は三年、隊内で準自衛官としての待遇を受け、一片の打算もない教育を受け、又われわれも心から自衛隊を愛し、もはや隊の柵外の日本にはない「真の日本」をここに夢み、ここでこそ終戦後つひに知らなかつた男の涙を知つた。ここで流したわれわれの汗は純一であり、憂国の精神を相共にする同志として共に富士の原野を馳駆した。このことには一点の疑ひもない。

われわれにとつて自衛隊は故郷であり、生ぬるい現代日本で凛冽の気を呼吸できる唯一の場所であつた。教官、助教諸氏から受けた愛情は測り知れない。しかもなほ、敢てこの挙に出たのは何故であるか。たとへ強弁と云はれようとも、自衛隊を愛するが故であると私は断言する。

われわれは戦後の日本が経済的繁栄にうつつを抜かし、国の大本を忘れ、国民精神を失ひ、本を正さずして末に走り、その場しのぎと偽善に陥り、自ら魂の空白状態へ落ち込んでゆくのを見た。政治は矛盾の糊塗、自己の保身、権力慾、偽善にのみ捧げられ、国家百年の大計は外国に委ね、敗戦の汚辱は払拭されずにただごまかされ、日本人自ら日本の歴史と伝統を瀆してゆくのを、歯嚙みをしながら見てゐなければならなかつた。われわれは今や自衛隊にのみ、真の日本、真の日本人、真の武士の魂が残されてゐるのを夢みた。しかも法理論的には、自衛隊は違憲であることは明白であり、国の根本問題である防衛が、御都合主義の法的解釈によつてごまかされ、軍の名を用ひない軍として、日本人の魂の腐敗、道義の頽廃の根本原因をなして来てゐるのを見た。もつとも名誉を重んずべき軍が、もつとも悪質の欺瞞の下に放置されて来たのである。自衛隊は敗戦後の国家の不名誉な十字架を負ひつづけて来た。自衛隊は国軍たりえず、建軍の本義を与へられず、警察の物理的に巨大なものとしての地位しか与へられず、その忠誠の対象も明確にされなかつた。われわれは戦後のあまりに永い日本の眠りに憤つた。自衛隊が目ざめる時こそ、日本が目ざめる時だと信じた。自衛隊が自ら目ざめることなしに、この眠れる日本が目ざめることはないのを信じた。憲法改正によつて、自衛隊が建軍の本義に立ち真の国軍となる日のために、国民として微力の限りを尽すこと以上に大いなる責務はない、と信じた。

四年前、私はひとり志を抱いて自衛隊に入り、その翌年には楯の会を結成した。楯の会の根本理念は、ひとへに自衛隊が目ざめる時、自衛隊を国軍、名誉ある国軍とするために、命を捨てようといふ決心にあつた。憲法改正がもはや議会制度下ではむづかしければ、治安出動こそその唯一の好機であり、われわれは治安出動の前衛となつて命を捨て、国軍の礎石たらんとした。国体を守るのは軍隊であり、政体を守るのは警察である。政体を警察力を以て守りきれない段階に来て、はじめて軍隊の出動によつて国体が明らかになり、軍は建軍の本義を回復するであらう。日本の軍隊の建軍の本義とは、「天皇を中心とする日本の歴史・文化・伝統を守る」ことにしか存在しないのである。国のねぢ曲つた大本を正すといふ使命のため、われわれは少数乍ら訓練を受け、挺身しようとしてゐたのである。

しかるに昨昭和四十四年十月二十一日に何が起つたか。総理訪米前の大詰ともいふべきこのデモは圧倒的な警察力の下に不発に終つた。その状況を新宿で見て、私は「これで憲法は変らない」と痛恨した。その日に何が起つたか。政府は極左勢力の限界を見極め、戒厳令にも等しい警察の規制に対する一般民衆の反応を見極め、敢て「憲法改正」といふ火中の栗を拾はずとも、事態を収拾しうる自信を得たのである。治安出動は不用になつた。政府は政体維持のためには、何ら憲法と抵触しない警察力だけで乗り切る自信を得、国の根本問題に対して頬つかぶりをつづける自信を得た。

これで、左派勢力には憲法護持の飴玉をしやぶらせつづけ、名を捨てて実をとる方策を固め、自ら護憲を標榜することの利点を得たのである。名を捨てて、実をとる！政治家にとつてはそれでよからう。しかし自衛隊にとつては、致命傷であることに、政治家は気づかない筈はない。そこでふたたび、前にもまさる偽善と隠蔽、うれしがらせとごまかしがはじまつた。

銘記せよ！　実はこの昭和四十五年（注、昭和四十四年の誤りか）十月二十一日といふ日は、自衛隊にとつては悲劇の日だつた。創立以来二十年に亘って、憲法改正を待ちこがれてきた自衛隊にとつて、決定的にその希望が裏切られ、憲法改正は政治的プログラムから除外され、相共に議会主義政党を主張する自民党と共産党が非議会主義的方法の可能性を晴れ晴れと払拭した日だつた。論理的に正に、この日を境にして、それまで憲法の私生児であつた自衛隊は、「護憲の軍隊」として認知されたのである。これ以上のパラドックスがあらうか。

われわれはこの日以後の自衛隊に一刻一刻注視した。われわれが夢みてゐたやうに、もし自衛隊に武士の魂が残つてゐるならば、どうしてこの事態を黙視しえよう。自らを否定するものを守るとは、何たる論理的矛盾であらう。男であれば、男の矜りがどうしてこれを容認しえよう。我慢に我慢を重ねても、守るべき最後の一線をこえれば、決然起ち上るのが男であり武士である。われわれはひたすら耳をすました。しかし自衛隊のどこからも、「自らを否定する憲法を守れ」という屈辱的な命令に対する、男子の声はきこえては来なかつた。かくなる上は、自らの力を自覚して、国の論理の歪みを正すほかに道はないことがわかつてゐるのに、自衛隊は声を奪はれたカナリヤのやうに黙つたままだつた。

われわれは悲しみ、怒り、つひには憤激した。諸官は任務を与へられなければ何もできぬといふ。しかし諸官に与へられる任務は、悲しいかな、最終的には日本からは来ないのだ。シヴィリアン・コントロールが民主的軍隊の本姿である、といふ。しかし英米のシヴィリアン・コントロールは、軍政に関する財政上のコントロールである。日本のやうに人事権まで奪はれて去勢され、変節常なき政治家に操られ、党利党略に利用されることではない。

この上、政治家のうれしがらせに乗り、より深い自己欺瞞と自己冒瀆の道を歩まうとする自衛隊は魂が腐つたのか。武士の魂はどこへ行つたのだ。魂の死んだ巨大な武器庫になつて、どこへ行かうとするのか。繊維交渉に当つては自民党を売国奴呼ばはりした繊維業者もあつたのに、国家百年の大計にかかはる核停条約は、あたかもかつての五・五・三の不平等条約の再現であることが明らかであるにもかかはらず、抗議して腹を切るジェネラル一人、自衛隊からは出なかつた。沖縄返還とはなにか？　本土の防衛責任とは何か？　アメリカは真の日本の自主的軍隊が日本の国土を守ることを喜ばないのは自明である。あと二年の内に自主性を回復せねば、左派のいふ如く、自衛隊は永遠にアメリカの傭兵として終るであらう。

われわれは四年待つた。最後の一年は熱烈に待つた。もう待てぬ。自ら冒瀆する者を待つわけには行かぬ。しかしあと三十分、最後の三十分待たう。共に起つて義のために共に死ぬのだ。

日本を日本の真姿に戻して、そこで死ぬのだ。生命尊重のみで、魂は死んでもよいのか。生命以上の価値なくして何の軍隊だ。今こそわれわれは生命尊重以上の価値の所在を諸君の目に見せてやる。それは自由でも民主主義でもない。日本だ。われわれの愛する歴史と伝統の国、日本だ。これを骨抜きにしてしまつた憲法に体をぶつけて死ぬ奴はゐないのか。もしゐれば、今からでも共に起ち、共に死なう。われわれは至純の魂を持つ諸君が、一個の男子、真の武士として蘇へることを熱望するあまり、この挙に出たのである。

## 命令書

小賀正義君。君は予の慫慂により、死を決して今回の行動に参加し、参加に際しては、予の命令に絶対服従を誓つた。依つてここに命令する。君の任務は同志古賀浩靖君と共に人質を護送してこれを安全に引渡したるのちいさぎよく縛につき、楯の会の精神を堂々と、法廷に於て陳述することである。

今回の事件は、楯の会隊長たる三島が、計画立案、命令し学生長森田必勝が参画したるものである。三島の自刃は隊長としての責任上、当然のことなるも、森田必勝の自刃は、自ら進んで楯の会全会員及び現下日本の憂国の志を抱く青年層を代表して、身自ら範を垂れて、青年の心意気を示さんとする。鬼神を哭かしむ凛冽の行為である。三島はともあれ、森田の精神を後世に向つて恢弘せよ。

しかしひとたび同志たる上は、たとひ生死相隔たるとも、その志に於て変りはない。むしろ死は易く、生は難い。敢て命じて君を艱苦の生に残すは予としても忍び難いが、今や楯の会の精神が正しく伝はるか否かは君らの双肩にある。あらゆる苦難に耐え、忍びがたきを忍び、決して挫けることなく、初一念を貫いて、皇国日本の再建に邁進せよ。

楯の会隊長

三島由紀夫㊞

昭和四十五年十一月

小賀　正義君

二伸　弁護士については元大阪高等裁判所長、弁護士斎藤直一先生に相談せよ。

文京区本郷二―三五―一七　電（八一一）〇〇六九

**経団連襲撃事件**（昭和52年3月3日）

檄

三島由紀夫・森田必勝烈士と楯の会会員が、自衛隊を衷心から敬愛し、かつ信頼していながら敢えてあの市ケ谷台の挙に及んだに等しく、われわれも敢えて今日この「檄」を日本財界首脳諸氏に対して叩きつける。

大東亜戦争の敗北によって廃虚と化した戦後日本の復興に、財界が少なからぬ寄与をし、如何にその指導的役割を果たしてきたか、これまでの歴史的事実を、われわれは決して軽んずるものではない。

しかしその反面において、諸君らの営利至上主義が、どれほど今日の日本を毒し、日本の荒廃と混迷を促し、社会世相の頽廃を煽ってきたか、その罪状看過すべからざるものがある。

ロッキード疑獄が投じた政治の混乱は、国民の政治不信を抜き差しならぬところまで追い込み、自由社会の根幹をすら揺るがすに至っている。

それだけではない。

日本の文化と伝統を慈しみ、培ってきたわれわれの大地、うるわしき山河を、諸君らは経済至上主義をもってズタズタに引き裂いてしまった。

環境破壊によって人心を荒廃させ、「消費は美徳」の軽薄思想を蔓延させることによって、日本的清明と正気は、もはや救い難いところまで浸触されている。自ら生んだ子供をコイン・ロッカーに平然と遺棄する異常の社会を、君らは、君らが意図したか否かは別として、現実として構築し続けてきた。

営利主義の犠牲となった薬品公害患者の苦悩を、君らは一度でも真摯に顧みたことがあるのか。

水俣病患者・スモン病患者の心痛に対して、一度でも敬虔な反省をもったことがあるのか。

大昭和製紙等に見られる無責任きわまるヘドロ公害、または瀬戸内海を死の海へと追いたてている現実の大企業体質を、君らは一度でも虚心に直視したことがあるのか。

祖国民族あるを忘れ、大衆国民のあるを軽んずるこの天を恐れぬ諸君らの所業は、必ずや日本を、否、全人類をも亡ぼすこと必至である。

しかし、われわれの悲願は、ヤルタ・ポツダム体制そのものの打倒にあるのだ。したがって、諸君らのみをたんに弾劾するつもりはない。

日本は大東亜戦争の敗北によって無条件降伏を強いられたが、アメリカを中軸とした戦勝国は、戦後処理を徹底的に日本民族の弱体化に置いて敢行して行った。瞭然たるの史実である。

その結果が、現今、眼前に晒されている日本の姿である。物質的に豊かになったと言う美辞に弄されるのは錯覚である。

日教組の目に余る偏向教育は、青年たちから夢や浪漫や祖国愛を奪い、連帯感や責任感の喪失を顕著にして重大な社会問題を提し、マスコミ、殊にマンモス化した新聞の横暴と跳梁は心ある人々の慨嘆と怨嗟の声を集めている。政治の混迷は祖国日本の基盤そのものさえ揺るがし始めている。

東洋の君子国と謳われた日本の栄光は、いまやかけらほども見出すことができない。

すべては日本民族の弱体化を眼目としたヤルタ・ポツダム体制の歴史的呪縛にその源泉を見る。だがしかし、この三十年間に及ぶ戦後体制を最も強力に支えて来た勢力が、金権思想・営利至上主義の大企業体質そのものであったことも韜晦をゆるされぬ事実である。

われわれはかくのごとく断じ敢えてこの挙に及ぶ。

古代ローマは平和を貪ることによって自ら亡んだ。祖国日本が同じ轍を踏むのを座して看過できない。

日本を亡ぼしてはならない。
営利至上主義のために「祖国」を見失ってはならない。
憲法改正！
安保廃棄！
天皇陛下万歳！
日本財界首脳諸君へ

YP体制打倒青年同盟

## 神戸米国領事館たいまつ投込み事件
（昭和56年12月8日）

日本民族独立ギュウグン声明　ダイ一ゴウ

本八日未明　ワガグンは西南日本において米国外コウ公館をコウゲキせり。

三十六年続きたる民族のダミンはかくて破れり。

低ゾクレツ悪なるオウ米文物にタマシイをウバわれたる日本人達よ、今こそ真の民族独立のために立て、対米キュウダン文に示された日本民族の意キをヤマトダマシイを、日本民族のドレイ化をハカる内外の勢力にタタキ付けよ。

昭和五十六年　対米開セン記念日

日本民族独立ギュウグン

キュウダン文

日本民族は、日米両国接ショクよりこれまでクリ返された米国による一連の排日ブ日残ギャク行為について、心底からのイカリを込めてキュウダンするとともに、以下の各項を民族の名において、米国政府・国民に要求す。

一、バク末、ペルリ来航に際してとったホウカン外交への反省とチン謝。

一、バクマツ、明治維新にかけて日本に強要した不平等条約についての謝ザイ、およびそれにより日本から収ダツした財貨の即時返還。

一、排日移民法等、米国における日本民族への差別と迫害についての謝ザイ。

一、日本を大東亜戦争突入に追込んだ米国外交政略の公開と戦争開始責任の自認。

一、大東亜戦争中、米国在住日本民族に採った差別的ダンアツ行イへの謝ザイと原状フッキ。
一、オキナワ、長崎、広島、大阪、東京等でハンプクされた米グンによる無差別ホウバクゲキの非人道性を認めて謝ザイし、被害者およびその遺族に然るべき補償をなすこと。
一、東京裁判のギマン性ハンザイ性を認め、米国責任者の処バツおよび戦パンと称されて殺害された、あるいはダンアツされた日本人被害者の名ヨ回フクと遺族や本人への補償。
一、占領米グンが強要した「日本国ケンポウ」は米国製であることを明確化し、チンシャした上で、国際法上無効であると宣言すること。
一、低ゾクな米国文化や社会制度の強要によって日本民族の精神文化体系を組織的に破カイしたことへのシャザイ。
一、日米安保不平等条約の即時廃棄。
一、日本民族ドレイ化のショウチョウたる在日米グン基地の即時テッ収。
以上の他にキュウダンすべきコトは無数にあれどもとりあえず以上十一条を要求す。要求いれざれば、日本民族は最後の一人となれどもトウソウを継続するものなり。

昭和五十六年十二月八日

日本民族独立ギュウグン

## 横浜元米海軍住宅放火炎上事件（昭和57年5月6日）

日本民族独立義勇軍声明　第二号

我軍は大東亜戦争四十周年を期し、遊撃戦に入れり。時に、弾劾文を示せれるも、カレに反省の色なし。

ここに我軍は、米軍基地を攻撃し民族独立の意気をアラワす。

昭和二十年五月五日、オキナワ第三十二軍第二次反攻はザセツせり、以後本格的対米攻撃はアトを絶てり。

今オキナワ戦に、水ヅキ草ムす英霊のミタマに対し、この戦闘をササグ。

日本民族よ、独立せよ！

昭和五十七年五月六日

## 大阪ソ連領事館火炎瓶襲撃事件（昭和58年5月27日）

日本民族独立義勇軍声明　第三号

我軍は本日二〇時を期して、ソ連邦公館を攻撃し損害を与えたり。

去る昭和五十七年五月六日、在沖縄県第三十二軍の対米軍総攻撃を継承し、横浜市本牧米軍基地を攻撃、建物三トウ三〇〇坪を炎上破壊せしめたるのに続き、今回暴《ママ》れいソ連邦を膺懲す。

これは単なる警告にあらず。もし米ソ両国が我軍の対米ソ糾弾文に対して誠意ある応答をしめさなければ、我軍は日本民族の名においてより強力なる攻撃を実行するであろう。国際的強盗国家ソ連邦は七十八年前の日本海海戦を想起せよ。

日本民族の魂はいまだ健在なり。

昭和五十八年五月二十七日

日本民族独立義勇軍司令部

対ソ糾弾文

我軍は日本民族を代表し、ロシア帝国およびソ連邦によって実行された数多くの犯罪をここに糾弾する。

今も昔もロシア人は異民族への犯罪を犯し続け、その発展は侵略と暴力の歴史であった。ロシア、ソ連の罪状は多すぎて全部を書くことはできない。一部を左にあげて謝罪等を要求する。左の要求がいれられなければ今後日本にいる全ロシア人の安全は保証しない。

一、大東亜戦争末期、日ソ不可侵条約を破って日本を侵略したことを謝罪せよ。

一、その際に満州、北鮮、カラフト等でソ連軍が犯した無数の残虐行為、殺人、強盗、強姦、誘拐等を陳謝し、犯罪者と責任者を厳重に処罰せよ。また被害者へしかるべき補償をせよ。

一、国際法に違反して満州、北鮮、カラフトから多数の日本軍民を強制連行し、奴隷労働を強要した事実に心から謝罪せよ。その時に虐殺された十数万人の日本人遺族と抑留された軍民全員にしかるべく補償せよ。

一、国際法に違反して日本から強奪したる北方領土を即時無条件で返還せよ。

一、幕末に日露不平等条約を強要し、日清戦争後に三国干渉をする等、歴史的犯罪をも責任を認めて謝罪せよ。

一、日本にいるソ連スパイを本国へ引きあげさせ、一切の謀略活動を放棄すること。

一、ソ連邦内での少数民族の独立運動への弾圧をやめよ。

一、アフガニスタンへの侵略と虐殺を即時停止し、ソ連軍を撤退させよ。

一、シベリヤ以東から核兵器を撤去し、日本周辺の軍備を削減せよ。

その他にも無数の要求あれども、とりあえず右九ケ条を早期実現すべし。

昭和五十八年八月十五日

日本民族独立義勇軍司令部

## 朝日新聞東京、名古屋両本社放火事件（昭和58年8月13日）

日本民族独立義勇軍声明　第四号

亜細亜ノ解放イマダ成ラズ。何ヨリモ日本民族ノ独立、ハルカニ遠シ。ユエニ大東亜戦争イマダ終結セズ。連合軍ニ魂マデ占領サレタル日本人ヨ今コソ大東亜聖戦ノ意義ヲ再確認シ、民族ノ裏切者共ヲヨウチョウセヨ。我ガ軍ハ、日本民族ヲ代表シ、日本国内ニオイテ反日・排日・侮日的思想ヲアオル元兇「朝日新聞」ヲ攻撃セリ。コノ行動ハ日本ニオケルスベテノ報道言論機関ヘノ警告ナリ。以後我軍令違反スル者アレバ厳罰ニ処ス。

昭和五十八年八月十三日

日本民族独立義勇軍司令部

日本民族独立義勇軍命令　第一号

我軍ハ日本民族ノ前衛トシテ、日本ニオケルスベテノ報道言論機関オヨビ組織内部ノ従事者ニ対シテ次ノ各項ヲ実行スルヨウニ命ズ。

一、コレマデノ日本民族ヲ裏切ッタ行動全部ヲ謙キョニ反省シ、日本民族ノ立場ヲ確認セヨ。

一、現在実行シテイルスベテノ反日・排日・侮日的報道言論行為ヲ一切ヤメヨ。

一、低級ナ欧米文化ノサルマネヲヤメテ日本民族ノ文化ヲ保護育成シ真ノ日本ノ報道言論機関トナレ。

一、純真ナル日本人青少年ノ心ヲ汚ス低俗ナ番組企画報道ノ一切ヲ停止セヨ。

一、コレマデ愛国維新民族派陣営ノ活動ヲ無視黙殺シテキタコトニ謝罪シ今後ハ正当ニ報道評価セヨ。

以上各項ノ我軍令ニ違反スル機関人員アレバ、我軍ハ民族ノ名ニオイテ物理的・経済的・身体的ニ厳罰ヲ加エル。各組織各員ハ日本人トシテノ責任ト誇ヲ自覚セヨ。

昭和五十八年八月十三日

統一戦線義勇軍中央委員会声明

檄

未だ見ぬ日本民族独立義勇軍の同志諸君！

諸君の朝日新聞攻撃に心からの賞賛と、武装闘争の継続による真の民族派同志の連帯を求めて、統一戦線義勇軍からの挨拶を送る。

義勇軍報第三号において、我々は真の民族主義運動を故意に歪曲してきた偏向マスコミに対して重大な警告を発した。それにも関わらず彼らはその報道姿勢を正すことなく、八月十五日が近づいてくると大東亜戦争の亜細亜解放戦争という大義を閑却し、それを侵略戦争へとすり変える作業に奔走している。そして一億総懺悔の安直な反戦世論を作りだしている。これは、もはや報道の枠を越えた、売国の犯罪行為である。

このような民族に対する裏切行為に日本民族独立義勇軍の諸君が怒りの鉄槌を下したのは当然である。我々は諸君らの義挙に双手を上げて賛意を表すると共に、更なる偏向マスコミ攻撃に起つことを宣言する。

反日・排日・侮日的思想を煽る「朝日新聞社」を筆頭

とする、すべてのマスコミの跳梁を許してはならない。大東亜聖戦の意義を広く日本人民に知らしめる報道姿勢を強制しなければならない。また欧米文化を称賛し、日本民族の文化・伝統を踏みにじり、日本の青少年を低俗なものへと導びく番組・企画・報道を停止させなければならない。驕り高ぶった巨大マスコミの反民族キャンペーンに対して我々統一戦線義勇軍は彼らが反省するまで、精神的・物理的攻撃を継続するであろう。

未だ相見ることなき日本民族独立義勇軍の戦士諸君、我々統一戦線義勇軍もまた諸君と志を同じくする者である。民族独立をめざし、共に爆進しよう。

昭和五十八年八月十五日

## 住友不動産会長宅襲撃事件（昭和62年1月13日）

抗議文

悪徳商法の元凶、住友を糾弾する。

現今、我が日本の情勢は正に、昭和初頭の血盟団事件、五・一五事件、二・二六事件当時の世相を彷彿させる、真に憂うべき状態であると言わざるを得ない。

政府自民党の結党以来対米追従対ソ軟弱外交の日和見主義政治は昨年の衆・参同時選挙の圧倒的勝利によってその奴隷的政治支配をより強固なものとし、日米安保の美名の下、戦後四〇余年我が国はヤルタ・ポツダム体制の下に構築された奴隷の平和と魂のない繁栄を満喫して来たのである。

この自民党と結託した財界・大手企業の物質万能主義、営利至上主義によって山河は荒廃し、海は埋めたてられ、あまつさえ開発と言う名の土地の買い占めとダミー会社を使った強引な地揚げ等、国家と国民を食いものとして住友不動産に代表される悪徳不動産業者はその私腹を肥やして来たのである。

現実に列島改造論以後の土地ブームに便乗した大手不動産業者はその豊富な資金力と一部政治家との癒着による土地コロガシによって土地は値上りし、サラリーマンが一生かかっても都心では一坪の土地さえ手に入れることのできない状況を招いた。土地を単なる投機の対象としたマネーゲームに終始する住友不動産、商事は庶民のマイホームへの夢を非現実的な嘆きの中に落し込んだのである。金融市場の独占をネラッタ平和相銀の合併、吸収は他の都市銀行からの反発とひんしゅくを買い、「町田プロジェクト」でのずさんなる宅地計画が発覚するや、同社幹部へ責任を転嫁し、トカゲのシッポ切りにて自らの罪を逃れようとしているのは、マスコミ各社が報じる通りである。

日本の財界の重鎮、住友不動産会長としての公の立場の責任を追及し、貴社の企業体質を糾弾し、併せて日本の麗しき山河を荒廃へと導いた政・財界の営利至上主義を撃つものである。

我々は、貴社及び、貴人に対して何等個人的怨みを持つものではない。土地の狂乱的値上りの元凶貴社会長の辞職を勧告するとともに、住友不動産の悪行を世に問うものである。

巨悪には天誅を！

不条理には思想戦を！

昭和六十二年一月十三日

住友不動産会長

安藤太郎殿

YP体制打倒青年同盟

朝日平吾先生顕彰会

## 朝日新聞東京本社発砲事件（昭和62年1月24日）

告

われわれは日本人である。

日本にうまれ　日本にすみ　日本の自然風土を母とし日本の伝統を父としてきた。

われわれの先祖は　みなそうであった。

われわれも　われわれの後輩も　そうでなければならない。

ところが　戦後四十一年間　この日本が否定されつづけてきた。

占領軍政いらい　日本人が日本の文化伝統を破壊するという悪しき風潮が　世の隅隅にまでいきわたっている。

およそ人一人殺せば死刑となる。

まして日本民族全体を滅亡させようとする者に　いかなる大罰を与えるべきか。

極刑以外にない。

われわれは日本国内外にうごめく反日分子を処刑するために結成された実行部隊である。

一月二十四日の朝日新聞社への行動はその一歩である。

これまで反日世論を育成してきたマスコミには厳罰を加えなければならない。

特に　朝日は悪質である。

彼らを助ける者も同罪である。

以後われわれの最後の一人が死ぬまで　この活動は続くであろう。

日本人のあるかぎり　われわれは日本のどこにでもいる。

全国の同志は　われわれの後に続き　内外の反日分子を一掃せよ。

二千六百四十七年　一月二十四日
日本民族独立義勇軍　別動
赤報隊　一同

## 朝日新聞阪神支局襲撃事件（昭和62年5月3日）

告

われわれは　ほかの心ある日本人とおなじように　この日本の国土　文化　伝統を愛する。

それゆえにこの日本を否定するものを許さない。

一月二十四日　われわれは朝日新聞東京本社東がわに数発の弾を発射した。

だが　朝日は　われわれが警告文をおくった共同　時事と共謀して　それを隠した。

われわれは本気である。

すべての朝日社員に死刑を言いわたす。

きょうの関西での動きはてはじめである。

警告を無視した朝日には第二の天罰をくわえる。

ほかのマスコミも同罪である。

反日分子には極刑あるのみである。
われわれは最後の一人が死ぬまで処刑活動を続ける。

二六四七年　五月三日

赤報隊　一同

## 朝日新聞名古屋本社社員寮襲撃事件

（昭和62年9月24日）

告

わが隊は　中京方面で予定どおり反日分子の処罰をした。
処刑は　これからも続く。
阪神での処刑を　朝日は暴力にすりかえた。
ほんとうの暴力は　暴力の形をしていない。
うその言論で　日本民族全体をほろぼそうとしてきた朝日は　暴力でないのか。
わが隊の処刑は　四十二年間つもりつもった日本民族のうらみの表れである。
わが隊は　いつかは権力とのたたかいで　玉砕する。
けれども　後には一億の赤報隊が続く。
ひとりでも日本人が残っていれば　反日分子に安全なところはない。
朝日をたすける者も　ゆるさない。
反日朝日は　五十年前にかえれ。

二六四七年　八月二四日（注、九月二四日の誤りと思われる）

赤報隊　一同

## 朝日新聞静岡支局爆破未遂事件

（昭和63年3月11日）

告

わが隊は　静岡で反日分子を処罰した　わが隊は正しい。

朝日は　日本人の心から大和だましいをとってしまった。

朝日は言論の自由をまもれというが　そんなものは初めからない。

朝日のいう言論の自由は　連合国の反日宣伝の自由である。

七年間の占領のあいだに連合国に検閲されて書かされたうその記事を　朝日はまちがっているとみとめたことがあるか。

わが隊の布告をのせたことがあるか。

今もうそをつきつづけている。

わが隊は日本民族をうらぎる者をゆるさない。

東京より大阪の朝日のほうが反日的である。

一人一殺　一殺多生はもう古い。

これだけ反日分子が多ければ　一人多殺　多殺多生しかない。

日本を愛する同志は　朝日　毎日　東京などの反日マスコミをできる方法で処罰していこう。

二六四八年　三月十一日

赤報隊　一同

## 中曽根康弘脅迫事件（昭和63年3月11日）

拝啓　わが隊は日本民族の裏切りものを処刑するためにある。貴殿は総理であったとき靖国参拝や教科書問題で日本民族を裏切った。英霊はみんな貴殿をのろっている。

わが隊は去年二月二十七日のよる　全生庵で貴殿をねらった。うしろのかいだんからのぼってあとすこしで殺せたが　警官がおおかったので中止した。

今日また朝日を処罰した。つぎは貴殿のばんだ。わが隊は処刑するまで追いつづける。貴殿が病気で死ねばむすこをねらう。

もし処刑リストからはずしてほしければ　竹下に圧力をかけろ。貴殿のあやまちとおなじことをさせるな。竹下のやりかたをみてはずすかどうか決める。日本人であることを忘れるな。

二六四八年三月十一日

赤報隊　一同

## リクルート前会長（江副浩正）宅襲撃事件（昭和63年8月10日）

告

わが隊は　反日朝日をたすけるものを許さない。

リクルートコスモスは　赤い朝日に何回も広告をだして　金をわたした。

リクルートコスモスは　反日朝日に金を出して　反日活動をした。

今日　都内南麻布でリクルートに警告した。これからも赤い朝日に金をだすなら、リクルートを処刑する。

ほかの企業も同じである。

一ケ月たって、反日朝日や毎日に広告をだす企業があれば　反日企業として処罰する。

二六四八年　八月十日

赤報隊　一同

## 名古屋・韓国人会館放火事件（平成2年5月17日）

告

わが隊は　反日韓国を　中京方面で処罰した。

韓国はいままで　日本にいやがらせを続けてきた。

このまえのオリンピックで日本選手にいやがらせをしたが　日本政府は文句をいわなかった。

マスコミも真実をつたえなかった。

政府はもうすぐくるロタイグの無理な要求のいうままになっている。

韓国人は　モンゴルの手先になって　われわれの先祖を殺しまくった。

日本人は　そのうらみをわすれない。

ロタイグはくるな。

きたら安全は保証しない。
くれば反日的な在日韓国人を　さいごの一人まで処刑していく。
反日マスコミと手先になってうごく日本人も処刑する。
わが隊は　日本人の誇りをけがすものをゆるさない。
二千六百五十年　五月十七日
赤報隊　一同

## 「天の怒りか、地の声か」（平成五年十月二十日）

〔これは野村秋介氏が平成五年十月二十日、自決の日に当日のシンポジウムに集まった全国の同志に向けて書いたものである。実質的に野村氏の遺書となった〕

いわゆる五五年体制といわれた自民党独裁の腐敗政治を、バッサリと切り捨てた日本人のバランス感覚の良さには、内心「大したもんだ」と感心していた。が、である。この細川護熙というバカ殿には、開いた口が塞がらない。いわゆる例の大戦を「侵略戦争と位置づけ、深く反省し、お詫びする」発言である。この人物も、しょせんは朝日新聞の記者あがりだから仕方がない、と言えばそれまでだが、少なくとも一国の首相である以上は、もう少し見識ある発言が欲しかった。

確かに侵略的側面がなかったとは言い切れない。しかし、もともと日本は、日本の独立自衛を眼目として明治維新を断行したところから出発した事実は否めない。要するに独立自衛の側面もあったし、または五族協和を目指した側面もあったし、アジア解放という大義もあった。物事は一側面だけを見て全体を断ずることはできないはずだ。加えてアメリカは、第一次世界大戦以前に日本を仮想敵国とし、極秘裡に「オレンジ作戦」という日本壊滅作戦を立てていた。故に重慶政府に豊富な資金を提供し、武器を送り、日本を中国の奥地へ奥地へと引きずり込んでいった。もともと日本の戦力を消耗させることが目的で、彼らは国をあげて日本の疲弊を促進させた。日本はそれにまんまと引っかかった。というのも歴史の一面としての事実である。

故をもって、東京裁判においても、パール判事は、日本は無罪であると断じている。かかる歴史の混淆を見事に飛び越えて、何が侵略戦争でしただ。何が申し訳ないだ。それほど申し訳ないのなら、施政壇上で腹を切ってみせればいいではないか。小田実などもそうだが、日本が悪い、日本が悪いと言い続けている。テメエだって日本人じゃねえのか。それだけ日本が悪いなら、テメエが腹を切ってお詫びすればいいんだ。それもできないで申し訳ないの、日本が悪いのとほざいている輩は、日本語では「口舌の徒」というのだ。

今、私は神風特攻隊の歴史を読み返している。もちろん回天特攻隊もそうだが、あの若くして散った純粋さ、そして祖国愛に、私はただただ打たれ、心底申し訳ないと思いを深くしている。日本に今日の平和があるのも、また繁栄があるのも、すべてこの人々の尊い犠牲の上にあることを細川護熙よ、心して知れ！　それでも若くして散ったこの人々を、『侵略者』ドロボーの手先だったと言うのか！

まず、その人々に頭を深く垂れるべきではないのか。その上で、日本の過去の何が是で、何が非であったのかを検証する。それが順序というものだ。バカにつける薬はないというが、昔の人はうまいことを言ったもんだ。いつまで極楽島のアホウ鳥でいれば気がすむのか。

私は寺山修司の

「マッチ擦るつかのま海に霧ふかし
　身捨つるほどの祖国はありや」

という詩と十数年にわたって心の中で対峙し続けてきた。そして今「ある！」と腹の底から思うようになっている。私には親も妻も子も、友もいる。山川草木、石ころの一つひとつに至るまで私にとっては、すべて祖国そのものである。寺山は「ない」と言った。私は「ある」と言う。それ故に、細川護熙の発言を断じて許せないのである。これは、私一人の思いではないと思う。

ちなみに、神風特攻機は二千八百四十三機飛び立ち、二百四十四機が敵艦に突入したと記録にある。英霊よ、安らかに眠れ。いつの日か必ず有色人種である日本人が、白色人種と三年半にわたって死闘を展開した、真なる意味が何であったのかは、後世の史家が明らかにしてくれるであろう。

さだめなき世なりと知るも草莽の
一筋の道　かはることなし

野村秋介

# 対談「反共右翼からの脱却」

## ――われわれは現体制の手先ではない――

野村　秋介
鈴木　邦男

――現在の思想運動を考える場合、昭和三十五年の安保というものが大きく問題となってくるのではないかと思うのです。戦後において初めてナショナルなものが〈反安保〉という形で結集し国民運動になったとも言えると思います。三十五年安保の評価いかんが五十年代の運動を左右するのではないか。そこでお二人にその辺から話して頂きたい。

**野村**　左翼に対しては勿論、右翼にも安保は大きな意味を持ってきたと思う。あの当時マスコミから「右翼」と呼ばれた勢力は全部が全部、安保支持に回ったわけですね。しかし当時においても一部の人たちは（右翼の中でも）安保反対をはっきり言明していた。葦津珍彦氏や影山正治氏などがそうですよね。ほんとに少数派だったがこの意味は大きかったと思います。ただそれは正しく評価されず、右翼の大勢は「反共」という大義名分のもとに、安保支持に回ってしまった。さらにこの問題はその後ずっと今に至るまで反省されることなく続いてきた。そこの辺を今考え直してみなければならないんじゃないかな。

僕自身のことを言えば当時は三上卓門下にいたんですが、それでも大勢を冷徹な目でみつめることが出来なかったと思う。それでわかりやすい言葉の方が入ってきた。反共という言葉がそうですし、共産主義革命から日本をまもるのだという言葉でしたよね。しかしそれはやはり間違っていたと思う。

**鈴木**　右翼の運動というのは元来が在野の運動であり、国民の正義のエネルギーに根ざした運動であったと思う。つまり政策決定レヴェルでの運動とは質を異にする。相手国があり……、妥協がありといった次元での、つまり先の先を見た運動ではないはずだ。しかし安保により「反共」というマイナス価値だけが前面に押し出されてきて、右翼の勢力もそれに収斂されてしまい、政党活動と正義運動としての右翼の区別がなくなってしまった。国際情勢からみて、どうしても安保を結ぶしか他に術はなかったとしても、それは日本の安全と独立をまもるための〈手段〉として一時的に認めるというだけのものであったはずだ。もっとはっきり言うならば〈必要悪〉だったのではないか。それが「反共」だけを声高に叫ぶことによって、何のための反共であり、何のための安保であるかといった、本体が忘れられたのではないのかと思うのです。つまりそれは国家であり、それと同時にその完全独立を願う我々右翼の姿勢だと思うのですが。

**野村**　そうですね。問題は右の陣営が安保に対してどういった姿勢をとったかということでしょう。そして反省すべき点があったとすれば、どう反省したのかということですね。つまりあの時点の〈負債〉に我々がどう、おとしまえをつけてゆくかということですよ。そうでないといくら「新右翼」だとか、「今までの右翼とは違うんだ」と言ったって世間が承知しない。その負債はやはり我々も背負ってきているのは事実ですからね。

**鈴木**　一つの十字架ですね。それを我々、戦後右翼は背負ってきている。

**野村**　共産党にも十字架になっていますよ。

**鈴木**　逃げたという意味で?

**野村**　そう。しかし我々も逃げたんだ、あの時点では。

**鈴木**　僕などは当時あまり意識がなかったんでお恥ずかしいのですが、三十五年当時、国会前に集まった学生たちを見て野村さんは何を感じてましたか。

**野村**　ああいう騒ぎになるのは当然だと思ってましたね。他の右翼のように、「これで日本は危ない」とか、「連中は勝手にやってるんだ」などとは思わなかったですね。三上、葦津、新勢力といった人々の系列の中におりましたし、「安保反対」という確信を持っていた。だって考えてみたってそうでしょう。玄洋社の来島恒喜が不平等条約に対してどう対処したか。大隈の片足を爆弾で吹っ飛ばしているわけでしょう。我々の先輩のことをもち出すまでもなくわかるはずですよ。

しかし当時の右翼の人たちは国際政治力学の中で考えなくてはならないと言ったわけでしょう。右翼の反米ナショナリズムをストレートに出せば共産勢力を利するだけだという理屈で押し流されたわけじゃないですか。

ただ僕としてはそれでもふみ止まった。何故ふみ止まったかですが、たとえば話は横にそれるようですが「憲法改正」という右翼のスローガンがあるでしょう。何故、改正しなければならないかというと、占領体制から脱却する為だと言うわけでしょう。また、鈴木さんなんかが民族派学生運動としてデビューしてきた頃はＹ・Ｐ体制（ヤルタ・ポツダム体制）打倒という言葉がはやった。しかし、打倒し、脱却しなければならないＹ・Ｐ体制なり占領体制というものは憲法だけがその骨子になっているわけではない。憲法と同時に、あるいはそれ以上に安保が支えてきたわけだ。だから安保と憲法と二つながら否定し打倒するのでなければＹ・Ｐ体制や占領体制の打破はありえない、そう考えて踏み止まったんですよ。

**鈴木**　今こうして話していればまったくその通りなんですが、三十五年当時はそこまで考えられなかったんですね。個人的体験から言えば僕など高校に入りたてで、何が何やらわからなかった。ただ、「このままでは共産革命が起きる」という恐怖感だけをたたき込まれてきたし、それに対し愛国心と反共というものが無理やり結びつけられ、そして押しつけられてきたような気がします。とても野村さんほど冷徹に事態を見抜けなかったというのが実感です。しかし野村さんの場合は河野邸焼き打ち事件で十二年間獄中におられた。その期間、右翼のざわざわした世界から隔絶されていたことによって、かえってものがわかり、ものが見えるようになったということもあるんじゃないですか。

**野村**　それはあるかもしれませんね。ともかく十二年間必死で考えましたよ。特に民族派の学生運動がＹ・Ｐ体制打倒を叫んで台頭してきたでしょう。あの時はずいぶんと感激しましたな。そして自分としてはＹ・Ｐ体制の打倒ということを、まず安保との関連で考えました。じっと壁を見つめながら右翼運動の突破口をつくらねばならないと、そればかりを考えていました。情勢がどうだこうだというよりも、まず我々の姿勢の問題ではないのかと痛感しました。
**鈴木** そうですね。我々の本来の姿勢を忘れて牙をすててしまい、＜在野＞も＜反体制＞もなくしてしまった。こうなっては右翼だなどと言っても玄洋社の頃の伝統の継承もないし、あるのは抜け殻だけということにもなりかねないですね。「反共」という低レベルの価値にもならないものの為に体制である自民党と、反体制であるべき右翼とがピッタリ合わさってしまう。悲劇というべきか、喜劇というべきかわかりませんが、ともかく結果としては政府サイドに立って常にものを考えるという「反共右翼」だけが残ってしまった。
**野村** これは大きな問題ですよ。戦後の右翼の体質にかかわってきますよ。大体右翼は三十五年の安保の時だけじゃないんですよ、向こう側についたのは。ああいう形で右翼が出て来た、また出て来ざるをえなかったというところに右翼の体質は如実に出ていますよ。反共右翼になり、政府サイドになってしまったその一つの原因は金でしょうね。戦前は軍とか何とか、資金的なルートがあったでしょう、色々と。しかし戦後はそれで苦労している。苦労してるといえば聞こえはいいが、資本主義の世の中で、「運動資金」のために、本体の「運動」の方をゆがめなくてはならない場合もずい分とあったのではないか。
先日、防共挺身隊の福田進さんと会ったんですが、そしたら彼が言うんですよ。「我々は戦後の高度経済成長の中に、そして資本主義の中に埋没してしまっていてどうしようもないのだ」とはっきり言うわけなんですよね。「こんなことでは運動はダメだ。どうしようもない」って言うんだ、非常に立派だね。この福田さんの言葉と、安保の時、右翼が向こう側についたということとは密接に結びついているんですよ。
**鈴木** 右翼が本来の姿勢を忘れて政府サイドに立つようになったのは、金の問題からではないかということですね。
**野村** 敗戦直後は右翼の人たちはほとんどパージされていたでしょう。そしてパージが解除されて運動にカムバックしても、食うことに追われてしまった。心情的なものだけはもっていたが、そのカムバックした右翼の指導層の人々はイデオロギー以前の問題で汲々としていた。

現実にじっくりと勉強する余裕もなかったし、姿勢を保つだけのものもなかった。そうした弱点があったからこそ政府サイドからどっと金が流れ出してくると、それにわれもわれもと飛びついた。早い話が金で買われたわけですよ。これじゃ国民から相手にされないのも当然ですよ。

**鈴木**　生活を守るために運動を忘れ、運動家の姿勢を忘れているのは今も同じですよね。学生時代は命をかけた運動をやっていながら社会に出るとすべて忘れてマイホームの人間になり切ってしまった人間は僕もイヤというほど見てきました。学生時代は「反権力闘争」を言い、マイホーム主義を軽蔑していた〈闘士〉が会社に入ってからは、公団住宅の申し込みに必死になっていたり、後輩に「税金も収めてない人間が一人前の口をきくな」などといったりするのを見聞もするんですが、こうなると何か哀れにさえ感じますね。三島さんが生前、楯の会の会員に「一流企業にだけは勤めるな」と言ってたらしいですが、あの人も今の民族派運動の層の薄さを知ってたからそう言ったんじゃないですか。大体、現在すべてを犠牲にしても守るというそれほどの価値ある〈生活〉なんてあるんでしょうかね。（中略）

**野村**　何か安保にばかりこだわったような気もしますが、僕としては何とかいまの壁を破りたいという気があるわけなんですよ。安保の再検討を通じて、それを今後の右の運動の突破口にしたいとむしろ苛立ちみたいな気持ちがあるんですよ。どういう形であれ、安保を認めるところからは体制打倒の運動が生まれるはずはないですよ。安保があるために日本の独立は保たれ、侵略もされないのだとか、安保のおかげで日本は繁栄しているのだとか言う人が多い。右翼の中でも多いですよ。しかしどういう形ででも、安保を認めたら体制に足をすくわれるだけですよ。

**鈴木**　Y・P体制打倒、占領体制脱却を本当に考えているのならそれしかない。やはりスローガンだけに終わっているからでしょうかね。

**野村**　いくら個人的に見識があったってダメなんですよ。それを声を大にして言い、また運動として顕在化させるのでなくちゃ。

**鈴木**　そうですね。戦後体制にすべてはスッポリとはまり込んでしまってますからね。自共対決だとか左右対決だとか言ってますが、そんなものは何もないですよ。「平和と民主主義」をまもるという点ではすべて同じでしょう。〈革新政党〉はその完全な実施を求めて政府を突き上げるだけだし、〈保守政党〉はその「平和と民主主義」をまもるために反共だという。

どこにも違いなどはないですよ。そして憲法を変えないという点で保革連合という発想も出てくる。もしその保革連合が成立したらまっ先に切りすてられるのは左右の〈過激派〉といわれる部分ですよ。こうなったら左右の対決というよりも、戦後三十年間で失うものを得た人間と何も失うものはない人間との対決ですよ。保革連合ということからして、戦後三十年の体制を憲法を中心としてまもってゆこうということですからね。左右両翼のラディカルな部分があせるのは当然ですよ。

**野村**　いままでの右翼はすべてその姿勢において間違っていたということを反省すべきですよ。量をふやそうなどということを考えてはだめですよ。さっき三島さんも最終的には大衆運動を考えていたといいましたが、その点は少しひっかかりますね。(中略部分の「三島さんだって最初は大衆運動を考えていたし、〈数〉に対しては色気を持っていた」という鈴木の発言)

**鈴木**　いや最終的にではなく、初めは大衆運動を考えていたということですよ。それに運動家である以上〈数〉をふやすということを考えるのは当然だと思うんですよ。三島さんは初めはそれを目指して出来なかった。あるいは少々出来たかもしれないが、それでも世の中は変わらないとあの人なりにケジメをつけた。見切りをつけてああいう行為に出たと思うんですよ。

勿論最終的には、少数の武装集団の間で闘いの帰趨は決まるかもしれない。しかし拮抗した状況の中で自分たちを支持してくれる国民層はつくってゆかねばならない。最低限中立をまもる、あるいは少なくとも敵には回らない層をつくってゆく。そのために日頃から国民大衆との接点をもって訴え、運動しているわけでしょう。いわば条件づくりのための〈数〉をふやす運動だと思うんですよ。何度も言うように最後のギリギリの段階では少数間の勝負ですけど。

**野村**　同じ意味で、最初も少数じゃないのかな。少数で初めの突破口をつくるわけでしょう。

**鈴木**　そういう見方をすれば確かに初めも少数だとは

言えますね。どこを〈初め〉とするかの目のつけ所の違いになってきますが、ただ大衆獲得を目指すのが即間違いとはいえないでしょう。

**野村**　間違いじゃないですよ。革命などは大衆の支持なくしては出来ませんからね。しかしそのキッカケはやはり少数が火をつけてゆくしかない。井伊大老を暗殺した水戸の浪士たちやロシアのツァーを倒すはしりになったテロリストの場合を考えてみてもあの時点では国民大衆の支持なんてほとんど無かったでしょう。最終的な結着をつけるのは少数だと言ったけど、最初の突破口を開くのも少数ですよ。少数のむしろ頑迷な連中が立つことによってそれは出来るんですよ。

**鈴木**　水戸の浪士にしてもロシアのテロリストにしても顕在化した支持にはなってなかったが潜在的には、また暗黙のうちでは国民大衆は自分たちを支持してくれるという確信があったわけでしょう。また、その時点ではわからなくとも自分たちが突破口を開いたら後に続く人間が出るであろうし、支持してくれる人間が陸続として出るに違いないという将来に対する確信はあったはずですよ。そうした、大衆はわが側にあり、という確信があればこそテロリズムにまで走れたと思うんですよ。

**野村**　そりゃ、そうですよ。ただ、その当時の勢力的な意味で、あくまでも少数派が流動化をつくり、壁に穴をあけたということですよ。行動した人間の層は決して厚くはなかったでしょう。

**鈴木**　だからと言って現実問題として三島さんと同じことをやっても突破口にはなりえないと思いますね。三島由紀夫という名前と舞台があったからあれだけの影響を今にまで与えているんでしょう。あれほど高名な、ノーベル文学賞の候補にも上った人が「狂人的」な行為を何故やったのか、という形で国民は考えている。狂人が狂人的なことをやったって誰も相手にしませんよ。

**野村**　そうでしょうね。僕も三島さんは高く評価するんですが、行動としてではなく、あの事件を〈言葉〉として見てるんですよ。文学者である三島さんが熱烈に日本を愛し、そして我々に残していってくれた〈言葉〉ですよ。

**鈴木**　なるほど。野村さんは詩人ですね。詩的な表現をする。

**野村**　いや。しかし戦後の右翼の人に言葉を残した人なんていなかったでしょう。三島さんの自決は（森田さんもそうですが）、〈言葉〉だったから今も我々にダイレクトにせまってくるんですよ。文字だから生きている。だから我々がまったく同じことをやってもマンガですよ。三島さんの〈言葉〉を我々がどう生かしてゆくかの問題になってくるんですよ。

**鈴木**　確かに〈言葉〉を残したんですね。

**野村**　三島さんがあの行動を起こしたんだって少数でしょう。いや個人ですよ。個人の発想ですよ。あの時点でどれだけの支持があるかといったら、ほとんどゼロでしょう。後に続く者を信じたかもしれないが突破口を開くべくぶつかったのは一人ですよ。〈狼〉の諸君たちだって同じですよ。僕は彼らを高く評価してるんですよ。鈴木さんだって評価してるでしょう。三一書房から『腹腹時計と〈狼〉』なんて本を出す位だから。あの本には僕も非常に啓発されました。色々と教えられましたしね。ただ僕が彼ら〈狼〉の諸君を評価するのは何も難かしい理屈からじゃないんですよ。もっと単純なことなんだ。〈前衛〉というものはああいうものなんだということかからですよ。その生きざまも死にざまも含めてね。結果的にそれが良かったか、悪かったかなんてわからないと思うんです。水戸の浪士にしても結果的には非常に評価されてるが、あの時点では将来どう評価されるかとか、どういう結果をもち来たすかなんてわからなかったと思うんです。前衛とはそういうもんじゃないですか。たとえ流されてしまったとはいえ、神風連だって確実に時代を越えて三島さんの中に蘇っているでしょう。

たしかに支持層も〈量〉も必要ですし、そのことを否定するつもりはない。しかしそれ以前の問題に立つのが右翼、民族派の仕事のような気がしますね。

**鈴木**　ちょっと突飛かもしれませんが、三島さんと血盟団の井上日召とは発想とその展開が非常に似てると思いますよ。最初は二人とも大衆運動を考えてあれこれと走り回り努力しますよね。井上日召は同志倍加運動だとか、二十万人の同志を上京させ議会を包囲して改革を迫ることを考え、三島さんは全国から一万人の同志を集めようとか、祖国防衛隊をつくろうとか。しかし共に失敗して少数精鋭の蹶起しかないということで一方は一人一殺のテロに走り、一方は自刃をして訴えた。初めの段階としてはある程度、建設案をも含んだ大衆運動を考えながら、最後には＜破壊＞の一点に収斂してしまう。

**野村**　僕はしかし、それは後退したんだとは考えないんですよ。

**鈴木**　勿論そうですよ。後退したというのじゃなくて、自分の役割りがわかったということなんじゃないですか。

**野村**　思想的に発展していったのだと思いますよ。

**鈴木**　それはどうですかね。思想的にと言ったらかえって逆じゃないですか。一発やったけど継ぐ人間はいなかったわけでしょう。まあ自分たちのことを棚にあげてそんなことを言うのも何ですが、安保同様、三島事件も冷静に受けとめ、今の時点でどう継承し、どう乗り越えてゆくかを考えなければならないと思いますからね。

**野村**　いまは五・一五事件当時と非常に似てるっていう人がいるでしょう。僕もそう感じているんですが、その意味でも一つ突破口を開く必要性を感じるんですよ。いま必要なのは自民党の先生方でも右翼の先生方でもないですよ。そんなものいくらいたってしかたがない。必要なのは血盟団であり三島由紀夫ですよ。僕に言わせれば戦後の悪い風潮ですよ、大衆運動が唯一運動だと思い込んでいるのは。アメリカ民主主義に洗脳されたんですよ。だから＜数＞がすべてで、多数決が万能だと思い込んでいる。右翼も心情的には日本固有の文化、伝統だとか言いながら発想がアメリカナイズされてるんですよ。獄中にいた時、青思会（青年思想研究会）の本を見たんですが、「我々のはテロじゃない」としきりに言ってるんですね、それも武闘訓練の写真をのせながら。戦後の民主主義から生まれた一卵性双生児みたいな気がしましたね。（中略）

**野村**　天皇問題が出たついでに鈴木さんに聞いておきたいんですが、皇室民主化ということをどう思いますか。

**鈴木**　絶対反対ですね。

**野村**　僕も反対だ。またまた意見が合っちゃうね（笑）。

**鈴木**　日本の天皇（制）とは違うが、イタリアやエチオピアの君主制が倒れたのはその民主化によってですよね。俗なる次元まで引きずり落としてしまったら、尊ぶとかまもるとかいう気が出ないのは当然ですよ。日本の天皇（制）が三千年も続いて来たのは、たとえふだんは俗の中に沈んでいても、我々一人一人の中に＜聖なるもの＞が一％でも二％でもあると確信するし、その＜聖なるもの＞の百％の十全の姿を天皇の中に見てきたからでしょう。だから、色々な夢や思いを天皇に見てきたし、往々にして変革の原基として考えられてきたのもそうした意味からでしょう。<聖なるもの>を俗なるものにまで引きずり落とすというのが皇室民主化ですよね。それは取りも直さず、我々自身を落とし込めることなんですよ。

**野村**　そうそう。それはそのまま質と量ということにも当てはまるんじゃないかな。目先のことに気をとられて、かえって本質的なものをないがしろにするっていうのは。数を重視することによって質を落としては元も子もないですよ。なるほど一時的には数がふえれば力関係として有利になったように思えるし、強大になったように見える。しかしそれは錯覚なんだよ。結果的にはその数の信仰に埋没してしまって質の低下を来たすことになる。それと同じことが皇室の民主化についても言えると思う。今、陛下がデパートにゆかれてお孫さんのためにオモチャでも買われたら新聞なんかもこぞって賛成するでしょう。そして一時的には受け入れられる。それが世論じゃないかと言われるかもしれないが、それは違う。そうした迎合が天皇（制）を内部から崩すことになる。そうしたものに流されないでふみ止まるのが民族派の大前提だと思うね。そういう意味で皇室の民主化には絶対反対だ。

**鈴木**　三島さんも皇室の民主化には反対してましたね。小泉信三が一番悪いとか言って。

**野村**　鈴木さんとは一致する点ばっかりでこれでいいのかな。対談にも討論にもならないんじゃないかな。少々心配だ（笑）。

**鈴木**　僕も激論になるんじゃないかと期待してたのに、拍子抜けです（笑）。

**野村**　さきほど、大衆の支持を求めるとか、テロはしないし大衆運動だけをするなんていう発想は<戦後>の悪弊だって言いましたが、その悪弊はいまいった皇室の民主化論議にも見られると思うんですよ。戦後体制にどっぷりと浸っているから出てくると思いますね、こうした発想とか論理とかは。考え方すべてが体制から脱け切れないんだ。

話がまた、<狼>グループのことに戻りますけど、そうした体制的な考え方に対するあせりみたいなものもあったんでしょう、鈴木さんが『腹腹時計と<狼>』を書いたという動機には。この『現代の眼』の十二月号で菅孝行が「絶対的にとざされた壁をこじあけようとする右翼ラディカリストの悲願の表現とよぶべきであろう」と言ってますが、その通りじゃないですか。

**鈴木**　そうですよ。〈戦後〉とそれを基軸にした体制なるものに対し、自分としては立ち向かっていったつもりなんですけどね。それに、我々にとって何が味方で何が敵なのかをはっきりとさせなければならないという気持ちもありましたね。反共ならばすべて味方だといったデタラメな同志観を衝いてやろうという気持ちですよ。

**野村**　だから、右翼から見て一般には味方だと思われているような『サンケイ新聞』とか『週刊新潮』とか自由主義者などにことさらカミついたわけですか。

**鈴木**　ことさらカミついたり敵対したりというよりは、彼ら反共主義者と我々民族主義者の違いを明確にしておこうと思ったんですよ。香山健一やサンケイの『正論』に出てくる自由主義者、民主主義者とは違うはずでしょう。反共ならばすべて味方だと思っている人々への問題提起ですよ。反共だったら自民党も味方だし、極端に言ったら警察も味方だと思ってる人が右翼の中にもいますからね。それに反共なんてものは価値じゃないでしょう。我々が守るものはもっと別なはずですよ。そうした点を訴えたかったんですが、気持ばかりが焦ってどうも舌足らずになったような気もします。蟷螂の斧に終ったかもしれないが、少なくとも意図したものだけはわかってもらえると思ったんですが、あまり反応もないし。左の方からはずい分と反応はあったんですが。無視されてるんじゃないかな。反応する価値もないと思って…。

**野村**　いや、そうじゃない。連中は戸惑ってるんだよ。

**鈴木**　そうですか。

**野村**　味方だと思っていた人間から急にかみつかれてきたんで驚いているんですよ。色々と話題になっているんだし、知ってると思いますよ。これから反論なり何なりの反響が反共主義者の方からも来ますよ。そうなったらどしどし迎え撃って連中とひとあじ違うとこを立証してやればいいじゃないですか。

いま再び〈狼〉グループのことを問題にしたのは、これはこの対談の重要なテーマだと思ったからなんですよ。というのは我々自身の運動者としての姿勢にかかってきますからね。『週刊ポスト』を初め色々と出てるでしょう。右翼が＜狼＞の本を出したって。あれを見て考えたんですが、みんな何をいってきてるのかっていうことですよ、鈴木さんのところへ。おそらく文句がずい分と来てるんじゃないんですか。

**鈴木**　ええ色々と来てますよ。人伝てに聞くのも多いし。「＜狼＞なんて気違いだし敵なんだからマトモに取り上げたり同情したりするのがおかしい」とか、僕とか一水会も含めて「連中は国体がわかってない」とか、中には「共産系右翼だ」なんてナンセンスな批判まで…。それに『腹腹時計と＜狼＞＝＜狼＞恐怖を利用する権力＝』というタイトルを聞いただけで顔をしかめる人が多い。読んでくれた上での批判ならいくらでもこっちも受ける気なんですがそうじゃない。

**野村**　読んだらそんな下らない批判なんか出来ないはずですよ。その本だって左の連中の方が圧倒的に読んでるっていうじゃないですか。大体右翼は本なんか読まないからね。本を読む持続力がないんですよ。

僕は何故、＜狼＞グループのことが重要なテーマになるかというと、三島由紀夫が彼ら＜狼＞の諸君にこだましていると思うからなんですよ。

**鈴木**　なるほど、面白い見方ですね。内村剛介なんかも「三島由紀夫と＜狼＞の斎藤和は左右照応する」なんて言ってますしね。

**野村**　三島事件が起きた時、一番衝撃を受けたのは自由主義者を初めとした戦後文化人でしょう。鈴木さんが言うところの反共主義者たちですよ。口では色々と立派なことを言い能書ばかり言ってきたが何もやらなかった連中ですよ。その意味では左翼の方も同じだ。当時の左翼は覆面して石投げてたんですよ。だから僕も彼らのことは鼻でせせら笑ってた。覆面して石投げてて革命出来るわけないですからね。そうでしょう。戦後の左翼はアクセサリー的なんだ。左翼といってるとすごくインテリのように思われるとか……。非常に軽薄な気持ちで左翼に入ってゆく連中が多いですよ。全部が全部そうだっていうわけじゃないけど。そうした左右ともオアソビ的な情況に対して三島事件は一石を投じた。あの事件について直後にこんなことを言う人がいた。「いやー三島さんはエライことをやってくれた」って言うんだ。何故かって聞いたら、「これからはああいう形でしかものを言えなくなる時代が来るんじゃないか」と言うんですよ。完全にブルっちゃってるわけなんだ。色々と書いたり喋ったりしながら自分では何もしなかった連中ですからね。ただ東大の全共闘だったですかね。「悼む　三島由紀夫」って立看を出したでしょう。

**鈴木**　ええそうですね。

**野村**　そして今度は〈狼〉が出てきた。狼には直接的なつながりは何もないし思想的に一致するところもない。しかし三島事件のこだまが〈狼〉になって出てきていると思うし、この〈狼〉の行動が今度は右の方に反響すると思うね。僕は絶対にそう思いますよ。現にその表われが『腹腹時計と〈狼〉』になってでてきてるんだから。鈴木さんが意識してるかどうかは別としてそういう反復運動が行なわれてゆくんじゃないかな。

**鈴木**　大体三島さんという人は予言者的な性格があったでしょう。日共は天皇をいただいた革命を考えてるんじゃないかなんて十年近くも前に言ってましたしね。しかしその三島さんでも予測しえなかった事態がどんどん起こってきている。

全共闘に対しては「君らが天皇陛下万歳を言うんなら一緒にやれる」などと発言するほど共感するものを持ってたでしょう。しかし最後には彼らにも絶望している。それは何かというと東大の安田砦の攻防戦で一人として死ぬ奴はいなかったと、そういう理由でですよね。酷といえば酷なんですが皆、白旗を掲げて降りてきたじゃないかと。結局彼らの運動も命をかけたものではなく所詮、遊びじゃないのかと。三島さんはそう判断したわけですよ。ところが三島さんの死後、「三島に先を越された」といった滝田修とか、三島事件に影響をうけた日本赤軍の諸君、岡本公三だとか奥平剛士だとかが左の方から続々と出てきた。また、三島さんが考えた「死ぬ気がないアソビの左翼」ではない人間も出てきた。連合赤軍の森恒夫であり、〈狼〉の斎藤和ですね。左翼の中からも自決できる人間が出てきたというのは我々にとっても大きな衝撃でしたよ。これは在来の新・旧ふくめての左翼とはまったく違った質のものが出て来るんじゃないか。こうした事態は三島さんだって予測しえなかったことですよ。右翼の人間だって皆が皆、一様にショックを受けているはずなんだ。ところが左にショックを受けたといえば聞こえが悪いと思ってそれこそ世間体をはばかっているのか、あるいはまったく鈍感なのか、皆無関心を装ったわけでしょう。しかし、心の中では相当大きなショックを受けている。「連中は命をかけてないし、所詮アソビなんだ」という前提が崩れたんですからね。オールド・ライトの人でも個人的に会えばそう言いますよ。彼ら、「新々左翼」と言ってもいいのかわかりませんが、日本赤軍とか〈狼〉の諸君は在来の左翼からは完全に脱している。在来の新左翼にしろ旧左翼にしろ個人のエゴイズムを基盤とした「もっとよこせ」運動でしかなかったし、〈戦後〉そのものに足をとられて〈戦後〉から抜け切っていなかったでしょう。そういう域からは日本赤軍や〈狼〉は脱している。個人原理とか個人価値を超えたものを求めようとする苛立ちみたいなものをそこに感じるんですよ。そうした問題意識は立場は違っても認めなければならないと思うんです。連中は爆弾マニアだとか、気違いだとかいって非難し切るのは間違っていると思うんです。あの本の中にも書きましたが三億八千万もの金をかけて「〈狼〉糾弾キャンペーン」をやりマスコミも完全に警察に踊らされる。そして彼らの訴えたかったものは封じられる。ちょうど三島事件の時と同じですよ。体制側にとってはまた、それが一番都合がいいんだ。「気違い」として封じ込めちゃえば、彼らの訴えたかったものも陽の目を見ないで押さえられるし、国民の同情がワッと集まるのも阻止できる。

**野村**　そうね。そこで僕の視点というのは面白いんですけど、〈狼〉は三島のこだまだっていったけど絶対そうですよ。ということはあそこで三島由紀夫の事件がなかったら〈狼〉というものは絶対に生まれなかったと思うんですよ。それで好むと好まざるとにかかわらず〈狼〉のこだまが右に響いてくる時がある。そうすると三島さんのやろうとしたことが、こういうふうに回って右の方に帰ってくるような気がするんだな。

三島さんのやったことを右翼はそのまま継がなかったでしょう。継げなかったんだ。もう戦後体制にどっぷりとつかっちゃったからね。右翼でありながら外車なんか乗り回しているのがいっぱいいるでしょう。こういう連中には三島由紀夫の心情なんかダイレクトに継げなかった。それが〈狼〉にこだまして、その〈狼〉の行動が我々にこだまして、そうして迂回して三島由紀夫の言ったことを我々にのこしてくれてるような気がするんですね。そういう意味でいま鈴木さんが〈狼〉のことを取りあげているっていうのはすごく意義があるんだ。おだてるわけじゃないけど本当に共感してますよ。

**鈴木**　三島さんが檄の中で言ってるでしょう。我々がまもるのは自由でも民主主義でもないって。また、個人の生命尊重が最大の価値でもないんだと。しかしいまの右翼は野村さんも言っているように結果的にであれ、自由と民主主義と生命尊重を支柱とする〈戦後〉から抜け切ってない。その中でしか発想できないし行動できない。その戦後的な価値を守るための反共だという。共産主義社会になれば自由がなくなり、民主主義がなくなるから反対だと言ってるわけでしょう。そういう意味では五年前の三島さんの教訓は何ら継いでないんですよ。かえって〈狼〉の諸君の方からそのことを教えられている。国家などなくなってしまい、商社や企業が国家になり替わってしまった〈戦後〉を〈狼〉たちは爆破しようとした。だから野村さんの言った、三島がなければ〈狼〉もなかったというのは少々極端な表現かもしれないが、わかりますね。

**野村**　そして今度は〈狼〉のこだまを我々が受けている番だ。回り回って三島さんの言ったことが我々に帰ってくる。三島さんの予測しなかったことが起きたのではなく、その意味では三島さんの予測した通りになってきたんではないかと思うんですよ。少々甘いかもしれないが。ところで〈狼〉の方はこれからも続けるの？

**鈴木**　ええ考えてはゆきたいと思ってるんですけど。何か自分の意図とは反対の方にばかり行っちゃって少々嫌気がさしてるんですよ。あれはもともと右翼、民族向けに書いたんですからね。対権力との問題とか革命家の姿勢だとか。〈狼〉を反面教師としてね。しかしそっちの方はさっぱり理解してもらえなかったようだし手応えもない。まあ若い層は少々違いますけどね。

僕は〈狼〉の諸君たちの革命家としてのストイックな厳しい姿勢は非常に評価するんですよ。野村さんもそうでしょうけど。それでいて心優しいものを持っている。優しかったがゆえに学校で教えられた侵略国家日本という原罪意識を己が身に受け止めてあそこまで思いつめ行動した。こうなると彼らこそ〈国家〉不在の戦後教育の犠牲じゃないのかと考えるんですよ。そうした教育の問題、〈戦後〉の問題を〈狼〉を通して告発し考えてみたかった。こっちの方もあまり理解してはもらえなかったようですが、「右翼が〈狼〉を絶讃した！」なんていう次元でだけ取り扱われたような気がして。

**野村**　そんなことはないですよ。マジメに考える人がずい分と出てきてますよ。（中略）

**鈴木**　右の方からの反応は冷淡だったけど左の方からはずい分と反響がありましたよ、手紙やら電話で。その中で昔、右翼運動をやっていていまは左翼に走っているという人が少々いた。具体的な名前を書いてきたんですけどある団体に所属してたとか、誰々先生のところにいたとか。しかし反共だけしかなくて闘争目標もなく若者の変革の情念を吸収するものなど何もなかった。集まりに出ても会社をおどして金をまき上げた話とか女の話ばかりだと。自分たちのまじめな気持ちなど取り上げてくれない。中には人間的にまじめな人もいたが、そういう人は力もないし大勢を動かすことは出来ない。そういう状況に絶望して右翼をやめたんだと言ってるわけですよ。まあ絶望して右翼運動をやめたという人間ならば他にも多いと思うのですが、彼らの場合はたまたま友人にさそわれて左の会合に出てそのうちに運動に入ったらしい。そうした人が僕のあの本を読んで七、八年前の自分の気持ちが蘇ったようだと手紙をくれたわけなんですよ。それでその当時にこういう本があり、こういう考え方をする人々が右翼の中にもいたとしたら自分は右翼に絶望することもなかっただろうし、新左翼に走ることもなかったと書いてたんですね。何か我田引水的になってしまいましたが、本来の敵を忘れて反共だけになってしまった右翼の現況が、もともと右翼的な青年すらも新左翼の方に押しやってきたということですよ。〈狼〉にしても日本赤軍にしても潜在的には、また心情的には右翼的な部分でしょう。それすらも左の方に走らせてしまった。これは大いに反省すべき問題だと思うんです。五・一五事件や二・二六事件の頃だったら、右翼が変革運動のイニシアティヴを取っていたでしょう。そんな時代ならば我々と一緒に闘えた連中ですよ、〈狼〉や日本赤軍というのは。〈狼〉は裏返しのナショナリストだって革マルが言ってますが、一面の真理はついてますよ。岡本公三なんかは右翼以上に三島さんを理解し、共感してるでしょう。奥平剛士や重信房子がアラブに行く時も北一輝や宮崎滔天を気どってますしね。

**野村**　なるほどね、やはり要は我々の姿勢の問題になってくるわけだ。そこで少々結論的になってくるけど我々ニュー・ライトとしてどういう立場で臨まなければならないかになってくると思うね。さっきから言ってるけど安保には反対という姿勢を出さなくてはならないし、行動に移してゆかなくてはならない。戦後的な一切のものを否定してゆかなくては……。

**鈴木**　そう、我々こそが本当の反体制だということを明確にしなくてはならない。それは自明のことかもしれないが、自明のことからして忘れてきた連中がいくら反体制なんていったってポーズだけですからね。左であれ右であれ。

**野村**　右は<戦後>からの脱却だなんて言いながら<戦後>的な価値に足をとられているし、左は「平和憲法」という<戦後>そのものにしがみついている。すべて体制側ばっかりですよ。

**鈴木**　やはり我々だけが反体制……。

**野村**　そうなんだ。その為にはもう少し具体的に話を進める必要があるんじゃないかな。たとえば企業の問題ですよ。それに公害の問題なんかも。大体いまの右翼の人は、昭和維新だなどといいながら常に大企業の側についてきたでしょう。公害さわぎの時も、品不足パニック、石油パニックの時も。総会屋の問題もそうですが。そして企業に反対する人間にイヤガラセをし、敵対して動くことだけが右翼の仕事みたいになっている。そうした現況に対して我々は厳しく糾弾してゆかなけりゃだめですよ。大企業からは一銭だって金をもらったらダメですよ。右翼だなんて言う資格もないですよ。我々が民族派だと言って運動する場合、民族の前衛として運動をするんでしょう。民族をいたわる運動をするんだ。民族の将来を考えての運動でなくっちゃウソですよ。公害問題にしても大企業の側に我々が立つなんてことは絶対にありえないはずなんだし、またやっちゃいけないことですよ。現に公害で苦しみ、死んでいってる人間がいるんですからね。

**鈴木**　美しい日本が破壊され、山紫水明の自然が失われつつあるんですからね。右翼こそが公害反対闘争を真っ先にやらなくてはならないはずですよ。そうした右翼の主張はすべて忘れてしまい鈍感になってるんでしょうね。そんなことを言おうものなら「共産党を利することになる」なんて反撥するんですからね。どこかの右翼の機関紙には「企業防衛に立ち上がれ」なんて出てましたが、そういう意識がまだまだあるんですよ。

**野村**　だから公害問題については、我々は共産党と同じことをやってもいいと思うわけ。それで選択するのは国民がすればいい。こっちは何もやらないし、いままでは選択の自由を与えないんだもの。

**鈴木**　左の連中とはひとあじ違う公害闘争をやるだけの勇気がなかったし自信がなかったんじゃないかな。(中略)

**野村**　これからの問題になりますがね、宣伝カーで「軍艦マーチ」だとか「兄弟仁義」なんかを流したりするのはやめるべきですね。街宣そのものは必要ですが、大衆の支持をあおぐんだなんて言いながらそんなことをやってちゃダメですよ。自己満足にしか過ぎませんからね。〈戦後〉一切を否定する闘いをするわけですが、そのためにはやはり一人一人の姿勢の問題に帰ってきますね、警察への対応なども含めて。ところで、やはり将来の問題になりますが、保革連合ということはもう一度考えておく必要があるんじゃないですか。

その前に少々突飛なんですが、鈴木さんは憲法の問題についてどう考えていますか。保革連合ともからんでくると思うんですが。

**鈴木**　憲法の問題については僕は復元論が正しいと思いますよ。いまの憲法は日本の主体性のない占領中にデッチ上げられたもので正統性も有効性もないと思ってます。占領とともに取り払われるべきもので、その下には大日本帝国憲法が生きてるはずだ。だからこれを基にして現状に合うようにいまの日本人の手によって改正するのが筋だと思いますね。ただ理論的な正しさだけではそれ自身力にもならないことはわかってます。というのは「平和憲法」をまもろうとする人の方が圧倒的なわけでしょう、ムードとしては。そうした情況に対して我々の内部で復元論だ、改正論だ、自主憲法制定論だと争っていても仕方ない気がするんですよ。「改正できないのは復元論者がいるからで、彼らさえいなければとっくに改正はできていた」なんて言う人すらおりますからね。そんな内ゲバをしてても仕方がないですよ。圧倒的に弱小勢力なんだから。それよりも、ともかく「いまの憲法はおかしい」、「改めなくては」という気運をつくることですよ。それが盛り上って国民がそう考えてきたらその次の段階として、「じゃどう改めるのか」を考え討議すればいいんですよ。自分らの正義を通そうとするあまり、内ゲバでつぶし合いをして自滅しては元も子もないじゃないですか。

**野村**　そうですね。我々、憲法を考え直そうという勢力は比較にならぬ位弱体だからね。なにゆえ僕がそのことを聞いたかというと、保革連合になった場合、天皇の政治的な地位というものを考えなくてはならないと思ったからですよ。たとえば保革連合がなっても、天皇が即問題になるということはないんですよね。

**鈴木**　ないでしょう。このままだと思いますよ。象徴天皇制を認め、それに手をつけないということがその第一前提でしょうからね。それに「平和憲法」は変えない、と。共産党だって天皇宗は認めると言ってるし、善意の保守主義者も含めて九十九％は「救国革新」のスローガンの下に結集できるなんて言ってますから。

**野村**　我々はその一％にならなくちゃならない（笑）。

**鈴木**　少なくとも天皇が変革の原基としてもちだされることは自民から共産まで一致して阻止するでしょう。また、それこそが保革連合の大前提でもある。だから我々もそうした保革連合は是が非でも阻止しなくてはならない。換言すれば天皇奪還の闘いでもある。（後略）

（「現代の眼」・昭和51年2月号）

# 新右翼運動関係年表

**昭和41年**（一九六六年）

3月、昭和40年12月の早大学費値上げ反対運動の中で、右派系サークルを中心に、学園正常化を目指して早大学生連盟（早学連）を結成。議長に鈴木邦男。後の新右翼運動の萌芽となる。

5月、生長の家傘下の学生組織、生長の家学生会全国総連合（生学連）結成。委員長森田征史、書記長に鈴木邦男。

10月、生学連、長崎大学教養部自治会の主導権をにぎる。

11月、早大を中心に各大学に呼びかけて日本学生同盟（日学同）を結成。委員長に月村俊雄。「ヤルタ・ポツダム体制（YP体制）打倒」「憲法改正」「国家の自主独立」などのスローガンを掲げて運動を開始した。

〔1月、早大学費値上げ反対で全学スト、全共闘運動の発端となる〕

**昭和42年**（一九六七年）

2月、日学同の機関紙「日本学生新聞」創刊。

11月、日学同、総選挙での自民党の支援をめぐって分裂。自民党系の反主流派は後に消滅。

〔2月11日、「建国記念日」で祝日となる。10月、第一次羽田闘争、ベトナム反戦運動激化〕

**昭和43年**（一九六八年）

1月24日、昭和青年の会、摺建寿隆が名古屋駅頭において、北方領土返還を要求し、バイバコフソ連副首相を襲撃し、逮捕さる。

3月、三島由紀夫、「楯の会」をつくる。学生部長に日学同の森田必勝。

5月、民族派初の連絡組織、全国学生団体協議会（全学協）を生学連、日学同を中心に結成。

6月、日学同の下部組織として全日本学生国防会議を結成。議長に森田必勝。

12月、生長の家傘下の都学協結成大会に、民族派の全国制覇をめぐる対立から、日学同が乱入。生学連と日学同との対立深まる。大会の記念講演に三島由紀夫。

〔10月、政府主催の「明治維新百年祭」行なわれる。新宿騒乱罪で破防法適用〕

**昭和44年**（一九六九年）

2月、森田必勝、日学同を脱退。

3月、生長の家傘下の全国学生自治体連絡協議会（全国学協）結成に向けて、「全国学生新聞」創刊。

5月、全国学協結成大会。委員長に鈴木邦男。

6月、全国学協内紛で鈴木邦男辞任、吉田良二に交代。

11月、「民族派全学連」準備会発足結成大会。準備委員長大塚博英。しかし、生学連と日学同との内ゲバで「民族派全学連」は実現しなかった。

11月4日、日本学生会議議長山浦嘉久ら八名が「核防条約調印反対」を叫び外務省に乱入。

〔1月、東大安田講堂攻防戦、9月、全国全共闘結成大会〕

**昭和45年**（一九七〇年）
11月、全国学協のOB組織として、日本青年協議会が結成さる。委員長に吉村和裕。機関誌「祖国と青年」を創刊。
11月25日、三島由紀夫、森田必勝、小川正洋、小賀正義、古賀浩靖の五人が陸上自衛隊東部総監部を占拠、クーデターを呼びかけるが挫折。三島、森田の二人が自刃。
〔2月、政府、核拡散防止条約に調印、6月、安保条約自動延長〕

**昭和47年**（一九七二年）
5月、一水会の第一回会合。
11月、三島、森田烈士慰霊祭を一水会を中心に呼びかけ、翌年から「野分祭」として毎年行なう。
〔2月、連合赤軍、あさま山荘銃撃戦、リンチ事件発覚。9月、日中共同声明、台湾と外交関係の断絶〕

**昭和49年**（一九七四年）

3月、反憲法学生委員会全国連合（反憲学連）結成大会。議長に宮崎正治。全国学協が分裂し、生長の家系は学生が「反憲学連」、OBが「青年協議会」となる。生長の家から分れた全国学協主流派は、機関紙「撃攘」を発行し、過激路線をとる。

3月25日、一水会、自衛隊千歳不祥事件で防衛庁への抗議行動、鈴木邦男ら初の逮捕者を出す。

10月、反核防条約、フォード米大統領来日反対闘争（一水会）盛り上がる。

〔8月、東アジア反日武装戦線〈狼〉の三菱重工爆破事件〕

**昭和50年**（一九七五年）

2月、在京の民族派系の三十団体が結集し、核拡散防止条約阻止共闘会議を結成。

8月、学純同、一水会、グループ日本などが加盟し、日本主義青年学生協議会を結成。一水会の機関紙「レコンキスタ」創刊。

10月、東アジア反日武装戦線〈狼〉を扱った鈴木邦男著『腹腹時計と〈狼〉』が発売され、反響を呼ぶ。

10月、「乱世'75を撃つ大演説会」に竹中労、いいだもも、羽仁五郎と共に鈴木邦男が演説。左右対決であり、〈接近〉の初まりともなる。

〔7月、皇太子殿下御夫妻、沖縄御訪問中に戦旗派により火炎ビン投げられる。8月、日本赤軍、坂東国男ら「超法規措置」で釈放〕

**昭和51年**（一九七六年）

4月、ロッキード事件に憤慨し、児玉誉士夫邸にセスナ機で突入し自決した前野光保に対する追悼文を「レコンキスタ」に載せ、右翼内部で物議をかもす。

6月、野村秋介、鳥海茂太、鈴木邦男の三人で、新しい運動を目指して、「新しい日本を創る青年集会」を米沢市で開く。これ以降、各地で継続される。

12月、京都で「神州男児熱血歌唱祭」。これ以降、全国で開かれる。

〔7月、ロッキード事件で田中角栄前首相逮捕〕

**昭和52年**（一九七七年）

3月3日、野村秋介、伊藤好雄、西尾俊一、森田忠明の四人が「YP体制打倒青年同盟」の名のもとに、

「財界の営利至上主義を糾弾する」と経団連本部を占拠。三島由紀夫未亡人平岡瑤子の説得で投降。

4月9日、釧路「日ソ友好会館」建設反対闘争で鈴木邦男逮捕。

7月27日、北海道の青年、渡辺尚武、北方領土奪還を訴えて、歯舞諸島・貝殻島へ特攻渡泳。ソ連船に連行さる。

9月、北方領土奪還青年委員会結成。後に発展的に解消して統一戦線義勇軍となる。

12月8日、「国民前衛隊事件」。YP体制打倒を訴えてソ連大使館に発煙筒を投げ、岐阜の花房東洋ら逮捕。

**昭和53年**（一九七八年）
10月、維新政党をつくり国政に打って出ようと民族派学生OBが結集し、京都で「維新懇話会」開催。
12月18日、国防青年隊の広瀬純生、日中国交回復を推進した大平正芳首相を襲撃し、殺人未遂で逮捕。
〔8月、日中平和条約北京で調印〕

**昭和54年**（一九七九年）
7月、「レコンキスタ」の姉妹紙「レコンキスタ岐阜」創刊。
8月、福島での「新しい日本を創る青年集会」の合宿に、太田竜、井川一久、須藤久が講師で参加。

**昭和55年**（一九八〇年）
この頃から「人権一一〇番」の千代丸健二と一水会が共闘、反公安キャンペーンを展開。

**昭和56年**（一九八一年）

3月、「新しい日本を創る青年集会」と「維新懇話会」が合同合宿。

5月、一水会を中心に会員の不当逮捕に抗議し、戸塚警察署糾弾行動。

6月、一水会勉強会に桐島洋子、7月、小沢遼子、「ポーランド連帯」の梅田芳穂、9月、淡谷まり子がそれぞれ講師で出席。「女性解放闘争」に連帯
8月、岡山一水会、山河を破壊する新空港建設反対に決起。

9月、統一戦線義勇軍結成。議長に木村三浩。

12月8日、日本民族独立義勇軍、神戸米領事館に放火。

12月、一水会、日本民族独立義勇軍の声明を「レコンキスタ」に掲載したため家宅捜索、鈴木邦男ら逮捕。

〔1月、閣議で2月7日を「北方領土の日」にすることを決定〕

**昭和57年**（一九八二年）

3月、統一戦線義勇軍デモ中にデモの人を警官がひき逃げ。渋谷署に抗議行動。

5月6日、日本民族独立義勇軍、横浜市の元米海軍住宅放火。

6月、一水会勉強会講師に元全学連委員長唐牛健太郎。

6月、統一戦線義勇軍、フォークランド紛争でアルゼンチンを支援し、英大使館文化部に火炎ビンを投げ木村三浩、浜地俊郎ら逮捕。

7月、元自衛官の浜地俊郎、「レコンキスタ」で憂国派自衛官に檄。

9月2日、統一戦線義勇軍の板垣哲雄、教科書問題、屈辱外交に抗議し、鈴木善幸首相の私邸を襲撃逮捕さる。

9月、「スパイ査問」に端を発し、統一戦線義勇軍内部でリンチ殺人事件おこる。実行犯三人逮捕。

〔7月、日中戦争の教科書記述変更で中国が公式抗議〕

**昭和58年**（一九八三年）

5月27日、日本民族独立義勇軍、大阪ソ連領事館に火炎ビンを投げる。

8月13日、日本民族独立義勇軍、朝日新聞東京、名古屋両本社に放火。

8月、経団連襲撃事件の野村秋介、府中刑務所を出所。これ以降「新右翼」運動にわかに活性化。

**昭和59年**（一九八四年）

5月、映画「新右翼」（横浜放映学院製作）が池袋文芸座ル・ピリエで公開。

5月15日、「忠魂碑訴訟違憲判決」に抗議し、青木孝史、京都地裁を襲撃し逮捕さる。

6月、「いまなぜ全共闘か」のテーマで、中上健次、立松和平、高橋伴明、前之園紀男と鈴木邦男が激論（池袋文芸座）。直後、テレビ朝日で放映、単行本にもなる。

7月、「新雑誌X」天皇イラスト事件で民族派が決起。「新雑誌X」事務所、東郷健ら襲撃さる。東郷健襲撃の木村三浩義勇軍議長は9月に逮捕さる。

7月19日、「反米愛国、YP体制打倒」を訴え、米大使館を襲撃、統一義勇軍の井川武志逮捕。

11月、三島由紀夫「生首」掲載事件で「フライデー」に在京の民族派団体が抗議。

**昭和60年**（一九八五年）

2月、「朝日ジャーナル」に鈴木邦男が「勝共連合は民族派運動の敵だ」という論文を発表。これ以降、勝共連合糾弾のキャンペーンを展開。

3月、統一戦線義勇軍、筑波科学万国博粉砕闘争。

3月、三里塚闘争の現地成田で野村秋介「巨大な不条理を撃て」というテーマで講演会。

5月、池子米軍住宅建設反対運動に統一戦線義勇軍決起。これ以降、連続してデモ集会。

5月27日、米軍住宅建設に抗議し、防衛施設局に火炎ビンを投げ、義勇軍の板垣哲雄、井川武志逮捕さる。

5月27日、島根「仁義社」の志津田国博、日教組本部に小包爆弾。

10月、成田で「攘夷かインターナショナルか」のテーマで西垣内堅佑、丸山実、野村秋介、佐伯陽介、鈴木邦男が出席し、激論。

〔8月、中曽根首相、靖国神社公式参拝〕

**昭和61年**（一九八六年）
3月、野村秋介らの尽力でフィリピン・ゲリラに囚われていた石川重弘カメラマン釈放される。
4月、天皇陛下御在位六十年、東京サミットに反対する新左翼が皇居、東宮御所に向け火炎弾攻撃。これに対し右翼が決起し、中核派、戦旗社の事務所を襲撃。
4月29日、国粋青年隊の岡崎一郎、中村忠志が赤坂・桧町公園で行なわれる予定の革労協の集会に時限爆弾をセットしようとして誤って爆発。重傷を負い逮捕さる。

**昭和62年**（一九八七年）
1月13日、蜷川正大、中台一雄、針谷大輔の三人が「ＹＰ体制打倒青年同盟」の名のもとに地上げに狂奔する安藤太郎住友不動産会長宅を襲撃し逮捕さる。

1月24日、日本民族独立義勇軍別動「赤報隊」が朝日新聞東京本社に発砲。

1月31日、安藤会長襲撃に衝撃をうけた北海道の民族派青年・森譲、住友銀行を短銃で襲撃。

4月27日、住友銀行の三店が「エルドラド旅団」に襲撃さる。

5月3日、日本民族独立義勇軍別動「赤報隊」の名のもとに、朝日新聞阪神支局襲撃事件起る。記者一名死亡、一名重傷。

6月16日付の「東京新聞」で安藤太郎住友不動産会長が、襲撃事件は「金目的だ」と発言。統一戦線義勇軍が抗議。9月24日、安藤会長謝罪。

9月24日、朝日新聞名古屋本社社員寮が「赤報隊」に襲撃さる。

9月、竹下登幹事長に対し、金権政治を糾弾する抗議運動が名古屋「六合社」の家野隆男を中心に全国で展開される。又、「国民前衛隊」名で岡山からピストルが、三重からは模擬ダイナマイトが竹下事務所に送りつけられる。

〔4月、天皇陛下御在位六十年記念式典。9月、天皇陛下、腸の疾患のため初の外科手術〕

**昭和63年**（一九八八年）
1月、竹下首相（当時幹事長）に金権政治を糾弾してピストルを送りつけた容疑で、高松の「日本交友会の鹿島日出喜、他一名が逮捕さる。
3月1日、沖縄で「日の丸焼却事件糾弾集会」が開かれ全国の右翼六百人が結集する。統一戦線義勇軍も参加。六十二年十月に、沖縄県読谷村で中核派（シンパ）の知花昌一が国体開催中に、日の丸の旗を引きずり下ろし焼却した事件が起こり、これに抗議して開かれたもの。「右翼対中核派」の対決の様相を帯びてくる。
3月11日　朝日新聞静岡支局に時限式のピース缶爆弾が仕かけられる。赤報隊が犯行声明。爆発前に発見されて事なきを得たが、もし発見が遅れたら大惨事になっていたところだった。

又、中曽根前首相にも「去年の二月二十七日には全生庵で貴殿をねらった。…わが隊は処刑するまで追いつづける」と不気味な脅迫状を送りつけていた。

4月17日　東京「水道橋会館」で「第十一回沖縄民権祭」が開かれ、これに知花昌一が出席するとのことで、都内の右翼が抗議のために結集。特に統一戦線義勇軍は最も果敢に闘い、入口を防衛する中核派と激突、乱闘になる。流血肉弾戦となり双方に負傷者続出する。

5月20日　日本三大予備校の一つ「河合塾」（名古屋校）で鈴木邦男講演会。八百人がつめかけ大盛況。赤報隊や新右翼について講演。質疑応答も活発に行なわれ、予備校生の関心の高さが分かる。

8月1日～3日　統一戦線義勇軍、茨城県で合宿。理論研修、マラソンの他、武闘訓練も行う。

8月9日　「反ソデー」で統一戦線義勇軍がデモ。デモの途中、六本木で警察の謀略にはまり十一人が逮捕される。赤報隊事件を調べるための別件、大量逮捕だった。

8月10日　リクルート事件の江副前会長宅を赤報隊が襲い、発砲。逃走する際、近所の住民に顔を見られているが、いまだ逮捕されてない。

9月　天皇陛下のご容態が急変。全国各地で陛下のご快癒をお祈りする記帳などが行なわれる。

11月24日　七年ぶりに野分祭が復活。若手活動家が中心になり森田必勝の遺志を継ぎ野分祭をやってゆくことが決定された。

〔この年の暮は天皇陛下の病おもく、日本列島は自粛一色。勿論、右翼の街宣活動も一斉に中止。ご快癒祈願、記帳、そして自粛の重くるしさの中で年は暮れてゆく〕

## 昭和64年（一九八九年）

1月7日　全国民の祈りも空しく天皇陛下が崩御される。右翼・民族派陣営にも虚脱感がただよう。

**平成元年**（一九八九年）

1月27日　一水会の現代講座で野村秋介氏が講演。「いつまでも悲しんでばかりはいられない。今こそ平成維新を」と檄。つめかけた百名の人々に活を入れる。

3月5日　「YP体制打倒青年同盟」がガソリン・タンクを荷台に満載してトラックで首相官邸に突入。炎上、大爆発の寸前で阻止、逮捕される。実行者は水谷伸一（野村秋介秘書）と長友泰彦（九州雷鳴社）の二人。この「YP体制打倒青年同盟」の名称は今まで四回使われているが、その間にまったく関連性はない。一回目は経団連襲撃事件。二回目は伊勢御用林への課税に反対して伊勢市役所に火炎ビンが投げ込まれた事件。そして第三回目は住友不動産会長宅襲撃事件。四回目がこの首相官邸突入事件だ。お互いに全く関連のない事件だが、勝手に同じ名前を使っている。

3月15日　新しい民族派学生組織「日本民族主義学生評議会」（日民学評）が発足。一水会、統一戦線義勇軍の大学生が中心になり新しい学生運動を興こそうというもの。

4月10日　月刊『宝島』に一水会、義勇軍が大々的に取り上げられ話題を呼ぶ。他のマスコミと違い、中学生、高校生の読者が多い『宝島』に載ったことで、若い層の関心が高まり、運動に入る人も増える。

4月25日　やはり『宝島』を発行しているJICC出版社から単行本で『平成元年の右翼』が発売される。初版三万部が売り切れ、一万部増刷する。右翼を取り上げた本でこれだけ売れたのは初めて。それだけ右翼・民族派運動に関心が高いのだろう。これを読んで運動に入る人も増える。

6月28日　統一戦線義勇軍の元幹部・今井正弘ら三人が逮捕される。職業安定法違反が逮捕容疑だが、本当は赤報隊事件の別件逮捕だった。

7月6日　「皇位継承に伴う相続税阻止国民大会」が新宿・安田ホールで開かれる。天皇陛下に相続税を課するという政府の措置に右翼・民族派が抗議・決起したもの。平成と時代が変わってからの右翼の初の大同団結となる。

9月3日　全有連（全国有志大連合）が中心になり、札幌で「北海道新聞糾弾大会」が開かれる。北海道新聞が北方領土の取材にあたり、ソ連からビザをとって渡った。これは北方領土をソ連領と認めた行為だと糾弾されたもの。全国から二百人が結集。

9月23日　統一戦線義勇軍中央委員会。組織の若返りのため、木村三浩が議長を辞任し顧問に。住友不動産会長宅襲撃事件で勇名をはせた針谷大輔が新議長に。

9月24日　河合塾（大阪校）で「左、右、在日バトルロイヤル」と題して天皇制、差別問題などで五時間にわたる激論。右からは鈴木邦男が出席した。予備校生五百人が参加。

9月26日　一水会現代講座で有田芳生氏が「統一教会＝勝共連合の知られざる素顔」と題して講演。このあと、黒部五郎氏（十月三十一日）、茶本繁正氏（十一月二十八日）が連続して勝共連合について講演。一水会、統一戦線義勇軍でも、この勉強会を機に「反勝共」キャンペーンを展開する。

11月1日　統一戦線義勇軍、横須賀で反米愛国・国軍創設集会。内ゲバが続く新左翼・最過激派の革労協と衝突。以後、双方の機関紙で攻撃の応酬。

11月23日　東洋大学の大学祭（白山祭）で鈴木邦男、木村三浩の講演会。第四インターの妨害があったが無事行なわれ、成功。

11月24日　渋谷の青少年研修会館で「野分祭」が行なわれる。

## 平成二年（一九九〇年）

1月18日　本島等・長崎市長が右翼団体「正気塾」の田尻塾生に襲撃される。至近距離からピストルを撃たれ重傷。「天皇に戦争責任はあると思う」という本島発言に怒っての襲撃だった。「言論への挑戦だ」「右翼テロを許すな」とマスコミは連日大糾弾キャンペーンを展開。

1月30日　一水会主催で「言論の自由とテロル」と題し、パネル・ディスカッションを開催。パネラーは伊波新之助（朝日新聞編集委員）、丸山実（『新雑誌X』編集長）、鈴木邦男の三名。「なぜテロは起きるのか。どうしたらテロを防げるのか」につき、白熱の討論が展開された。

2月15日　一水会の機関紙「レコンキスタ」二月号が本島襲撃事件の特集号。左右の文化人・識者にもアンケートを求め、「言論とテロル」について考えた。

2月23日　深夜、午前一時から六時までテレビ朝日で「朝まで生テレビ」。「徹底討論〝日本の右翼〟」が放映される。小田実、大島渚、野坂昭如らと右翼陣が激突。右翼側は浅沼美智雄、岸本力男、箱崎一像、松本効三、四宮正貴、鈴木邦男、木村三浩の七人。「生テレビ」始まって以平の大反響で、視聴率も今までの最高だった。

3月9日　「張振海氏を救え」と一水会、義勇軍などが決起。関係各庁へ抗議。張振海氏は中国天安門事件のリーダーで12月に中国民航機をハイジャックして日本に政治亡命。亡命を認めず中国に送り返そうとする政府に民族派が決起、対決。救援運動を展開していた。

3月13日　これ以後十日間、数寄屋橋公園で「張振海氏を救え！」と抗議のハンスト。

3月30日　一水会現代講座で「民主中国連合」の人々を招き、勉強会。張振海氏問題、中国民主化運動について話を聞く。「右翼が中国民主化を支援・連帯した」と「朝日ジャーナル」（4月13日号）をはじめ各方面でセンセーショナルに取り上げられる。

4月5日　二・二六事件を描く映画「斬殺せよ」の製作記者会見が全日空ホテルで開かれる。企画・野村秋介、監督・須藤久の異色コンビ。主演・若山富三郎。
4月5日〜15日　朝日新聞が十一回にわたり「右翼・現場からの報告」を連載。朝日が右翼のことを真正面から取り上げるのは三十五年ぶりだという。全社をあげた取材で大反響を呼ぶ。
4月22日　ＴＢＳは「報道特集」で一時間、「日本の右翼」を放映。朱光会、学純同、一水会、義勇軍をはじめ右翼、民族派の活動の実態を報道。
4月28日　民族派の抗議も空しく張振海氏が中国に送還される。当日は反対運動で一水会、義勇軍と中核派がハチ合わせ。同じく「張振海氏を救え」と抗議。
5月17日　名古屋の韓国人会館を赤報隊が襲撃し放火。「天皇陛下に謝罪してほしい」という韓国大統領の発言に反発しての行動という。一水会、義勇軍も「天皇の政治利用許すな！」と連日、情宣活動。
〔5月24日から26日まで盧泰愚韓国大統領が訪日。天皇陛下とも会われる〕
5月24日　ＴＢＳ「ニュース23」で天皇陛下のお言葉をめぐり、鈴木邦男と猪瀬直樹が対決対談。
6月3日「天安門事件」一周年で中国民主化を求めるグループと民族派が共闘して街宣、集会。
8月2日　イラクがクウェートに侵攻。
8月6日「ヒロシマ原爆投下に抗議する反米集会」。
8月9日「反ソ・デー」統一行動。
9月　一水会若手有志がイラク大使館を訪れ、義勇兵を志願。
9月24日　金丸訪朝。これに対し右翼・民族派の大部分が「上下座外交だ」と反発、抗議する。
9月28日「三島由紀夫没後20年。ドラマティックシンポジウム」が東京・神田パンセで開催される。小阪修平、富岡幸一郎、鈴木邦男らが参加。
10月3日「大嘗祭を汚すな」と中核派の前進社ビル前で一水会の若手が中心となり抗議街宣。11月23日まで連日、続ける。大嘗祭に反対ならばゲリラに訴えるのではなく、堂々と公開討論をしようと呼びかけた。
11月9日　鉄砲洲稲荷神社で「野分祭」
11月12日　即位の礼
11月22・23日　大嘗祭
11月23日　野村秋介氏監督の映画「斬殺せよ」が封切られる。
11月23日　「朝まで生テレビ」で「象徴天皇制と日本」。民族派から野村秋介、大原康男、鈴木邦男が出演。

**平成三年**（一九九一年）

1月15日　NHK衛星放送第二で「青春スペシャル・いま若者に問う」。山本コウタロー、パンタ、猪瀬直樹、鈴木邦男ら。25年前の早大でとったドキュメンタリー「学生右翼」も資料映像として流される。三島由紀夫と自決した森田必勝の活動シーンが出ていた。
1月17日　米・英軍がイラク空爆を開始、湾岸戦争勃発。一水会は、アメリカ大使館などに連続抗議行動を展開。
「朝まで生テレビ」で「どーなる中東！ どうする日本」。一水会の木村三浩が出演。
1月30日　東京・四谷公会堂にて野村秋介氏の講演会を開催。「激動する時代に民族派は何をなすべきか」。四百人が集まる。
2月10日　「中東に和平を求める会・中央集会」を開催。
2月23日　大阪読売テレビ「パラダイム'91」で「緊急討論！ 和平なるか湾岸戦争」。加瀬英明、色川大吉、辻元清美、鈴木邦男らで激論。
2月24日　湾岸戦争が地上戦に突入。

2月27日　湾岸戦争終結。

4月4日　一水会・木村三浩ら「イラク民間救援基金」のメンバー五人が、淡水化装置などを持ってイラクのバグダットへ出発。

4月16日　ゴルバチョフ来日。右翼・民族派は「北方領土奪還総決起集会」を日比谷野外音楽堂で開催。その後、都心をデモ。

4月23日　「朝まで生テレビ」で憲法をテーマに、西部邁、小林節、鈴木邦男ら。本番中に「皆、きれいごとばかり言って。聞いてられない」と野村秋介氏が入ってきて討論に加わる。

4月26日　海上自衛隊の掃海艇がペルシャ湾に向けて出発。

5月22日　「湾岸戦争とアラブ民族主義」のシンポジウム。四谷のスクワール麹町で。平山健太郎、片倉もと子、牟田口義郎、鈴木邦男がパネラー。

5月24日　一水会・木村三浩らが「イラク帰朝報告会」

6月4日　「天安門事件」二周年で民族派が情宣活動。

6月11日　対日侮辱発言を繰り返していたクレッソン・フランス新首相に抗議と謝罪要求。一水会ほかでフランス大使館に。ビラ貼り、チラシ配りなども行なう。

6月22日　「衛星チャンネル」の「ぶっちぎりトーク。民族派は今」に鈴木邦男が出演。

7月12日　アップルシードプロジェクト主催による「天皇制を考える」シンポジウム。市ヶ谷YWCAで鈴木他一水会四名が民族派からは参加し、討論した。

7月14日　一水会などが中心となり「クレッソン反日発言糾弾全国総決起大会」を開催。「クレッソン人形」を斬首するパフォーマンスを行ない、これが世界中の新聞に取り上げられる。「週刊文春」(7月25日号)のグラビアで取り上げられ、これをめぐってデーブ・スペクターと鈴木邦男が討論(「週刊文春」8月8日号)。

8月　ソ連崩壊。

8月30日　四谷公会堂にて元自衛官五人らをメイン・パネラーにシンポジウム「いま、自衛隊を考える」を開催。

9月1日　警視庁第2・第9機動隊がデモ中の一水会会員に暴行、二名が不当逮捕。他の二名が負傷。

10月　野村秋介氏監督の第二作「撃てばかげろう」公開。

10月4日　河合塾・名古屋校で鈴木邦男講演会。この時の講演は平成五年に河合出版より『世紀末世界をどう生きるか』という題で本になる。

10月6日　河合塾・大阪校で「左右激突対談」。元赤軍派議長の塩見孝也氏と鈴木邦男が対談。

10月13日　岐阜の右翼団体が中心になり、「一水会を論破する集い」。イラク支援、テロ否定、左翼との付き合い等、「疑惑」の一水会を論破しようという集会。一水会からは木村三浩ら四名が出席し、受けて立つ。

10月16日　9月1日の機動隊暴行事件に対し国家賠償請求。現在も公判中。

10月24日　慶応大学で「私の憲法論」と題し鈴木邦男が講演。

10月27日　自衛隊観閲式で、一水会会員が海部首相（当時）にビラを投げつける。

11月1日　元一水会会員・徳弘洋介が金丸信私邸を狙って火炎ビン投擲。

11月2日　赤坂プリンスホテルで「ワセダ60年代、70年代を語る会」。早い話が早大全共闘の同窓会。当時、全共闘と過激に闘っていた鈴木邦男も何故か出席。

11月12日　元統一戦線義勇軍の内山国泰氏が金丸信邸を襲撃。

11月24日　鉄砲洲稲荷神社にて「野分祭」を斎行。

11月28日　右翼・民族派が共闘して「国賊金丸糾弾統一行動緊急集会」。集会のあと、金丸邸までデモ。

11月29日　四谷公会堂にてシンポジウム「楯の会事件とは何だったのか」。いいだもも、犬塚博英、森久、鈴木邦男がパネラー。
12月7日　シンポジウム「日米開戦50周年。親米か反米か?」を東京・四谷公会堂で開催。パネラーは小林節、大谷健、長谷川三千子、鈴木邦男。
12月8日　「大東亜戦争開戦50周年記念全国総決起集会」、デモ。
12月15日　甲南大学で大谷昭宏、鈴木邦男の左右激突「緊急討論・PKO」。
12月　北朝鮮にいる「よど号」赤軍派の人達が出している『自主と団結』('91年12月号)に若林盛亮氏が「鈴木邦男氏のナショナリズムについて」を掲載。

**平成四年**(一九九二年)
1月8日　ブッシュ米大統領を招いた晩餐会の直後、一水会会員二名が首相官邸前に抗議のため赤ペンキを投げる。
1月19日　「暴力団新法反対」で日本共産党(行動派)、一水会など民族派、任侠市民連合が共闘して決起集会。その後、都心をデモ。「左翼、右翼、ヤクザの野合」だとマスコミや他の右翼からは批判される。
1月29日　四谷公会堂で野村秋介氏の講演会。「権力に向けられた平成ナショナリストの銃口」という題。四百人が集まる。
2月6日　朝鮮人従軍慰安婦問題に関して一水会などが緊急抗議。
2月11日　元愛国党の相原修氏が、「腐敗した自民党に解散を要求する」と、短銃と日本刀をもって自民党本部に突入。
3月1日　「暴力団新法」施行当日、「日本人民戦線、民族派青年協議会、任侠市民連合」による暴力団対策法に反対する統一行動。

3月20日　憂国誠和会の渡辺浩氏が、栃木県足利市の地元議員を「励ます会」において金丸信自民党副総裁に短銃三発を発射（命中せず）。

3月24日　一水会会員四名がイラクを訪問し、バース党と議定書を交換。

4月7日　江沢民・中国共産党総書記の来日に反対して、中国民主化勢力「民主中国陣戦日本分部」と一水会ほか民族派が共闘。

4月19日　竹内芳郎氏（国学院大学教授）の主宰する「討論塾」で鈴木邦男が講演、討論。

4月22日　今後の日ロ関係についてロシア大使館と日本の右翼の話し合いが帝国ホテルで行なわれる。大使館からは参事官と一等書記官が、右翼側からは主だった行動右翼、民族派の代表50人が集まり活発な討議がなされる。ソ連も崩壊し、「反共・反ソ」を言ってきた右翼も変わらざるをえない。右翼の新しい時代を象徴するものとして、この会合は朝日新聞などにも大々的に報道された。

5月11日　ホテルパシフィック東京で「新井将敬政策フォーラム」、新井将敬、野村秋介、鈴木邦男をパネラーに「ソ連崩壊の後、新右翼は何を考えるか」。

6月9日　「風の会」決起大会（全日空ホテルにて）。全国の右翼・民族派が大同団結して選挙戦を闘うことになり「風の会」の代表に野村秋介氏を推す。

6月13日　PKO粉砕を叫び、新右翼「平和の会」の目黒秀春氏が陸上自衛隊市ヶ谷駐屯地で塀にペンキを投げ、ハンマーで表示板を叩き割る。

6月14日　「暴対法粉砕の有効手段を考えるシンポジウム」

6月19日　野村秋介氏を代表とする「風の会」が結成と参院選出馬表明の記者会見。全日空ホテルで。百人以上の取材陣が集まり、大々的に報道された。

7月8日〜26日　「風の会」が選挙活動を闘う。全国的に盛り上がるが総得票数22万票で残念ながら落選。この選挙期間中、「週刊朝日」（7月24日号）の「山藤章二のブラックアングル」で「風の会」を「虱（しらみ）の会」と揶揄。「風の会」側は直ちに抗議。「週刊朝日」、山藤章二は全面的に非を認め謝罪。野村氏もそれは了としながらも、朝日新聞の報道姿勢を追求。公開討論会を要求。これが平成5年10月の野村氏自決の遠因の一つになる。

8月22日〜29日　「よど号」の赤軍派の人々の誘いで「一水会訪朝団」を組織し、十人で行くことになっていたが、ギリギリの段階で鈴木、木村にビザが下りずに延期になる。まだ実現していない。

8月24日　右翼・民族派が共闘し、「天皇陛下ご訪中反対」の集会とデモ。

8月25日　「天皇陛下ご訪中反対」を訴え民族派活動家、桂田智司氏が火炎車で首相官邸突入をはかる。

9月12日　エリツィン・ロシア大統領が突然の来日中止。

9月21日　東京都の「暴騒音条例」に反対し、一水会などが都議会前で抗議行動。

9月27日　河合塾・大阪校で「左右激突PART2。われわれは何を粉砕し、何を構築するか」。塩見孝也（元赤軍派議長）、北野誠（タレント）、鈴木邦男。

10月8日　都議会で「暴騒音条例」強行採決に一水会などが抗議。

10月17日　「天皇陛下ご訪中反対」デモが共闘して行なわれる。

10月18日　「佐川疑惑糾明——政界浄化国民集会」を民族派が共闘し開催。金丸邸までデモ行進。

「週刊文春」（10月22日号）に自衛隊現役三佐が「金丸が辞めなきゃクーデターをやる」と物騒な寄稿。物議をかもす。

10月26日　「野呂道則君（＝岡崎一郎君）を励ます会」。七年前、天皇陛下御在位60年粉砕を叫ぶ革労協に対し爆弾をしかけようとして誤爆、逮捕されていたが、無事出所した。

11月　いわゆる「皇民党事件」が発覚し大問題になる。一九八七年の自民党総選挙で皇民党は竹下登元首相を「ほめ殺し」攻撃したが、これに対し金丸信をはじめ国会議員七人がその中止を求めて皇民党に億という金額を口にして頼んだというもの。果たして金の受け渡しがあったのか。なぜ右翼の街宣に竹下がおびえてあわてたのか…と疑惑をよんだ。

11月19日　京都大学で鈴木邦男講演会。

11月22日　「一水会結成20周年記念全国大会」を開催。「野分祭」斎行。

11月24日　同志社大学で鈴木邦男講演会。

12月2日　衛星チャンネルの「ジャーナリズム最前線」で「右翼と暴力団の関係について」。小沢遼子、鈴木邦男ら。

**平成五年**（一九九三年）

1月13日　米・英・仏の多国籍軍戦闘機がイラク南部を空爆。

1月17日　湾岸戦争開戦2周年で一水会などがアメリカ大使館へ抗議活動。

1月27日　野村秋介氏の講演会を東京・神田パンセにて開催。「日本を震撼させた戦闘者——野村秋介の新たなる闘い」という題がつけられていた。しかし四百名の参加者も、この「新たなる闘い」が何を意味するかはその時は分からなかった。この日、野村氏のビデオ「ドキュメント・野村秋介の荒野。風と拳銃」が上映される。上映後、「ここまでやったら、もう死ぬしかないかな」とポツリと一言、野村氏が言っていたのが印象的だった。

2月20日　第二次一水会イラク訪問団9名が「義勇兵」として出発。イラク青年同盟と議定書を交わす。

2月20日　大阪毎日テレビの「坂東英二のズバリ奥まで90分」で「密着取材・右翼。右翼の活動とその現

状」。猪野健治、大谷昭宏、鈴木邦男が出演。
3月9日　イラク訪問団が帰国。11日、高田馬場で帰朝報告会。
4月10日　「天皇沖縄行幸を汚すな」と一水会が対中核派抗議街宣を開始。行幸が終わるまで連日行なう。
4月23日～26日　天皇陛下沖縄行幸。
4月26日～28日　イラクのバクダットで行なわれた「非同盟諸国青年会議」に一水会から3名出席。
5月25日　京都大学で北野誠と鈴木邦男の講演会。
5月30日　伊丹十三監督の映画「大病人」上映中の日劇東宝で大悲会の山崎一弘氏がスクリーンを切り裂く。伊丹監督の前作「ミンボーの女」が日の丸を冒し、右翼を馬鹿にしたという理由で。
6月3日　部落解放同盟大阪池田支部から呼ばれ鈴木邦男と大谷昭宏が講演。「民族派から見た差別と人権」。
6月4日　「天安門事件」4周年で中国大使館に抗議、街宣活動。
6月9日　皇太子殿下ご成婚の儀。夜、衛星チャンネルの「ジャーナリズム最前線」で激論「皇室と日本人」。「話の特集」編集長の矢崎泰久氏と鈴木邦男。「こんなお目出たい日に、何をやってるんだ。非国民だ」「よくぞやってくれた」と賛否両論の電話やＦＡＸが集中。
7月1日　エリツィン来日を前に「北方領土奪還総決起集会」が日比谷野外音楽堂で大々的に開催される。
7月7日　東京サミット開催。クリントン来日に反対して早大正門前で一水会が抗議活動。一名が逮捕される。
7月8日　「宝島30」8月号発売。この中で宮内庁職員を名乗る大内糺が内部告発を書いている。「皇室の危機－菊のカーテンの内側からの証言」と題して、各方面に波紋をなげかける。この論文をどう考えるか、皇室の危機は本当か、書いた人間は誰か…と大騒ぎになり、後に宝島社が右翼から銃弾を打ち込まれることになる。
8月10日　細川新首相が「侵略戦争」発言。
8月17日　「ゴーマニズム宣言」の漫画家・小林よしのり氏と鈴木邦男が「皇室のタブーと言論の不自由」について対談。皇室に関する小林氏の漫画が自主規制でボツになったことを発端に、対談が企画され「創」(10月号)に載った。
8月24日　上田哲氏主催の「モーニング・セミナー」で鈴木邦男が講演。
9月13日　超党派で「日本は侵略国ではない。細川首相糾弾集会」。日本工業クラブで。
10月　一水会の機関紙「レコンキスタ」が二〇〇号を迎える。
10月16日　河合塾・大阪校で「左右激突PARTⅢ」。塩見孝也、佐高信、鈴木邦男がパネラー。
10月20日　朝日新聞本社役員応接室にて野村秋介氏が自決。当日、全日空ホテルでは全国から右翼・民族派を結集し、「新しい時代に対する民族派の使命」と題するシンポジウムが開かれていた。野村氏もここのパネラーとして出席する予定だった。又、くしくもこの日、皇后さまが倒れられた。
10月23日　野村秋介氏の自宅で告別式。
11月4日　宝島社社長、蓮見清一氏の父親宅が銃撃される。
11月14日　シンポジウム「日本を問う」。パネラーは、松本健一、呉智英、長谷川三千子、阿部勉、鈴木邦男。どうしても野村秋介氏の事件が話の中心になる。
11月18日　黒田清氏主宰の「マスコミ塾」で鈴木邦男が講演。「右翼・民族派運動と言論の自由」。
11月21日　京都大学で鈴木邦男講演。
11月23日　東京・渋谷の神社会館で野分祭を斎行。この年は三島由紀夫、森田必勝、そして野村秋介、三氏への追悼と顕彰の集まりになった。

11月24日　法政大学で鈴木邦男講演会が予定されていたが、中核派によりつぶされる。
11月25日　青山葬儀所で野村秋介氏の本葬。
11月29日　文芸春秋社長、田中健五氏宅に銃撃、皇室記事に怒った右翼の犯行と見られる。
12月11日　「象さんのポット白昼堂々のお勉強会」。今回のテーマは「天皇制の周辺」。外山恒一氏と鈴木邦男が対決討論。
12月　宝島社から『「皇室の危機」論争』と題した単行本が出版される。大内糺の「皇室の危機」に対する賛否両論、反響を集めたもので民族派から大原康男、鈴木邦男らが書いている。もっと早く出る予定だったが、皇后陛下のご病気、宝島社への銃撃、などのために延期になっていた。
又、「宝島30」（六年一月号）もこの問題を特集。「憂国の士の危機」と題し民族派からの反響、論文を特集。中村武彦、犬塚博英、鈴木邦男、木村三浩らが書いている。

**平成六年**（一九九四年）
1月23日　高田馬場シチズンプラザにてシンポジウム「戦後体制を撃つ。野村秋介氏の死が残したもの」。パネラーは小沢遼子、山浦嘉久、阿部勉、鈴木邦男。
「週刊金曜日」（2月25日号）で何と「私にとって天皇（天皇制）とは」という特集。それも、浅沼美知雄、岸本力男、犬塚博英、木村三浩、四宮正貴、中村武彦、中村粲、畑時夫、蜷川正大、鈴木邦男の十人の右翼・民族派の天皇論を載せる。
3月　小林よしのり氏の漫画『ゴーマニズム宣言』（三巻。扶桑社）の中で、かつて没になった天皇漫画が復活。そのことにつき本書で小林氏と鈴木邦男が対談。
4月1日　大悲会会員の内山国泰氏と古沢俊一氏が朝日新聞東京本社に突入、籠城。野村秋介氏の遺志を継ぎ、朝日の報道姿勢を正すとビラをまく。この後、名古屋の朝日新聞などにも他の右翼団体による攻撃がある。

4月8日　細川首相が突然の辞任。

4月21日　バクダットにおいて開催されたイラクユースの総会に一水会から木村三浩以下三名が参加。国連の経済制裁解除を求めるスピーチを行なう。

5月4日　羽田新政権の法相・永野茂門が毎日新聞で「南京大虐殺はデッチ上げ」と発言、問題になる。しかし、すぐに撤回、謝罪し、法相を辞任。何ともしまらない幕切れとなった。

5月15日　大阪で行なわれた「賛成vs反対。外国人参政権」の討論会で鈴木邦男は李英和（在日党）と共に「賛成派」で出席。（反対派は関西民族派の中山嶺雄・志野忠司）。右翼最大の新聞「国民新聞」（6月25日号）に、「鈴木が売国発言」と攻撃され、全右翼から批判、糾弾される。

5月30日　元松魂塾の野副正勝氏が細川前首相の「侵略戦争」発言に抗議し、発砲。

8月15日　「8・15日本と朝鮮の間柄を考える集い」。塩見孝也、福本龍蔵、蔵田計成、鈴木邦男。

9月25日　河合塾・大阪校で「左右激突PART4」。塩見孝也、鈴木邦男。ゲストパネラーに小林よしのり（漫画家）、北野誠（タレント）

10月12日〜16日　下北沢・本多劇場で行なわれた「ザ・ニュース・ペーパー」の天皇制を扱った芝居に鈴木邦男が出演。「不敬だ！」と右翼に攻撃される。

10月20日　野村秋介追悼一周年集会「群青忌」。全電通ホール。（これ以降、毎年この日に、群青忌が開かれる）

11月24日　神田パンセで「野分祭」

12月8日　昭和57年の「スパイ査問・殺人事件」で12年間刑務所に入っていた見沢知廉が満期で出所。

12月10日　同志社大学で同教授・浅野健一と鈴木邦男が討論。「戦後50年の日本。国際化とナショナリズム」。（これは後に『激論・世紀末ニッポン』と題し三一新書より出版された）

平成七年（一九九五年）
1月17日　阪神大震災
1月22日　見沢知廉、獄中で書いた『天皇ごっこ』で、「新日本文学賞」佳作。授賞式。
3月20日　地下鉄サリン事件
4月23日　村井秀夫（オウム真理教最高幹部）が刺殺される。「犯人は右翼」と報道され、「背後関係」が調べられる。
4月27日〜30日　一水会から木村三浩、見沢知廉ら三名が北朝鮮（朝鮮民主主義人民共和国）を訪問。「よど号」グループと会談。
4月28日「朝まで生テレビ」でオウム問題。鈴木邦男も出る。他に遠藤誠、鳥越俊太郎、浅野健一など。鈴木の発言が「警察批判的」で「オウム寄り」だとして抗議・脅迫の電話が殺到する。「村井と共に地獄におちろ！」「死ね！」「鉄砲玉を飛ばすぞ！」…と。
5月3日　大阪・関西テレビの「ワンダラーズ」で右翼とテロルの特集。「テロルの決算・戦後50年。日本の民主主義はどれだけ成熟したのか」。小田晋と鈴木邦男が激論。
5月6日　朝日ニュースターの「ぶっちぎりトーク」で「新しい時代のニッポンの安全保障」。小林節（慶大教授）、ばばこういち、鈴木邦男他。
5月13日　改憲派・護憲派が九段会館で激突。「憲法フェスティバル＝戦後50年。今、平和を考える＝」。姜尚中、大谷昭宏、常岡せつ子、鈴木邦男他。

6月17日　松山大学でシンポジウム。「戦後50年。明日をみつめて」。辛淑玉、柴田正、高井弘之、鈴木邦男。
6月23日　立命館大学で鈴木邦男、見沢知廉の講演会。「思想と宗教＝サリンとオウムと戦後50年」
6月27日　早稲田大学の大隈講堂で呉智英（評論家）と鈴木邦男の講演会が予定されていたが、革マル派に阻止される。「鈴木だけは絶対に学内に入れない」とのことで、呉智英だけの単独講演会に変更。
8月5日　「朝まで生テレビ」100回記念スペシャル。「戦後ニッポンと天皇制とオウム」。に鈴木邦男が出演。他に大島渚、桝添要一、西部邁、宮台真司他。
9月2日　神田パンセ。「戦後50年に際し、日本人の戦争責任を噛みしめ、日本を愛し、今後の日本の在り様を考える9・2集会」。塩見孝也、遠藤誠、北野誠、小西誠、見沢知廉、松原好之、鈴木邦男。
9月22日　沖縄で米兵による少女レイプ事件。国内に怒りが沸騰。右翼・民族派も米国大使館に押しかけ抗議。
9月27日　早朝、鈴木邦男宅はじめ全国10ケ所で兵庫県警によるガサ入れ（家宅捜索）。鈴木が週刊「SPA!」の連載で赤報隊事件について書き、警察批判をしたのが理由。警察の報復であり全くの不当弾圧だった。
10月1日　河合塾・大阪校「左右激突討論会PART5」。塩見孝也、鈴木邦男。ゲストパネラーは安部譲二（作家）、知花昌一（日の丸焼却事件）、木村三浩（一水会書記長）。
12月9日　朝日ニュースターの「ぶーちぎりトーク」で「総括一九九五年。戦後50年を振り返る」。島桂次（元NHK会長）、矢崎泰久（ジャーナリスト）、鈴木邦男他。
〔阪神大震災、オウム真理教事件、戦後五十年謝罪、不戦決議〕

平成八年（一九九六年）

2月17日　「田宮高麿さんを偲ぶ会」。文京区民センター。

2月24日　竹島の領有権問題で韓国大使館に右翼が抗議行動。

4月18日　本岡慎次（一水会）が米国大統領クリントン来日に抗議してクライスラー・ジャパン社に赤ペンキ攻撃。

4月27日　元従軍慰安婦を取材した韓国映画「ナヌムの家」に右翼が抗議。上映していた「BOX東中野」を防共縦身隊員が襲撃し、消化剤をまく。

5月4日　朝日ニュースターの「ぶっちぎりトーク」で「憲法はこれでよかったのか」。伊藤茂（社会民主党副委員長）、島桂次、西部邁、矢崎泰久、鈴木邦男。

5月19日〜28日　一水会の木村、槇、本岡の三名がイラク訪問。非同盟諸国青年学生会議に出席。イラクのラマダン副大統領、フセイン大統領の長男ウダイ氏と会談。

6月17日　この日発売の『経営塾』（7月号）の「架空身の上相談」に、「極東の国の皇太子妃」が「なぜ妊娠しないのか」と悩みを相談。「たとえ『架空』でも許せない、不敬だ！」と右翼が大挙して攻撃。『経営塾』は「おわびと訂正」を載せ、「創刊百周号パーティ」を中止した。

8月8日　「ピースボート」で鈴木邦男が北朝鮮に行く予定だったが、鈴木邦男のビザが降りず、「入国拒否」される。

9月1日〜4日　鈴木邦男と木村三浩がタイに。「ニセ米ドル事件」で裁判中の田中義三氏（赤軍派。「よど号」ハイジャック・メンバー）に面会、激励。

9月　米国のイラクに対するミサイル攻撃に対し一水会が米大使館に抗議。都内で抗議の街宣。

9月27日　「朝まで生テレビ」第114弾。野坂昭如が司会。「激論！・こんな日本に誰がした」。テリー伊藤、中

島らも、伊沢元彦、小田実、小林亜星、黒川紀章、鈴木邦男他。
10月13日　河合塾・大阪校で「左右激突討論会PART6」。塩見孝也、鈴木邦男。ゲストパネラーに、小西誠（「自衛隊」内反軍兵士）、李英和（在日コリアン、関西大講師）、中山嶺雄（一日会）。
12月17日　ペルー日本大使館公邸占拠事件。反政府ゲリラ・トラバク・アマル革命運動（MRTA）が襲撃。

**平成九年**（一九九七年）
2月20・21日　この日予定されていた柳美里さん（作家）のサイン会が「右翼」を名乗る男の脅迫で中止になる。
4月23日　ペルー日本大使館公邸に軍隊が強行突入。ゲリラ全員を射殺し、人質を解放。
4月25日　「ニュース23」に出演した鈴木邦男が「強行突入」を、「これは虐殺だ！」と批判。これに対し全国から抗議の電話が殺到し、回線がパンクする。
5月3日　朝日新聞阪神支局襲撃の「赤報隊事件」からちょうど10年目。
5月25日　一水会結成25周年記念大会。
7月8日　新宿のロフトプラスワンで、新左翼「戦旗派」代表・荒岱介と鈴木邦男が一騎打ち。討論会は荒れに荒れる。これが元で戦旗派のロフト襲撃事件が起こる。
8月11日　ロフトプラスワン。「三島由紀夫没後27年。我らが到達した地平を直截に語ろう」。板坂剛（作家）、富岡幸一郎（文芸評論家）、鈴木邦男。
8月20日　「神軍平等兵」の奥崎謙三氏出所。
9月23日　河合塾・大阪校。「左右激突討論会PART7」。塩見孝也、鈴木邦男。嘉納昌吉（ミュージシャン)、貝沢耕一(アイヌウタリ)。

11月2日　和光大で「塩見孝也vs鈴木邦男」の討論会をやる予定だったが、革マル派の妨害で中止になる。

11月29日　神田パンセ。「三島由紀夫・人と文学シンポジウム」。板坂剛、富岡耕一郎、安藤武(作家)、鈴木邦男。

**平成十年**(一九九八年)

1月4日　この日の「朝日新聞」で、サッカーW杯日本代表の中田英寿(21)が取材に応じて「国歌・君が代」について発言。「国歌、ダサイですね。気分が落ちていくでしょう。戦う前に歌う歌じゃない」。これに「日本同盟」をはじめ、右翼が猛反発し抗議。さらに前年11月、マレーシアで行なわれた試合で中田が「君が代」を歌わなかったと攻撃される。日本サッカー協会は「いまは中田が必要なのでW杯に出させてほしい。国歌は歌うように指導する」と回答。これが大問題になり、『女性セブン』(7月30日号)が特集。しかし、国内の騒動に嫌気がさしたのか、中田はイタリアのペルージャに急遽移籍した。

1月13日　元「統一戦線義勇軍」の板垣哲夫氏(41)が東京証券取引所に人質をとって立てこもる。「アメリカの経済的侵略を許すな」「金融ビッグバンは第二の敗戦だ」と訴え、檄文をまく。

2月19日　新井将敬さん自殺。野村秋介さんとは大の親友だった。

3月18日～22日　鈴木邦男と木村三浩、タイへ。元赤軍派の田中義三さんの裁判に出て、激励。

3月24日　目黒文化会館で「日本の現状を憂うる国民蹶起集会」。東証立てこもり事件の板垣氏を支援する決議を出す。

6月6日　南京事件を扱った香港・中国の合作映画「南京1937」に右翼が猛反撥。上映中の横浜「シネマ・ベティ」のスクリーンが檜垣紳・明鏡会本部長によって切り裂かれる。

6月25日　参院選公示。7月12日、投票。「維新政党・新風」（魚谷哲央代表）が健闘し、6万票を獲得。魚谷氏は民族派学生運動（日本学生同盟）出身で、「維新懇話会」を作り全国を回って維新政党をつくるために闘ってきた。
7月4日　「南京1937糾弾決起事件、檜垣紳君支援集会」が神奈川近代文学館ホールで開かれる。神奈川大学の小山和伸教授が「南京事件」の虚構について講演。
7月9日　朝日新聞籠城事件（平成六年四月）の古沢俊一氏（大悲会会員）が名古屋刑務所より出所。
7月17日　「1・13東証籠城事件」の板垣哲雄氏に東京地裁で判決。懲役八年。
9月13日〜16日　「突破者」の宮崎学、鈴木邦男らがタイ訪問。田中義三さん（元赤軍派）の裁判を傍聴、激励。
11月25日　JR東労組で鈴木邦男が講演。労働組合で講演するのは初めて。元「革マル派」No.2の松崎明氏（JR東労組会長）の招きによるもの。
12月17日　米英軍が国連安保理の承認なきイラク空爆を行う。第八次イラク訪問団、非同盟諸国学生青年会議（NASYO）でイラク入国中の一水会木村三浩書記長ほか一名も空爆を体験。
12月25日　大義なきイラク空爆に対し、一水会などがアメリカ大使館に対し抗議行動。

**平成十一年**（一九九九年）
2月　第九次イラク訪問団。タリク・アジス副首相らと会見。
4月20日　一水会現代講座の講師として、元連合赤軍兵士、植垣康博氏が登壇。獄中27年非転向の闘いを語る。
5月14日　元赤軍派議長・塩見孝也氏の主宰する「自主日本の会」と一水会などによる、左右合同の「N

○といえる日本を！ガンバレ日本人」集会が日本法曹会館で開催される。
6月22日〜24日　鈴木邦男らタイへ。23日、ニセ米ドル事件で起訴されていた田中義三さんにタイ・チョンブリ裁判所は無罪判決を下す。その後、日本に送還され、「よど号」事件の裁判が始まる。
6月30日　一水会現代講座の講師として、社民党代議士、保坂展人氏が登壇。「盗聴法反対」で熱弁。
7月4日　朝日新聞朝刊に「日の丸・君が代」に対する鈴木邦男のインタビューが掲載されて物議をかもす。
10月11日　一水会創設メンバーで元「楯の会」一期生の阿部勉氏が癌のため、入院先の慶応病院にて逝去。享年53歳。
11月24日　三島由紀夫・森田必勝両烈士追悼「野分祭」の追悼講演をドラガン・ミレンコビッチ氏（セルビア日本協会）が行う。「三島精神と私」。

**平成十二年**（二〇〇〇年）
1月　一水会新体制が発足。新代表に木村三浩氏が就任し、鈴木邦男が顧問に。
1月17日　「国際反米共同行動」。湾岸戦争開戦九年目のこの日、アメリカ大使館に対し、経済制裁解除を訴え、抗議行動を行う。
1月23日　ベオグラードで開催された「セルビア急進党十周年党大会」に一水会木村代表が招待され、連帯の挨拶を行う。
5月3日　乗客22人を乗せた西鉄高速バス「わかくす号」が17歳の少年にバスジャックされる。
6月7日　『噂の真相』による皇室記事をめぐり、日本青年社のメンバー2名が編集部を襲撃。岡留編集長、川端副編集長が全治4週間のケガを負う。雅子妃に敬称を用いなかったことが原因とされる。

6月16日　皇太后陛下崩御。皇后陛下として六十二年あまりの御在位期間は、歴代最長であった。
6月28日　タイより田中義三さんが送還される。
7月19日　駐日イラク代理大使ムフシン・ミロ・アリ氏が一水会フォーラムで講演。「湾岸戦争から十年。イラクの現状を語る」
7月21日　サミット（先進国首脳会議）が沖縄で開催される。
7月20～22日　沖縄サミット粉砕、反安保・反基地闘争のため、一水会のメンバーが沖縄で抗議行動。又、喜納昌吉さんが反サミットの「ニライカナイ祭り」を行い、外国からの参加者を含め、シンポジウム「ピース・エイト」を開催。武者小路公秀さんらと共に鈴木邦男もパネラーとして出席。
8月24日「八・二四日朝交渉粉砕闘争」。北朝鮮代表団来日にともない、千葉県木更津市で行われた国交正常化交渉本会議場へ抗議行動行う。
9月3日　ロシア、プーチン大統領来日にともない、領土奪還、新覇権主義打倒を訴え、ロシア大使館へ抗議行動。
11月25日　佐藤広美氏（21歳）が横田基地に侵入、逮捕される。佐藤氏は前日の野分祭に参列。鈴木邦男に「檄文」を託していた。

**平成十三年**（二〇〇一年）
2月10日　ハワイ・オアフ島沖で米海軍原子力潜水艦「グリーンビル」が宇和島水産高校の海洋実習船「えひめ丸」に衝突。沈没させる事件が発生。これに対し右翼・民族派は連日、アメリカ大使館に抗議。街宣行動および義捐金・署名運動を展開。
3月14日　戸塚ヨットスクール校長、戸塚宏氏が一水会フォーラムで講演。「私が直す！戦後教育の誤りと私の教育論」。
7月19日　田中義三さんの「よど号」裁判に鈴木邦男が弁護側証人として証言。左右の思想を越えた友情や田中さんの人間性について語る。
8月5日　ブント（元戦旗派）の集会のパネラーとして鈴木邦男が出席。
8月13日　公約を二日前倒し、小泉首相が靖国神社を参拝。
8月15日　終戦記念日、一水会などの運動をTBSテレビ「NEWS23」が取材、放映。
9月11日　米国中枢を襲う同時多発テロが発生。世界貿易センタービル、ペンタゴンに航空機が突入する。
10月8日　「9・11テロ」に関与しているとして、オサマ・ビンラディンと同氏を匿うタリバン政権に対する報復として、米英軍がアフガニスタンに対し軍事攻撃を開始。

**平成十四年**（二〇〇二年）
1月18日　「日本民族義勇軍」山本功氏が、声明文を放送することを要求し、NHK京都放送局に籠城。
1月22日　遠藤誠弁護士逝去。遠藤氏は「天皇制反対」だったが、反権力ならば左右を問わず支援。右翼・民族派の裁判闘争も無料で引き受けてくれた。
2月14日　田中義三さんに東京地裁で、懲役12年の判決。田中さんは控訴。
2月17〜19日　米国ブッシュ大統領来日。来日期間中都内各所で「ブッシュ来日反対・日米首脳会談粉砕闘争」が展開される。
3月15日　鈴木邦男の家が放火される。翌日、赤報隊（の前身・日本民族独立義勇軍）名で脅迫状が届けられる。時効にからんだ口封じの脅迫か。

3月27日　鈴木邦男が一水会フォーラムで「時効寸前。赤報隊の真相」を講演。一般聴衆のほか多数のマスコミが詰め掛ける。
5月3日　「赤報隊」による朝日新聞阪神支局襲撃事件が15年の時効を迎える。
5月8日　中国瀋陽の日本領事館に北朝鮮住民の一家五人が亡命。中国警備当局が日本領事館内に立ち入り取り押さえる。
9月11日　前田日明、宮崎哲弥、木村三浩等六名が、「ブッシュ政権のイラク攻撃に反対する会」を結成し、日本青年館で記者会見及び、緊急アピールを発表する。
同日　新宿ロフトプラスワンで、足立正生氏（元日本赤軍）と鈴木邦男が「9・11テロ」一周年トークを行う。
9月17日　小泉首相が北朝鮮を訪問し金正日総書記と会談。金総書記は日本人拉致を認める。
10月25日　民主党衆議院議員・石井紘基氏が守皇塾・伊藤白水塾長により自宅前で刺殺される。
11月　雑誌『ダカーポ』が右翼・民族派を特集。「右翼の世界を覗いてみよう」。一水会入会試験問題等が掲載され話題を呼ぶ。
11月29日　テレビ朝日「朝まで生テレビ」に四宮正貴、木村三浩が出演。「これでいいのか日本！歴史認識・北朝鮮・安全保障」で激論。

**平成十五年**（二〇〇三年）
1月18日　「第一回・世界愛国者会議」がロシアで開催され、日本代表として木村三浩他3名が訪露。大会には25ヶ国、29政党（団体）が参加。
2月15～24日　開戦直前のイラクに行き、反戦集会、デモに参加する。木村三浩、鈴木邦男、塩見孝也

（元赤軍派議長）、パンタ（ミュージシャン）、大川豊（大川興業総裁）など多彩なメンバー36人。外務省の渡航中止勧告を振り切っての出発。

3月10日　「赤報隊」事件完全時効を翌日に控え、「容疑者」とされていた木村三浩、鈴木邦男が記者会見を行い、国松元警察庁長官に公開討論を呼びかける。

3月11日　「赤報隊」朝日新聞静岡支局爆破事件が時効を迎える。これですべての「赤報隊」関連事件で時効が成立する。

3月20日　米英軍により「イラク戦争」開戦。

4月18～21日　「フランス国民戦線30周年大会」に招待を受け、木村三浩、鈴木邦男が訪仏。

4月30日　田中義三さんに高裁で判決。懲役12年。この後、熊本刑務所に収監される。

5月1日　ブッシュ大統領がイラクにおける大規模戦闘の集結を宣言。

7月18日　英国ブレア首相来日にともない英国大使館に抗議。

9月9日　塩見孝也氏（元赤軍派議長）を団長に、鈴木邦男など左右混合部隊で「白船訪朝団」を組織。一〇〇人で訪朝し、現地の政府関係者、学生、青年と広く討論をすることになっていたが、直前に中止になる。

10月17日　ブッシュ大統領来日にともない、「殺人鬼ブッシュ来日反対デモ」が銀座などで行われる。

11月29日　イラク・ティクリットで日本人外交官2名が殺害される。

12月10日　前駐レバノン特命全権大使、天木直人氏が一水会フォーラムで講演。「私が外務省にケンカを売ったわけ」

12月18日　「建国義勇軍」「国賊征伐隊」を名乗り朝鮮総連、朝銀、日教組などを襲い、銃撃し、あるいは弾丸を送りつけていたグループが逮捕される。「刀剣友の会」に集う、僧侶、医者、美容室経営者など、（右翼ではない）一般の人間だった。

**平成十六年**（二〇〇四年）

1月14日　初代タイガーマスク、佐山サトル氏が一水会フォーラムで講演。「極右革命を語る」。
2月21日　「第二回・世界愛国者会議」がロシアで開催され、日本代表として木村三浩以下3名が出席。帰路、木村はヨルダンへ行き、サダムフセイン大統領の長女ラガド女史と会談。
3月　一水会機関紙「レコンキスタ」が創刊三〇〇号を迎える。
3月25日　中国人活動家が尖閣列島魚釣島に不法上陸。
3月26日　「朝まで生テレビ」が「連合赤軍とオウム」。植垣康博（元連合赤軍兵士）、小林よしのり、宮崎学らと共に鈴木邦男も出演。
4月8日　日本人3名（今井紀明氏、高遠菜穂子さん、郡山総一郎氏）がイラク武装勢力に拘束される。武装勢力は自衛隊の撤退を要求。
4月11日　木村三浩が、イラクで拘束された日本人救出のため、ヨルダン入り。
4月14日　日本人2名（安田純平氏、渡辺修孝氏）がイラク武装勢力に拘束される。うち1名（渡辺修孝氏）は元一水会の活動家だった。
同日　先に拘束された3名が解放される。
4月23日　日本皇民党、中釜信行氏が在大阪中国領事館に街宣車で突入。内政干渉、領土侵犯に対する抗議行動。
4月30日　「朝まで生テレビ」が「激論！憎悪と虐殺、イラクの未来は？」。木村三浩が出演。
5月22日　小泉首相が二度目の北朝鮮訪問

5月27日　イラク・マハムディアで日本人ジャーナリストの橋田信介氏、小川功太郎が襲撃され死亡。
6月9日　イラクで拘束され、解放された安田純平氏（ジャーナリスト）が一水会フォーラムで講演。「三泊四日のイラク拘束全真相」
6月12日　維新政党新風が、東京・六本木で「尖閣を譲れ！ロックフェスティバル」を開催。
6月25日　「朝まで生テレビ」で「徹底闘論！皇室とニッポン」。四宮正貴氏が出演。無礼な質問に激怒する。
6月28日　四元義孝氏逝去。四元氏は戦前の血盟団事件に参加。戦後は「政界の黒幕」「フイクサー」と言われていた。
7月23日　イラクでの日本人拘束事件で解放の立役者となったイスラム聖教者協会のアル・クベイシ氏来日にともない、木村三浩らが会見。
8月13日　沖縄国際大学の敷地内に、米軍ヘリが墜落。
9月17日　元北朝鮮工作員の安明進氏と木村三浩、鈴木邦男等が対談。
9月30日　長谷川光良氏が、国家主権回復と、政府の北朝鮮政策を非難し、火焔車で国会に突入。
10月10日　鈴木邦男の『公安警察の手口』（ちくま新書）発売。40年間、公安に弾圧されてきた体験を基に、公安の実態を暴露。一ヶ月で三刷。それだけ、公安に虐められてきた人が多いということだろう。
10月12日　全国の右翼・民族派七五〇人が広島に結集し、「教育問題正常化」を訴え一日共闘。
10月31日　イラクで拘束されていた香田証生氏が殺害される。
11月1日　大行社社員、木川智氏（21歳。國學院大学3年）が、ゼネコン訪朝団の幹事社である大成建設本社を銃撃・占拠。
11月3日　文化チャンネル「さくら」で「神話と伝統」について鈴木邦男が高森明勅氏と対談。

11月7日　大日本生産党再建五十周年大会が日本青年館で開催される。

## 平成十七年（二〇〇五年）

1月11日　富士ゼロックス・小林陽太郎会長宅玄関脇で燃えた火炎瓶が発見される。小林会長は「新日中友好21世紀委員会」の日本側座長。小泉総理の靖国神社参拝を中国寄りの立場で非難していた。
2月14日　「おかしいぞ！警察・検察・裁判所」が文京シビックホールで開かれ四〇〇人が参加。第二部「警察の裏金疑惑と公安の実態」で鈴木邦男が大谷昭宏（ジャーナリスト）と対談。
2月24日　一水会フォーラム「北朝鮮とシルミド」講師は前東京新聞ソウル支局長の城内康伸氏。
2月25日　鈴木邦男が松崎明と対談した『鬼の討論　いでよ変革者！』（創出版）が出版される。
2月26日　明治神宮宮司の外山勝志氏の不敬な言動やスキャンダルに対して、一水会の横山孝平が抗議に行き、逮捕される。
3月16日　島根県議会で「竹島の日」条例が成立し、韓国の反日感情が高まる。
3月30日　一水会フォーラム「明治神宮宮司への抗議活動の真実を語る」講師は犬塚顧問、木村三浩。
4月1日　個人保護法が全面施行される。
4月9日　北京で一万人規模の反日デモ。日本大使館も襲撃され、以降上海などの都市でデモが多発。日本ではデモへの抗議活動が起り反中感情が露わになる。
5月1日　北朝鮮、日本海に地対艦ミサイル発射。
5月6日　日本と韓国の歴史研究合同会議が開催され、歴史認識の違いが明らかになる。
5月7日　自衛隊の第六次イラク派遣。
5月8日　ネイキッド・ロフトにてトーク「反日とは何なのか?」が開催される。塩見孝也、鈴木邦男、篠田博之。
5月14日　渋谷区勤労福祉会館にて、東アジア反日武装戦線〈狼〉逮捕から30年の集会が開催される。
5月22日　中国国家主席と自民・公明の幹事長が、台湾・靖国参拝・歴史教科書問題について話し合う。
6月1日　違法操業の韓国漁船を海上保安庁の巡視船が拿捕する。
6月15日　一水会フォーラム「私の憲法観」講師は自主日本の会代表の塩見孝也氏。
6月16日　昭和天皇パチンコ狙撃事件の奥崎謙三氏、死去。
6月27日　天皇皇后両陛下が太平洋戦争戦没者慰霊のためサイパンを訪問。
6月27日　鈴木邦男、森達也、斎藤貴男の『言論統制列島　誰もいわなかった右翼と左翼』（講談社）が出版される。
7月4日　「おかしいぞ！警察・検察・裁判所」の第二弾が文京シビックホールで開催される。
7月19日　一水会フォーラム「インド独立の志士と日本人」講師は文明史評論家の原嘉陽氏。
7月24日　ネイキッド・ロフトにてトーク「徹底討論！靖国神社参拝問題」が開催される。パネラーは東条由布子、西岡昌紀、鈴木邦男。
8月1日　『公安化するニッポン　実はあなたも狙われている！』（WAVE出版）鈴木邦男著。
8月4日　『天皇家の掟　皇室典範を読む』（祥伝社新書）佐藤由樹、鈴木邦男著。
8月15日　戦後60年。小泉首相、靖国神社参拝を見送る。
8月15日　牛込箪笥区民ホールにて、9条まつり・シンポジウム「終戦・敗戦60年のニッポンを評定する！」。パネラーは五十嵐敬喜、喜納昌吉、保坂展人、ベンジャミン・フルフォード、高野孟、鈴木邦男。
9月2日　浄土真宗・西本願寺の阿弥陀堂に皇心会代表の真橋道義氏が灯油をまく。これは西本願寺が小泉首相に靖国神社参拝をやめるよう求める要請文を出したことによるもので、真橋氏は銃刀法違反・建造物

侵入で現行犯逮捕、後日、殺人予備・放火未遂で追送検。
9月7日　見沢知廉、死去。
10月3日　ロフトプラスワンにて見沢知廉追悼イベント「文学に殉死した作家・見沢知廉」が開催される。また同氏の著書『ライト・イズ・ライト』（作品社）が出版される。
11月5日　神楽坂の日本出版クラブにて「見沢知廉さんをしのぶ会」開催。100人以上が集まった。
10月17日　小泉首相、靖国神社参拝。二〇〇四年一月一日以来の参拝となる。
11月15日　紀宮殿下、降嫁。
11月25日　鈴木亜繪美著の『火炎のゆくへ　元楯の会会員たちの心の軌跡』（柏艪舎）が出版される。
12月9日　一水会フォーラム「万世一系の皇統とは？」講師は高崎経済大学教授の八木秀次氏。
12月10日　三浦重周氏（重遠社代表、三島由紀夫研究会事務局長）が割腹自決。
12月30日　見沢知廉著の『七号病室』（作品社）が出版される。

## 平成十八年（二〇〇六年）

1月10日　元自衛官で反戦ストリッパーの沢口ともみ氏が白血病により死去。
1月16日　ネイキッド・ロフトにて「沢口友美さんを偲ぶ緊急集会」開催。世話人は木村三浩、塩見孝也、平野悠、正狩炎、鈴木邦男。
1月18日　高田馬場シチズンプラザにて一水会フォーラム「日本を保守するもの＝天皇制と国語」。講師は福田恆存のご子息、福田逸氏（明治大学教授）。
2月17日　明治記念館にて頭山満翁生誕百五十年祭が開催される。
2月22日　一水会フォーラム「皇室典範改悪阻止」講師は都議会議員の古賀俊昭氏。

2月24日　朝まで生テレビで「激論！天皇」。パネラーは山本一太、小宮山洋子、小沢遼子、小池晃、小林節、清水建宇、高橋紘、高森明勅、中丸薫、宮崎哲弥、八木秀次、鈴木邦男。
3月4日　「TVウワサの真相」で「女性女系天皇に傾くニッポンの事情」。パネラーは岡留安則、小西克哉、佐高信、小沢遼子、松崎敏弥、鈴木邦男。
3月5日　統一戦線義勇軍の元幹部、板垣哲雄氏が死去。
3月14日　一水会フォーラム「皇室典範の改正を如何に考えるか？」講師は拓殖大学客員教授の高森明勅氏。
4月　ロシアで開催された世界愛国者会議で木村三浩が発言。ロシア自民党党首のジリノフスキー氏と交流。
4月30日　「たかじんのそこまで言って委員会」の「愛国心」特集に鈴木邦男がビデオ出演する。
5月3日　「5・3憲法を考える青年集会」に参加。
5月19日　鈴木邦男著の『愛国者は信用できるか』（講談社新書）が出版される。
5月23日　高田馬場リサイクルセンターにて一水会フォーラム「第三回世界愛国者会議帰朝報告」。講師は木村三浩。
6月　韓国資本により土地を買い占められるなど、脅威にさらされる対馬現地へ乗り込む。
6月9日　天皇皇后両陛下がシンガポール・マレーシア・タイを歴訪。
6月11日　「たかじんのそこまで言って委員会」に鈴木邦男が出演する。議題はマスコミ・オウム。
6月15日　見沢知廉著の『愛情省』（作品社）が出版される。
6月22日　一水会フォーラム「小泉政権と属国日本」講師はジャーナリストの亀井洋志氏。
7月5日　北朝鮮がテポドン2号など7発の弾道ミサイルを日本海へ発射。
7月11日　「守れ！わが領土」国民決起集会が開催される。
7月17日　6月に引き続き対馬現地で大規模行動。これを受けて対馬市議会は10月6日に「韓国・馬山市の「対馬島の日」制定に対する抗議決議」を可決。

7月19日　小林よしのり責任編集の『わしズム』(夏号・小学館)発売。小林よしのり、大塚英志、香山リカ、富岡幸一郎、鈴木邦男の5人による180分の白熱座談会「超・戦争論」。堀辺正史先生と小林よしのり氏の武道特別対談・第3弾と木村三浩の「君は世界愛国者政党会議を知っているか?」も掲載された。

7月20日　元宮内庁長官・富田朝彦がつけていたとされるメモの存在が、日本経済新聞により報道された。特に昭和天皇がA級戦犯の靖国神社への合祀に強い不快感を示したとされる内容が注目された。翌日、日本経済新聞の本社で火炎瓶状のものが発見される。

7月23日　「たかじんのそこまで言って委員会」に鈴木邦男が出演する。

7月25日　イラク派遣の自衛隊、最後の208名が帰国。

7月27日　一水会フォーラム「文芸から見た小泉政権とその売国性の実態を暴く」講師は文芸評論家の山崎行太郎氏。

7月28日　「朝まで生テレビ」「激論・昭和天皇と靖国問題」パネラーは武見敬三、山本一太、細野豪志、岡崎久彦、香山リカ、姜尚中、小森陽一、高橋紘、宮崎哲弥、八木秀次、鈴木邦男。

8月5日　アレクサンドル・ソクーロフ監督の「太陽」が銀座シネパトスで封切り。

8月6日　「たかじんのそこまで言って委員会」に鈴木邦男が出演する。

8月7日　「週刊朝日」18日・25日合併号の靖国特集で木村三浩の「エセ右翼・小泉純一郎に靖国参拝の資格なし!」が掲載される。

8月15日　小泉首相が靖国神社参拝。これについてテレビ番組等で批判的発言を繰り返していた加藤紘一元自由民主党幹事長の山形県鶴岡市にある実家と選挙事務所が堀米正廣氏の放火により全焼。堀米氏は自決をはかるが果たせず逮捕される。

8月16日　北方領土、歯舞群島の貝殻島付近で、根室市のカニ漁船第31吉進丸がロシア警備艇に銃撃・拿捕、乗組員1名が射殺、3名が拘束される。
8月21日　一水会フォーラム「『主権在米経済』について語る」講師は新党日本代表代行の小林興起氏。
9月　木村三浩、武部氏の地元・北海道を宮城の同志とともに遊説。
9月7日　見沢知廉、一周忌。
9月6日　秋篠宮殿下に男児誕生。12日に悠仁と命名される。
9月10日　ネイキッド・ロフトで大浦信行監督の「9・11〜8・15日本心中」の上映記念トークに鈴木邦男が出席。
9月15日　7月の北朝鮮によるテポドン発射に対して、東京市ヶ谷の朝鮮総連に抗議文と切断された右手の小指が届く。
9月15日　オウム真理教元代表・松本智津夫の控訴が棄却され、事実上死刑判決が確定。
9月15日　ネイキッド・ロフトで社民党の保坂展人氏と「愛国心」についてのトークに鈴木邦男が出席。
9月17日　ロフトにて中野ジロー司会による「塀の中で懲りちゃった面々」トーク。パネラーは安部譲二、塩見孝也、蜷川正大、木村三浩、雨宮処凛、鈴木邦男。
9月20日　小泉首相の自民党総裁任期満了により、安倍晋三氏が総裁就任。26日には安倍内閣が発足する。
10月3日　青山ブックセンターにて『噂の眞相・闘論外伝』（岡留安則と12人の論客。インフォバーン）の出版記念トーク。テーマは「日出ずる国の最新タブー」80人ほどのスペースは満員。
10月5日　月刊『論座』（11月号）発売。「言論テロと右翼」（鈴木邦男×宮崎学）
10月9日　北朝鮮が核実験を行う。
10月10日　『反戦ストリッパー白血病に死す 沢口友美伝』（グラフ社）正狩炎著

10月16日　「漫画実話ナックルズ」（12月号・ミリオン出版）発売。マンガ「見沢知廉物語」掲載。漫画・池田鷹一、原作・深笛義也。
10月23日　高田馬場ホテルサンルートにて一水会フォーラム「突破者から見た安倍政権」。講師は宮崎学氏。
10月27日　山形県鶴岡市にてシンポジウム「言論の自由を考える」。加藤紘一、佐高信、小森陽一、早野透、鈴木邦男。500人以上が集まった。
11月6日　『別冊宝島 1366　日本の右翼と左翼』が出版される。
11月11日　ポレポレ東中野にて映画「9・11〜8・15日本心中」を見て、大浦信行監督とトーク。「心中」と「玉砕」をキーワードにしながら、日本精神、天皇、文化について語った。
11月12日　「たかじんのそこまで言って委員会」に鈴木邦男が出演。この日のテーマは教育・週刊誌。
11月23日　大阪の朝日放送テレビ「ムーブ」で、鈴木邦男が「日本の右翼と左翼」のコーナーに出演。
11月24日　一水会野分祭記念講演「『楯の会』のこと〜私の体験を語る〜」講師は元楯の会会員の田村司氏。
11月30日　「週刊新潮」が「週刊金曜日」主催の「皇室中傷芝居」について掲載。
12月5日　論座2007年1月号発売。赤木智弘氏の論文『「丸山眞男」をひっぱたきたい〜三十一歳フリーター。希望は、戦争。』が物議を醸す。この頃からネット右翼（ネトウヨ）という表現が使われはじめる。
12月8日　大東亜開戦の日、内閣へ建白書を提出。
12月10日　横須賀市にて統一戦線義勇軍主催で民族派有志の参加による「大東亜開戦を記念する反米集会」開催。
12月19日　一水会フォーラム「安倍政権の今後」講師は雑誌「インサイドライン」編集長の歳川隆雄氏。
12月30日　フセイン元イラク大統領の死刑が執行される。

平成十九年（二〇〇七年）

1月1日　よど号事件のメンバー、田中義三氏が死去。

1月17日　高田馬場において一水会主催の「フセイン大統領追悼の夕べ～不法なフセイン大統領裁判を考える」が開催される。

1月19日　新宿ネイキッド・ロフトにて、統一戦線義勇軍・針谷議長による「男たちの国防論」が開催される。登壇者は木村三浩・舟川孝愛国党総隊長、丸川仁大行社中央本部長。

1月22日　一水会フォーラム「東京裁判と松井大将～南京事件を考える～」講師は獨協大学名誉教授の中村粲氏。

1月26日　週刊朝日で2月16日号までの4週にわたり、作家・宮崎学氏による『ニッポンの「右翼」』と題する記事が連載された。

2月4日　神田にて田中義三氏を送る会が開催される。友人200人が参列。

2月5日　中国海洋調査団が尖閣諸島魚釣島付近で無断海洋調査を行い、領有権を主張。

2月19日　チェイニー米副大統領訪日に伴う対米関係の提言書を内閣府に提出。

2月20日　アメリカのチェイニー副大統領が訪日。天皇陛下に引見。都内での右翼団体による訪日反対デモがフランスの通信社により報じられる。

2月19日　一水会フォーラム「東京裁判史観とマスコミ」講師は世論の会代表の三輪和雄氏。

2月27日　『右翼の言い分』（アスコム）宮崎学著。

3月2日　チェイニー副大統領の不敬行為について木村三浩と針谷議長が外務省に陳情面談を行う。

3月2日　週刊朝日で木村三浩と加藤紘一代議士の対談記事を掲載。聞き手は作家・宮崎学氏。

3月8日　新宿ネイキッド・ロフトにて、統一戦線義勇軍・針谷議長による「男たちの国防論Ｖｏｌ.

2」が開催される。
3月12日　一水会フォーラム「六カ国協議を受けての今後の日朝関係」講師はアジア社会経済開発協力会会長の菅沼光弘氏。
3月20日　イラクのラマダン副大統領に絞首刑執行。
3月31日　明治維新に影響を受け、朝鮮の脱清維新を起そうとして倒れた金玉均の歿後百三十年墓前祭が青山墓地にて執り行われる。
4月17日　長崎市長選挙の最中に伊藤一長氏（前市長）が山口組系「水心会」会長代行・城尾哲弥氏により射殺される。
4月19日　一水会フォーラム「素顔の北朝鮮〜抑留2年2カ月の体験から〜」講師は元日本経済新聞記者・ジャーナリストの杉嶋岑氏。
4月22日　長崎市長殺害事件について「テレビ朝日サンデープロジェクト」に木村三浩が出演、司会の田原総一朗氏の質問を受ける。
4月25日　鈴木邦男が渡米し、ニューヨークで行われた「日本国憲法」のシンポジウムに招聘される。他のパネラーは日本国憲法起草メンバーのベアテ・シロタ・ゴードン、イエール大学教授のフランシス・ローゼンブルース、映画監督のジャン・ユンカーマン。司会はキャロル・グラッグ。
4月25日　安倍総理の訪米に向けて、木村三浩が内閣府にて対米外交政策に関する提言を行う。
4月29日　昭和天皇の御誕生日であるこの日が、祝日法の改正により、「みどりの日」から「昭和の日」に改められる。八王子市の陵南公園にて「昭和の日」記念式典が行われる。
5月2日　『現代右翼　アンダーワールド』（洋泉社）発行。木村三浩と森達也、鈴木邦男とソクーロフ監督の対談が収録される。

5月12日　一水会岡山支部にて鈴木邦男、木村三浩を招いて「レコン読者の集い」が開催される。岡山支部は結成25周年。
5月12日　大夢館の伊藤好雄館主主催の「岐阜フォーラム21」。一水会からは犬塚顧問が参加。塩川正十郎元財務大臣の基調講演『「美しい国日本」の行方』。
5月14日　一水会フォーラム「日本を喰い物にするハゲタカファンドの実態」講師は経済評論家の水島愛一郎氏。
5月22日　『右翼と左翼はどうちがう?』（河出書房新社）雨宮処凛著
5月25日　新宿ネイキッド・ロフトにて、統一戦線義勇軍・針谷議長による「男たちの国防論Vol.3」が開催される。登壇者は維新政党新風・鈴木信行東京本部代表、愛国党・舟川孝総隊長、大行社・丸川仁本部長。テーマは『国防論から考える朝鮮半島』。
5月26日　木村三浩が「金城実100M彫刻「戦争と人間」大展示会実行委員会」の招きを受け沖縄を訪問、「民族派からみた沖縄」と題する講演を行い、1987年に日の丸を焼却した知花昌一氏などと討論。
5月30日　一水会が結成三十五周年を迎える。
6月1日　特冊新撰組DXに鈴木邦男の著書『腹腹時計と狼』を漫画化した『テロ東アジア反日武装戦線と赤報隊』とインタビューが掲載される。
6月5日　別冊宝島『軍歌と日本人』に二十一世紀書院・蜷川正大代表と木村三浩のインタビューが掲載される。
6月9日　日本青年社前会長・衛藤豊久氏が死去。1978年に尖閣諸島の魚釣島に上陸し、実行支配のシンボルとして灯台を建設した。1992年には野村秋介氏を擁して「風の会」を結成した。
6月10日　1924年5月31日、排日移民法に反対する大日本帝国無名の一民として米国大使館の裏の空き地で自刃した無名烈士の八十三年忌が青山墓地にて執り行われた。
6月11日　一水会フォーラム「一水会35年の歩みと使命」講師は鈴木邦男。
6月13日　大阪市立難波市民学習センターで第15回「日本講座」に木村三浩が招かれ「我々は何故闘うのか?〜民族派運動の担い手として〜」と題して講演を行う。
6月15日　『私たち、日本共産党の味方です』筆坂秀世、鈴木邦男著。
7月7日　情報誌Link Club News Letter Vol.146に鈴木邦男の「国を愛し〝自分の弱さを愛す〟」が掲載される。
7月12日　港区麻布の賢崇寺にて、仏心会・慰霊像護持の会主催の「二・二六事件十五士七十二回祥月法要」が執り行われる。
7月12日　生長の家の出版部である日本教文社の田原康邦氏が死去。
7月17日　一水会フォーラム「いま改めて靖国問題を考える」講師は国学院大学教授の大原康男氏。
7月20日　新宿ロフトプラスワンにて、統一戦線義勇軍・針谷議長による「男たちの国防論Vol.4」が開催される。第一部の登壇者は犬塚顧問、鈴木邦男による「民族派学生運動における国防論」、第二部は愛国党・舟川孝総隊長、大行社・丸川仁本部長、維新政党新風・鈴木信行氏、勝又洋氏。
7月25日　統一戦線義勇軍の山口祐二郎氏が防衛省・自衛隊に対して火炎瓶投擲。県立沖縄高等養護学校に18日午後、米軍装甲車1台が無断で侵入したことが原因。
7月30日　米下院本会議においてマイク・ホンダ議員による「慰安婦をめぐる対日謝罪要求決議案」が可決される。
8月5日　統一戦線義勇軍の針谷議長による「八・五広島、長崎の原爆投下を考える、反米集会」が横須賀の米軍基地前で行われる。
8月7日　木村三浩と鈴木邦男が訪中。

8月10日　一水会フォーラム「一水会35年と海外からみた日本」講師は日本国体学会主事の笹井宏次郎氏。
8月15日「東京新聞」の終戦記念日特集で。鈴木邦男が品川正司氏と「戦争と平和」について対談。
8月18日　チャンドラ・ボース氏の六十三回忌法要が杉並区でいとなまれる。
8月20日　木村三浩著の『憂国論―新パトリオティズムの展開』（彩流社）
8月20日　安倍総理の靖国神社不参拝に対し、松籟維新聯合日本講座顧問、大日本皇国会最高顧問、憂國建政塾最高顧問の丹生東岳氏が、抗議文と断指、その模様をビデオ撮影したものを自民党本部に送付したことにより脅迫の容疑で逮捕された。
9月1日「ZAITEN」10月号に鈴木邦男とベンジャミン・フルフォード氏との憂国対談が掲載される。
9月6日　劇団再生による見沢知廉3回忌追悼公演「天皇ごっこ～母と息子の囚人狂時代～」がWoody Theatre中目黒にて9日まで上演される。
9月13日　一水会フォーラム『なぜ私が北朝鮮と関わるようになったか？』講師はNGOレインボーブリッヂ代表の小坂浩彰氏。
9月23日　第四回一水会物故同志・会員会友慰霊祭が斉行される。
9月26日　福田内閣発足。
10月2日『週刊金曜日』で「右翼も左翼も西郷隆盛を好きなわけ」と題して鈴木邦男と佐高信氏が対談。
10月9日　一水会フォーラム『二つの国のはざまで翻弄される家族たち―歴史的課題である拉致問題を解決するために』講師は拉致被害者家族連絡会副代表の蓮池透氏。
10月12日　鈴木邦男、永田町・憲政記念館の「九条改憲反対。故浅沼稲次郎委員長追悼一〇・一二集会」に参加。
10月27日　一水会結成三十五周年企画として「一水会岐阜フォーラム」が開催され、木村三浩が基調講演を行う。
11月7日　『超日本国憲法』（講談社）潮匡人、斎藤貴男、林信吾、鈴木邦男著。
11月8日　一水会、アメリカ大使館用地の賃借料10年滞納問題について、アメリカ大使館に抗議、内閣府に要請を行う。
11月9日　木村三浩著の『男気とは何か―軟弱なる時代に学ぶべきこと』（宝島社）
11月10日　目白・椿山荘フォーシーズンズホテルにて日本国体学会の「国体文化」が発刊一千号を迎える記念祝賀会が催され、鈴木邦男が挨拶する。
11月12日　全日本愛国社国体会議五十年記念大会が開催され、写真集が刊行された。
11月16日　札幌市にて「北海道青年フォーラム」開催。木村三浩と針谷議長が公演を行う。
11月20日　新宿ジュンク堂書店にて早見慶子氏の『I LOVE 過激派』の出版記念トーク。木村三浩と鈴木邦男が登壇。
11月24日　一水会野分祭記念講演「わが青春の楯の会～三島由紀夫氏・思想の根源～」講師は元楯の会五期生の山口良男氏。
12月9日　大阪で大東亜戦争開戦記念反米集会が行われる。横須賀では統一戦線義従軍を中心とした民族派有志により米軍基地に対して抗議行動が行われた。
12月12日　一水会フォーラム「大連立の乱と政界再編」講師は作家の大下英治氏。
12月15日　社民党本部にて鈴木邦男による講演「憲法と天皇」が開催される。社民ユース東京主催。
12月25日　鈴木邦男著の『愛国者の座標軸』（作品社）出版。
12月29日　フランス国民戦線代表・欧州議会議員のブルーノ・ゴルニッシュ氏が二年ぶりに来日。靖国神社・泉岳寺を参拝し、都内ホテルにて鈴木邦男・木村三浩と会談。

## 平成二十年（二〇〇八年）

1月5日　新宿テアトルにて若松孝二監督の「実録・連合赤軍〜あさま山荘への道程」の予告イベントに作家の平岡正明・雨宮処凛、鈴木邦男がゲスト出演。

1月7日　阿佐ヶ谷ロフトAにて木村三浩による「男気」についてのトークライブ。ゲストは早見慶子氏。

1月9日　毎日新聞朝刊に作家・高橋源一郎氏と雨宮処凛氏の格差社会についての対談が掲載され、これがきっかけとなって小林多喜二の蟹工船ブームが始まった。

1月16日　一水会フォーラム「ベトナム独立戦争の陰に日本人の血涙」講師は元朝日新聞編集委員・ハノイ支局長の井川一久氏。

1月25日　月刊宝島3月号に木村三浩と赤木智弘氏の対談が掲載される。

2月2日　この日と翌日3日に予定されていた日本教職員組合（日教組）の全体集会が、グランドプリンスホテル新高輪からの一方的な予約破棄にあう。ホテルは2007年3月に一旦予約を受理したが、同年11月になってから、右翼団体の抗議活動による周辺住民への迷惑、特にこの日を中心に行われる入学試験に重大な影響を与えるおそれがあるとして、受け入れ拒否に転じた。

2月2日　ロス疑惑の三浦和義、サイパンで逮捕される。

2月12日　一水会フォーラム「民族派運動に展望はあるのか〜レコンキスタ縮刷版から考える」講師は木村三浩、鈴木邦男。

2月25日　李明博、韓国大統領に就任。

3月10日　中華人民共和国チベット自治区ラサ市において、チベット独立を求めるデモをきっかけとして発生した暴動が勃発。中国政府の暴動鎮圧活動に際して、チベット亡命政府は当初少なくとも140名以上の多くのチベット人が虐殺されたと主張したが、中国政府は暴動全体での死亡者は22名だったと主張している。中国の苛烈な弾圧に対し各国から非難が集中し、日本でもその後いくつかの抗議行動が発生した。

3月17日　一水会フォーラム『戦後六十余年　日本人の忘れもの―特攻隊にみる自己犠牲の精神』講師は産経新聞社会部編集委員の宮本雅史氏。

3月19日　一水会、アメリカのイラク侵略五周年を機にアメリカ大使館に対して厳重抗議を行う。

3月21日　鈴木邦男著の『失敗の愛国心』（理論社）が出版される。

3月21日　自転車会館ホールにて木村三浩著『憂国論』『「男気」とは何か』の出版記念会開催。

3月26日　「Will」5月号（ワック）に始まった「皇太子さまに敢えて御忠言申し上げます」（西尾幹二著）が物議を醸す。作家・竹田恒泰氏が7月号に「旧皇族が「雅子妃問題」に大反論」と題して反論を掲載し、論争となった。西尾氏の掲載は同年8月号「これが最後の皇太子さまへの御忠言」まで続き、9月に「皇太子さまへのご忠言」（ワック）として出版される。

4月6日　川内康範氏、死去。

4月10日　池袋にて「北京五輪にNO！『中国』の実態を告発する国民集会」（加瀬英明代表）が開催された。

4月12日　劇団再生による「天皇ごっこ～思想ちゃんと病ちゃんと～」が阿佐ヶ谷ロフトAにて上演される。鈴木邦男・高木尋士によるトーク「表現・演劇・思想といろいろ」が開催される。

4月12日　李纓監督による映画「靖国」の上映を予定していた東京都の四映画館と大阪府の一映画館の全てが「周辺の商業施設に迷惑をかけることになる」として上映の中止を決めた。これは2007年12月のマスコミ試写会で、週刊新潮が「中国人監督が作った『反日』映画」と論評したことから、上映を予定していた映画館に対する右翼団体の街宣車による抗議活動や電話による公開中止を求める抗議があったことによるもの。

4月14日　一水会フォーラム『バルカンにおける民族・歴史・文明の葛藤―今日のコソボ問題を考える』講師は東京国際大学教授の岩田昌征氏。
4月15日　大阪堂島ホテルにて木村三浩著『憂国論』の出版記念パーティーが開催される。
4月18日　新宿ロフトプラスワンにて映画「靖国」が右翼民族派団体の幹部約120名を対象に上映され、試写後に活発な討論が行われた。
4月24日　木村三浩、鈴木邦男が北朝鮮を六日間にわたり訪問。拉致問題などについて朝鮮労働党幹部と意見交換する一方、七十一ヶ所の日本人墓地の位置特定や遺骨の返還、慰霊塔の建立などを提案した。
4月27日　北京オリンピックの聖火リレーを妨害したとして同血社神奈川連合の中村宏樹氏が逮捕されたが翌日不起訴となった。
5月6日　中国の胡錦濤主席が来日。9日の帰国時に天皇陛下がホテルを訪れたとして話題を呼ぶ。
5月7日　メドベージェフ、ロシア大統領に就任。
5月7日　一水会フォーラム『元日本共産党職員が見た中国共産党―共産主義政府の弊害と展望』講師は元日本共産党・国会議員秘書の篠原常一郎氏。
5月8日　中国の胡錦濤主席に「天皇陛下の政治利用は許すまじき！」として現職の自衛官である鈴木田俊吾氏（陸士長）が国会議事堂にて抗議の切腹自決を試みた。
5月13日　『本と映画と「70年」を語ろう』（朝日新聞出版）川本三郎・鈴木邦男著
5月24日　渋谷において民族派各団体主催による北京五輪ボイコット国民大会が行われた。
5月29日　加藤紘一代議士主催の超党派国会議員政策勉強会「ラーの会」にて鈴木邦男・木村三浩の北朝鮮訪問に関する講演が開催された。
6月8日　秋葉原通り魔事件発生。

6月10日　一水会フォーラム「グローバリズムの趨勢～洞爺湖サミットを見据えて」講師は東京大学大学院生のナサニエル・スミス氏。
6月26日『映画「靖国」上映中止をめぐる大議論』（創出版）森達也、鈴木邦男、宮台真司著
6月27日　大東塾同人・不二歌道会代表の神屋二郎氏、死去。
6月28日　八重洲ビジネスホールにて日本国民フォーラム（米田健三代表、平沼赳夫最高顧問）による第一回月例研究会が開催される。
7月1日　一水会の機関誌・レコンキスタが350号を迎え、各界の著名人からコメントが寄せられる。
7月7日　北海道で洞爺湖サミット（主要国首脳会議）が開催される。木村三浩は札幌市でサミット反対集会を開き、「グローバリズムに物申す民族派有志の会」を結成、米国領事館にブッシュ大統領を糾弾する抗議文を手交する。
7月11日　一水会フォーラム「日ロ関係の現状と将来～ポスト・プーチンを考える～」講師はロシア科学アカデミー東洋研究所主幹研究員・全ロシア日本研究会名誉会長のコンスタンチン・サルキソフ氏。
7月20日　国会議事堂前で国会議員の加藤紘一氏・山崎拓氏等に抗議して山岡孝治氏が自決をはかる。
7月23日　韓国の退役軍人ら二十一人が対馬市役所前で「竹島は韓国領土、対馬も韓国領土」と主張するデモが行われた。
7月29日　鈴木邦男著の『愛国の昭和―戦争と死の70年』（講談社）が出版される。
7月29日「わしズム　ダライ・ラマ14世に異議あり」（小学館）で小林よしのり、上田紀行、八木秀次、富岡幸一郎、木村三浩が対談。
8月7日　一水会フォーラム『民族派への期待と疑問』講師はジャーナリストの田原総一朗氏。
8月8日　北京オリンピック開会式。この日、グルジア軍が南オセチアに侵攻し、ロシア軍が反撃する。

8月12日　北朝鮮のテロ支援国家指定解除に対して、大日本皇国会会員の国信隆氏がアメリカ大使館に抗議行動、現場警備中の機動隊員に取り押さえられる。10月16日に懲役一年執行猶予三年の有罪判決を受ける。

8月14日　新宿ロフトプラスワンにおいて「高須基仁プロデュースVol．52『平和だからできること・戦場よりリング場、戦場よりエロス場ROUND三』靖国神社と東京裁判を語る」が開催され、前田日明、三上治、浅野健一、木村三浩、鈴木邦男が熱烈な討論を繰り広げた。

8月15日　BSデジタル放送チャンネル11の「大人の自由時間・暴くニュース&噂の裏の裏」において「検証！靖国神社問題と東京裁判」と題して議論が行われた。主なパネリストは高須基仁、堤堯、三上治、東条由布子、木村三浩。

9月15日　アメリカ合衆国の投資銀行であるリーマン・ブラザーズが破綻し、世界的金融危機の引き金となる。いわゆるリーマンショック。

9月16日　一水会フォーラム『北朝鮮再考─北東アジアの非核・平和と民族共生のために』講師は大阪経済法科大学客員教授の吉田康彦氏。

9月24日　麻生太郎氏、総理大臣就任。

9月24日　日本国体学会で鈴木邦男が「現今の天皇論をめぐり＝里見国対学との出会い」と題して講演を行う。

9月26日　一水会、内閣府に国難打開の十一カ条を提言。

10月10日　ミリオン出版から「実話ナックルズEX」の増刊号として新雑誌「RARE」が創刊。「蔓延する気分としての右翼」と題して福田和也氏と木村三浩が対談。

10月10日　三浦和義氏がロス市警本部の拘置所で死去。

10月15日　一水会フォーラム『近代日本が陥った不平等の真実』講師は日本武道傳骨法創始師範の堀辺正

史氏。

10月31日　民間の懸賞論文へ応募した作品「日本は侵略国家であったのか」が政府見解と対立するものであったことが問題視され、田母神俊雄氏が航空幕僚長を更迭される。

11月1日　鈴木邦男、中国訪問。歴史問題について北京大学の教授たちと討論。

11月4日　写真週刊誌「フラッシュ」で「皇室のタブー」と題する特集が組まれ、木村三浩のインタビューが掲載される。

11月5日　２００７年11月に自衛隊の装備品調達に関する汚職事件で逮捕された防衛省前事務次官・守屋武昌氏、山田洋行の元専務・宮崎元伸氏に実刑判決が下される。

11月6日　新宿ゴールデン街劇場にて「Risorgimento! ナイト6野村秋介自決十五年」が開催される。

11月10日　一水会フォーラム『自称〝右翼〟が多すぎる』講師は漫画家の小林よしのり氏。

11月17日　18日と連続して元厚生省事務次官の自宅が襲撃され、死者2名重傷者1名を出す事件となった。当初「年金テロ」事件と報道され、右翼団体や新左翼やカルト教団などの犯行と疑われていたが、5日後の22日に小泉毅氏が「飼い犬を保健所に殺された報復」として自首。

11月21日　一水会、内閣府・防衛省に田母神前空幕長の論文問題に関し、八カ条の提言書を手交。

11月24日　新宿花園神社で野分祭が執り行われる。記念講演として講師に富岡幸一郎氏を迎える。

11月25日　大阪市民センターにおいて、日本講座主催による三島・森田烈士「義挙復活祭」が開催される。講師に井上一新氏（日本会会長）、特別参加として元・楯の会四期生の田村司氏を迎え、熱心な討論が行われる。

11月30日　大分県護国神社において、自衛隊を日本国軍にする会の大分憂国忌が開催される。

12月7日　大阪日本橋の日東公園で、大東亜青年倶楽部主催の「大東亜戦争開戦記念反米集会」が開催された。

12月10日　一水会フォーラム『最近の北朝鮮情勢と日本外交』講師は早稲田大学教授の重村智計氏。
12月14日　一水会フォーラムとうとう100回を迎える。「一水会38年、運動の原点と今後の展望を語る」

## 平成二十一年（二〇〇九年）

1月2日　今上陛下の御在位二十年を契機に、一水会が不二歌道会とともに一般参列者に日の丸の手旗を配る有志活動を行う。
1月19日　一水会フォーラム「オバマ政権誕生＝『日本独立』への好機！」講師は大阪経済法科大学客員教授の井川一久氏。
1月20日　一水会フォーラム『日本は侵略国家であったのか』講師は前航空自衛隊幕僚長の田母神俊雄氏。
1月20日　バラク・オバマ、アメリカ大統領就任
1月27日　日本漁船第38吉丸、日本海でロシア沿岸警備隊に拿捕される。
1月28日　インテリジェンスレポート（インテリジェンス・クリエイト）3月号の特集「愛国─民族派・右翼の主張と行動」で、民族運動の現状について木村三浩のインタビューが掲載された。
2月5日　週刊新潮に4週にわたって朝日新聞阪神支局襲撃の〝実行犯〟を名乗る島村征憲氏の手記「実名告白手記　私は朝日新聞『阪神支局』を襲撃した！」が掲載された。一水会をはじめとする右翼団体や米大使館との関わりにも触れており、大きな反響を呼んだが、これは後に事実と異なる点が多数見つかり、島村氏本人の証言が翻るなど「誤報」と大騒ぎになった。厳重な抗議により週刊新潮は取材不足を認めて4月16日に謝罪記事が掲載された。
2月17日　一水会フォーラム「最新の北東アジア情勢と我が国の決意」講師はジャーナリストで元共同通信記者の青木理氏。

2月21日　日本青年館地下ホールにて、「紀元節奉祝式典実行委員会」による紀元節奉祝式典が催された。記念講演として田母神雄夫前航空幕僚長を講師に迎え「日本は侵略国家であったのか」と題した講演会も行われた。

2月22日　NHKの札幌、長野、東京、福岡の各放送局宛に、三八式小銃の実弾1個と「赤報隊」と印字された紙が小包で届く。福岡放送局では爆発事件も起きた。

2月26日　新宿ネイキッド・ロフトにおいて『針谷大輔が斬る！「男達の国防論Vol．13』が開催される。2・26にちなんで演題は「軍とクーデター」、パネラーは元海上自衛隊三佐・高城通氏、大行社・丸川仁本部長、大日本愛国党・舟川孝総隊長、木村三浩。

3月1日　大阪府教育会館「たかつガーデン」にて第二百回となる一日会が開催される。

3月4日　『「蟹工船」を読み解く』（データハウス）鈴木邦男著

3月7日　「実話マッドマックス」四月号の特別企画「右翼が語る天誅人」で、八人の活動家の一人として木村三浩がインタビューに答えた。代表が「国賊」と名指ししたのは小泉元首相と竹中平蔵の親米コンビ。その他の活動家は阿形充規、福田草民、丹生東岳、山田一成、舟川孝、丸川仁、河原博史。

3月8日　熊本にて鈴木田俊吾氏率いる「原動社」が「東京大空襲を許さない反米集会」を開催。

3月11日　韓国釜山で北朝鮮拉致被害者の親族が金賢姫と面会する。

3月14日　東京メトロポリタンテレビの「西部邁ゼミナール　戦後タブーをけっとばせ」に木村三浩が出演。「民族行動派　右翼の言い分」と題して発言を行う。

3月17日　一水会フォーラム「中国とどうつき合うか～現代における尊王攘夷とは～」講師はジャーナリストで元朝日新聞編集委員の伊波新之助氏。

3月23日　一水会、御手洗経団連会長の辞任を求める要求書を手交。

3月29日　テレビ東京の特別番組「TV強制合宿？　タブーな番組企画会議」が放送される。森達也、中村うさぎ、三上寛、たむらようこ、服部孝章、木村三浩が「テレビのタブー」について議論。
4月5日　北朝鮮、舞水端里（ムスダンリ）から日本海へミサイルを発射。
4月13日　一水会フォーラム「私の共産党論」講師は元共産党政策委員長の筆坂秀世氏。
4月27日　ロシア大使館に、プーチン首相の靖国神社参拝の要望書を手交。
5月3日　渋谷宮下公園において「憲法を考える青年集会」が開催され、愛倭塾・義進護国会・統一戦線義勇軍・同血社等から約80名の有志が参加。大阪日本橋でも大日本青年倶楽部による「憲法を考える集会」が開催され、約30名が集結した。
5月15日　五・一五事件から七十七年目を迎え、三上卓先生を館祖とする大夢館主催の「大夢祭」と『青年日本の歌』関係資料奉納式典」が岐阜県護国神社にて開催される。
5月19日　一水会フォーラム「日本の領土が危ない！」講師は東海大学海洋学部教授の山田吉彦氏。
5月19日　『せめぎあう言霊―一水会フォーラム講演録』（鹿砦社）が出版される。
5月19日　鳥海茂太氏が米沢市議会議員を三十年勤めたことによる社会貢献に対し、旭日小綬章を叙勲される。
5月19日　社会活動家の太田龍氏、死去。
5月25日　赤坂の乃木会館において犬塚哲爾世話人による「楠公祭」が開催される。
5月25日　北朝鮮、二〇〇六年に続き二度目の核実験。
5月26日　「週刊SPA！」に和歌山カレー事件に関する対談が掲載される。タイトルは「林眞須美は無罪である」。元警察官の北芝健、元山口組系組長の石原伸司、鈴木邦男。
5月27日　一水会、小泉首相の議員引退に際し公開質問状を送付。イラク戦争と社会構造改革によるワーキングプア増加について。

6月4日　小林よしのり氏の『ゴーマニズム宣言SPECIAL 天皇論』（小学館）が発売される。

6月8日　二〇〇六年に出版された『別冊宝島1366 日本の右翼と左翼』を再編集した『「憂国」と「革命」の日本史』（別冊宝島ムック）に木村三浩が文を寄せる。

6月12日　劇団再生による「雨の起源〜天皇ごっこ〜」が秋葉原・DRESS AKIBA HALLにて上演される。

6月13日　『無礼講　酒気帯び時評55選』（扶桑社・坪内祐三、福田和也著）で週刊新潮問題と民族派が取り上げられる。

6月15日　一水会フォーラム「日米同盟の正体」講師は元外務省国際情報局長・元防衛大学校教授の孫崎享氏。

6月15日　『愛国と米国―日本人はアメリカを愛せるのか』（平凡社）鈴木邦男著

6月18日　『「憂国」と「革命」の日本史』（別冊宝島ムック）鈴木邦男と木村三浩が掲載される。

7月1日　思想信条の違いを超えて忌憚のない意見交換を目的として『月刊日本』と『週刊金曜日』の合同シンポジウム「日朝問題を考える」が神田錦町の「ちよだプラットホームスクエア」で開催され、拉致問題や核開発・ミサイル発射問題、日朝交渉について様々な意見が交わされた。司会は青木理、登壇者は月刊日本論説委員の山浦嘉久、元拉致被害者家族会代表の蓮池透、元外務省主任分析官の佐藤優、東京大学名誉教授の和田春樹、元公安調査庁第二部長の菅沼光弘。

7月8日　『日本を貶めた10人の売国政治家』（幻冬舎新書・小林よしのり編）長谷川三千子、高森明勅、八木秀次、大原康男、潮匡人、木村三浩などが登場し売国政治家を取り上げる。

7月12日　日本青年館において「日本青年社創設五十周年総会」が行われ、友誼団体も含め約千名が参加した。

7月12日　港区麻布の賢崇寺にて、仏心会・慰霊像護持の会主催による二・二六事件関係者二十二士の七十四回忌法要が執り行われる。
7月13日　一水会フォーラム「私だけが知っている金ファミリー」講師は元金正日の料理人、藤本健二氏。
7月15日　茅場町鉄鋼会館において慶應大学OBを中心とした近代史研究会「桜会」に木村三浩が講師として招かれ、これまでの活動家としての歴史、一水会の紹介、現在の政治状況などを二時間にわたって講演する。
7月28日　韓国資本による土地の買収や漂着ゴミの環境破壊などが深刻な長崎県対馬の問題について話し合う地方議員と有志のコラボによる対馬対策会議が都内で行われる。
8月4日　木村三浩がアラブへ渡航。11日まで現地で交流、意見交換、会見などを行う。
8月5日　一水会が麻生首相に靖国神社参拝の要望書を提出。
8月13日　東京都武蔵村山市で、道路に張られたロープにミニバイクの女性が引っ掛かって転倒し重傷を負った。この事件は米軍横田基地所属の米兵の家族4人（15～18歳）が起したもので、12月5日逮捕された。
8月15日　一水会フォーラム「あえて終戦記念日から出撃の論理を語る」講師は格闘家の前田日明氏。
8月15日　新宿ロフトプラスワンにて開催された「高須基仁プロデュースVol．56『テロよりエロ！！戦場よりリング場‼』」のトークライブに木村三浩が参加。
8月21日　文京シビックセンターにおいて「平成の大演説会Vol．12『軽佻浮薄な〈政権交代〉論を駁す―明治維新という原点』」が開催される。
8月21日　見沢知廉の生誕50年を記念して、劇団再生による「天皇ごっこ～調律の帝国～」が阿佐ヶ谷ロフトにて上演される。獄中からの手紙や暗号、書籍、日記などが展示され、大浦信行監督・鈴木邦男・高木尋士によるトーク『死後に成長する命・言葉・人生』が開催される。

8月27日　木村三浩が、フィンランド国営放送の日本について紹介するニュース番組の取材を受ける。
8月30日　民主党が308議席を獲得して第一党に躍進。自民党は一九五五年の結党以来、初めて政権を失う。
9月10日　「民主党員の国旗切り張り問題の総括を求める民族派有志の会」が鳩山首相に「民主党議員の国旗への冒涜行為を糾弾し、かかる問題の総括と謝罪を要求する」文書を提出。11月5日に回答文が送付される。
9月14日　一水会フォーラム「民主党の実態とは何か。民主党は何を目指すのか」講師は『インサイダー』編集長の高野孟氏。
9月16日　鳩山内閣発足
10月9日　オバマ大統領、ノーベル平和賞を受賞。
10月10日　「週刊現代」に記事「泣くな皇太子」が掲載され、一水会が抗議と事実関係を問いただす要求文を送付した。後日「週刊現代」編集長から回答文が出される。
10月13日　一水会フォーラム「わが国体の本義」講師は作家で慶応義塾大学大学院講師の竹田恒泰氏。
10月17日　伊勢原市の浄発願寺にて野村秋介先生の十七回忌がいとなまれる。
11月7日　映画「ドキュメンタリー頭脳警察」(瀬々敬久監督)が上映される。
11月12日　今上天皇陛下が御在位二十年を迎えられる。
11月12日　劇団再生による「天皇ごっこ～空の起源～」が秋葉原・DRESS AKIBA HALLにて上演される。
11月13日　オバマ大統領、初来日。
11月14日　慶應義塾大学において関係者の戦没者追悼会が開催される。
11月23日　一水会の初期会員で東京マスコミ研究会員の原正寿氏、死去。
11月24日　三島由紀夫・森田必勝両烈士追悼の平成二十一年度野分祭が斉行される。記念講演は西部邁氏による「私の憂国論」。翌日には多磨霊園の平岡家墓前にて墓前祭が斉行された。
11月25日　大阪堺市民会館において「新日本會総本部」「日本講座」主催による三島、森田両烈士「義挙復活祭」が開催される。講師に新日本會名誉会長の井上一先生と元楯の会四期生の田村司氏を迎える。
11月25日　『日本の品格』（柏艪舎）鈴木邦男著
12月1日　『拉致〈2〉左右の垣根を超える対話集』（かもがわ出版）蓮池透、森達也、池田香代子、鈴木邦男著
12月5日　ＭＸＴＶ「西部邁ゼミナール～戦後タブーをけっとばせ」に木村三浩が出演。「大東亜戦争を偲ぶ軍歌大会『喜怒哀楽』」
12月6日　大阪日本橋で大東亜青年倶楽部主催の「大東亜戦争開戦記念反米集会」が開催される。
12月7日　対馬フォーラムが開催される。
12月7日　『右翼は言論の敵か』（筑摩書房）鈴木邦男著
12月15日　木村三浩が21日までフランス国民戦線、欧州愛国政党との交流連帯のため渡仏。
12月14日　一水会フォーラムがとうとう100回を迎える。「一水会38年。運動の原点と、今後の展望を語る＝戦前の維新運動を参考に」講師は鈴木邦男。

平成二十二年（二〇一〇年）
1月13日　新橋において敬天新聞主催による「民族派大演説会　日本の元気が出る話」が開催された。弁士は横山孝平、木川智、武田健司、水谷浩樹、山口裕二郎、箕浦ミチコ、小針政人、三澤浩一、中尾征秀郎、木村三浩、犬塚哲爾、阿形充規、白倉康夫。
1月14日　一水会フォーラム「中村武彦とワールドメイド　そして人生の本義」講師はワールドメイトリー

ダーの深見東州氏。
1月23日　岡山市民会館において番家副代表が主催した「岡山・レコンキスタ読者の集い」が開催される。
2月2日　阿佐ヶ谷ロフトAにて『右翼は言論の敵か』（鈴木邦男著）の出版記念トークセッションが行われる。登壇者は宮台真司、斎藤貴男、篠田博之、鈴木邦男。
2月8日　作家・立松和平氏、死去。
2月17日　一水会フォーラム「昨今の政治動向を語る」講師は衆議院議員の鈴木宗男氏。
2月20日　『左翼・右翼がわかる！』（金曜日）佐高信、鈴木邦男著
2月26日　元麻布の賢崇寺にて「二・二六事件・満七十四年全殉難諸霊法要」が執り行われた。
3月5日、東宮大夫の野村一成が定例会見にて、愛子内親王殿下の欠席が続いていることを明らかにし、原因の調査結果について、学習院初等科の男子児童が「（内親王を含む）ほかの児童に乱暴していることが原因であるということが判明しました」と発表。
3月6日　13日と二週にわたりMXTV「西部邁ゼミナール～戦後タブーをけっとばせ～」に評論家・宮崎正弘氏と木村三浩が出演。テーマは「日米安保」。
3月16日　四宮正貴氏責任編集のオピニオン誌「伝統と革新」（たちばな出版）が創刊。
3月17日　小林よしのり氏の『ゴーマニズム宣言SPECIAL 昭和天皇論』（幻冬舎）が発売される。
3月18日　一水会フォーラム「日本のナショナリズムについて」講師は麗澤大学教授で思想史家の松本健一氏。
4月13日　一水会フォーラム「流動化する政治」講師は国民新党国会対策委員長の下地幹郎氏。
4月13日　『鈴木邦男の読書術―言論派「右」翼の原点』（彩流社）鈴木邦男著
4月26日　『右翼の掟 公安警察の真実』（日本文芸社）北芝健、鈴木邦男著

4月29日　義進護国会主催による「昭和節をご奉祝する街頭演説会」が新宿西口で開催され、「奉祝先帝陛下」のらくがんが配布された。

5月10日　一水会フォーラム「日米安保条約締結から五十年〜安保の過去・現在・未来〜」講師はジャーナリストで軍事評論家の前田哲男氏。

5月13日　木村三浩率いる一水会ロシア・南オセチア訪問団が渡航。南オセチア共和国でココイトイ大統領、外務大臣、国会議長などと会見。南オセチア大学で講演し歓迎をうける。20日にはロシア自由民主党ジリノフスキー党首の呼びかけによる「第四回世界愛国者政党会議」に出席。

5月23日　東京ウイメンズプラザホールで「第二言論サミット」が開かれた。権力機関と癒着した既成の大手マスコミとは一線を画した、草の根的な世論ネットワーク形成を目的とした集会で、ミニコミ誌やブログ等のネット言論、路上パフォーマー等様々な活動家や表現者に加えて木村三浩が出演。

5月29日　「ＢＯＸ　袴田事件　命とは」（高橋伴明監督）が公開される。

5月29日　新左翼活動家でピース缶爆弾事件の牧田吉明氏、死去。

5月31日　イスラエル軍が、パレスチナ自治区のガザに向ったトルコの団体を主力として構成される国際人道支援船団を公海上で急襲し、拿捕。この襲撃により９人が死亡、多数の負傷者がでた。

6月9日　中野ゼロ小ホールにて『創』主催で、アカデミー賞映画「ザ・コーヴ」上映とシンポジウム。イルカ漁の告発という内容から「反日映画だ」として上映中止運動が起こっている問題の映画を上映し、シンポジウムを行った。鈴木邦男が登壇し意見を述べる。

6月12日　横浜ニューテアトル前で「ザ・コーヴ」の上映反対を訴える団体が抗議集会を開いた。鈴木邦男が現地に向い、団体に討論を呼びかけたが応じず罵声を浴びせられた。

6月16日　一水会フォーラム「元都知事候補が語る勇者たちの心意気」講師は芸術家の秋山祐徳太子氏。

6月23日　元獨協大学名誉教授の中村粲氏、死去。
6月28日　「AERA」誌に「第四回世界愛国者政党会議」の模様が掲載される。
7月3日　渋谷イメージフォーラムにて公開予定の「ザ・コーヴ」に抗議して「主権回復を目指す会」が抗議活動を行う。鈴木邦男が討論を呼びかけるが、ハンドマイクで殴打される。その後、新宿ロフトプラスワンにて『「ザ・コーヴ」公開討論会』が行われた。登壇者は綿井健陽、篠田博之、安岡卓治、針谷議長、鈴木邦男。
7月13日　一水会フォーラム「参院選後の政治動向を占う」講師は政治ジャーナリストの二木啓孝氏。
7月30日　三週にわたって木村三浩がMXTV「西部邁ゼミナール」にゲスト出演。「チャンネル桜」代表の水島総氏などと、徴兵制の議論を通して国防の問題や大東亜戦争について話し合う。
8月12日　13日の両日で「一水会・世界平和をもたらす愛国者の集い」実行委員会主催による欧州右翼議員団との国際会議を開催。その後18日まで皇居、靖国神社、浅草、京都など各地を訪問。
8月23日　劇団再生による『見沢知廉・男・46歳・小説家』が東松原 BroaderHouse で開催。「空の起源〜天皇ごっこ〜」の上演と、大浦信行監督の「天皇ごっこ 見沢知廉・たった一人の革命」がダイジェスト上映、鈴木邦男、大浦信行氏、高木尋士、あべあゆみによるトークセッションが行われる。獄中からの手紙、写真、未発表原稿、書籍など、新発見資料を展示。
9月7日　尖閣諸島にて中国漁船が海上保安庁の巡視船に衝突。船長を公務執行妨害で逮捕し、石垣島で事情聴取を行った。これに対し中国は在中日本企業社員をスパイ容疑で逮捕するなど様々な報復措置による反発を表明したため、25日に船長は釈放された。
9月12日　東中野の骨法會道場にて、小林よしのり氏主催「ゴー宣道場」が開かれた。堀辺師範にゲストの自民党議員・加藤紘一氏を迎え、「高齢者不明問題」を元に地域コミュニティーの再生について白熱した議論が交わされた。
9月15日　一水会フォーラム「私の日本文化防衛論」講師は文芸評論家の富岡幸一郎氏。
9月19日　鹿砦社主催の「鈴木邦男ゼミin西宮」第一回が開催される。ゲストは元刑事の飛松五男氏。
9月25日　MXTV「西部邁ゼミナール」に木村三浩がゲスト出演。尖閣列島問題について。
9月29日　全国有志大連合常任顧問で憲法学者の小森義峯氏がNHKの自虐史観に対して要望書を提出。
9月30日　『遺魂』（無双舎）鈴木邦男著
10月2日　渋谷で『尖閣諸島中国漁船衝突事件』による中国政府の拡張主義と民主党政権の外交姿勢に抗議する大規模なデモ活動が行われる。
10月4日　一水会フォーラム「今、中国国際戦略はどうなっているのか〜尖閣侵略の道程〜」講師は拓殖大学客員教授の石平氏。
10月4日　沖縄県石垣市長・市議会より政府に対し尖閣諸島への上陸要請が行われる。
10月5日　文京区民センターで日本の領土を守る会主催の「第四回守れ！わが領土」国民決起集会が定員を超える600名余りの参加で開催された。登壇者は国会議員や識者など多数で、木村三浩の決議と四宮顧問の閉会の辞により締めくくられた。
10月12日　新宿ネイキッドロフトにて針谷議長主催による「男達の国防論Vol．19」が開催された。「守れ！尖閣諸島」と題して韓国士官学校名誉教授の崔三然氏、木村三浩が登壇。
10月26日　4日に引き続き、沖縄県石垣市長・市議会より政府に対し尖閣諸島への上陸要請が行われる。
10月28日　『証言三島由紀夫・福田恆存たった一度の対決』持丸博・佐藤松男著（文藝春秋）が発売される。
10月29日　三島由紀夫研究会編「『憂国忌』の四十年」（並木書房）が出版される。
11月4日　『尖閣諸島中国漁船衝突事件』の動画がsengoku 38というユーザによりYoutubeに流出した。

10日には海上保安官である一色正春氏がsengoku 38として名乗り出て書類送検される。
11月6日　日比谷野外音楽堂にて「頑張れ日本！全国行動委員会」（田母神代表）主催による「自由と人権　アジア連帯集会」が開催される。
11月13日　新宿住友ホールにて、西部邁事務所・日本文化チャンネル桜主催による「シンポジウム「尖閣」を忘れるな　自主防衛のほかに道はなし」が開催される。
11月13日　針谷議長主催の「APEC横浜会議に抗議する青年集会」が開催される。
11月15日　TBSニュースバードの「ニュースの視点」に木村三浩が出演。欧州における愛国政党やイスラム系移民の動向などについて語る。
11月22日　「金融ファクシミリ新聞」の「FN　Web」上で一週間にわたり「ことなかれ外交で問題大きく」と題して尖閣列島問題についての木村三浩のインタビュー記事が掲載された。
11月23日　北朝鮮による延坪島砲撃。韓国軍兵士2名・民間人2名が死亡。
11月23日　鹿砦社主催の「鈴木邦男ゼミin西宮」第二回が開催される。ゲストは西宮冷蔵の水谷洋一社長。
11月24日　一水会野分祭記念講演「神道と武士道の現代的意義」講師は明治神宮至誠館館長の荒谷卓氏。
11月24日　金子遊監督による「ベオグラード1999」が渋谷UPLINK Xにて劇場公開。一九九九年からの一水会の活動を十年間にわたって取材したドキュメンタリー映画で、当時書記長だった木村三浩のイラク・旧ユーゴスラビア訪問を取材している。
11月25日　横浜の鶴見神社にて元楯の会会員を中心とした有志による「三島由紀夫大人命森田必勝大人命御鎮座祭並び四十年祭」が斉行される。
11月25日　『三島由紀夫と一九七〇年』板坂剛、鈴木邦男著（鹿砦社）。
11月27日　北海道にて学生青年純正同盟による「学純同創立五十周年謝恩会」が開催され、木村三浩が出席する。
12月9日　ＪＲ東労組委員長の松崎明氏、死去。
12月10日　沖縄県石垣市の市議2名が、政府が立ち入りを禁じている尖閣諸島の南小島に上陸した。
12月14日　菅首相が硫黄島を訪問し、遺骨収拾・慰霊を行う。
12月15日　一水会フォーラム「ここが間違っている現下の日本―将来のために提起する」講師は政治評論家で元参議院議員の石井一二氏。

**平成二十三年**（二〇一一年）
1月1日　朝日ニュースターの「ニュースにだまされるな！」に木村三浩が出演。テーマは「ナショナリズム」。
1月7日　政府から石垣市長と市議会に対し、尖閣諸島への上陸を認めない回答が出される。
1月9日　鹿砦社主催の「鈴木邦男ゼミin西宮」第三回が開催される。ゲストは元共同通信・同志社大学教授の浅野健一氏。
1月11日　前年11月29日に天皇皇后両陛下ご臨席のもと開催された「議会開設百二十年記念式典」に衆参両院議員の半数近くが欠席したと報じられたことに対し、四宮政治文化研究所代表の四宮正貴氏と木村三浩が欠席者の数と氏名を公表するよう要望書を提出。
1月12日　一水会、民主党・菅直人内閣総理大臣に対する勧告文を送付。
1月12日　一水会フォーラム「日本の政治を考える～今だから言えること～」講師は元防衛大臣の久間章生氏。
1月14日　チュニジアでジャスミン革命が起き、23年続いた独裁政権が倒れる。

1月14日　沖縄県石垣市が「尖閣諸島開拓の日を定める条例」制定記念式典を開催。
1月16日　フランス国民戦線で新党首としてマリーヌ・ルペン女史が選出される。
1月20日　中国のGDPが日本を抜いて世界2位となる。
1月24日　英国BBCテレビで日本の被爆者を笑いものにするような内容の番組が放送されたことに対し統一戦線義勇軍関西管区が英国総領事館へ抗議文を手交。
1月25日　エジプトで革命が起き、29年続いた独裁政権が倒れる。
1月26日　西岡武夫参議院議長が政府宛てに「政府主催の『建国記念の日』式典の開催について」と題する書簡を送った。
2月9日　一水会フォーラム「法務検察の闇を斬る」講師は元大阪高検公安部長の三井環氏。
2月11日　日本各地で紀元節奉祝式典が開催される。
2月12日　國の子評論社・横山孝平社主による「國の子演説会」が百回を迎え、木村三浩も登壇。
2月13日　元生学連活動家の大野健夫氏、死去。
2月26日　元麻布の賢崇寺にて「二・二六事件・満七十五年全殉難諸霊法要」が執り行われた。
2月26日　「朝まで生テレビ」に木村三浩が出演。テーマは「国民は国を守る義務はあるのか⁉」。
2月27日　鹿砦社主催の「鈴木邦男ゼミin西宮」第四回が開催される。ゲストは刑務所でPrisonコンサートの活動を最多で繰り広げる女性歌手デュオ「Paix2（ぺぺ）」。
3月1日　5日まで鈴木邦男が北朝鮮に渡航。労働党幹部やよど号グループの小西隆裕氏、若林盛亮氏に会見。
3月1日　一水会情宣局が日本経団連に国益や国民生活を無視した財界のあり様に批判をくわえる抗議文を手交。

3月3日　日本トルコ交流協会主催により、講師に海上自衛隊幹部学校副校長の福本出氏を迎え、「海を越えた握手」と題して講演会が開催され、木村三浩が出席した。
3月4日　『言論自滅列島』（河出書房新社）斎藤貴男、森達也、鈴木邦男著
3月10日　鈴木邦男が訪朝について記者会見を行う。
3月11日　東北地方「東日本大震災」発生。福島原発事故が起る。翌日から日本各地の民族派団体による炊き出しや物資補給などの支援活動が行われる。
3月14日　一水会フォーラム「有事到来―米国は日本をどこまで守ってくれるのか？」講師は元外務省国際情報局長・元駐イラン大使の孫崎享氏。
3月15日　朝日ジャーナルの「日本破壊計画」が発売され、木村三浩も寄稿。「すべての米軍基地を撤去せよ」と題し、対米従属からの脱却を訴えた。
3月21日　米誌「ブルームバーグ・ビジネスウィーク」に「日本の危機～日本の災害が世界に与える影響とは？」と題する記事にひびの入った日章旗が掲載され、24日に在ニューヨーク総領事館が抗議した。
3月25日　世話人・木村三浩による「絆ネットワーク」が支援物資を石巻市に届ける。
3月28日　人権活動家の千代丸健二氏、死去。
4月13日　一水会フォーラム「昨今の日朝関係を考える～日朝関係に打開策はあるのか～」講師は東大名誉教授の和田春樹氏。
5月2日　アルカーイダの司令官であるウーサマ・ビン・ラーディン氏が、パキスタンにおいて米国海軍特殊部隊が行った軍事作戦による銃撃戦で死亡。
5月3日　左翼活動家の荒岱介氏、死去。
5月9日　20日まで木村三浩がロシア・アブハジアを訪問。政府要人と会見を行う。

5月14日　元産経新聞論説副委員長でジャーナリスト、拓殖大学大学院教授の花岡信昭氏、死去。
5月22日　鹿砦社主催の「鈴木邦男ゼミin西宮」第五回が開催される。ゲストは関西学院大学教授の野田正彰氏。
5月23日　「強いぞ自衛隊シリーズ」第五弾『頼もしいぞニッポン自衛隊！』が刊行。木村三浩のインタビューが掲載される。
5月24日　一水会フォーラム「拉致問題進展せず、ひ弱な日本の内幕」講師はジャーナリストの石高健次氏。
6月10日　沖縄石垣市長が内閣府に「尖閣諸島での慰霊祭等実施のための上陸許可」についての要請文を提出。
6月20日　一水会フォーラム「原子力発電と新エネルギーを考える」講師は原子力資料情報室共同代表の伴英幸氏。
6月27日　『新・言論の覚悟』（創出版）鈴木邦男著
7月5日　元外務省情報局長・孫崎享氏の「安全保障」勉強会に木村三浩が講師として招かれ「右翼民族派運動としての対米自立の潮流」と題して講演を行う。
7月12日　一水会フォーラム「原子力発電と新エネルギーを考える　第二弾」講師は東京工業大学助教の澤田哲生氏。
7月17日　鹿砦社主催の「鈴木邦男ゼミin西宮」第六回が開催される。甲山事件の冤罪被害者・山田悦子氏。
7月19日　BS11の報道番組「報道原人」に鈴木邦男がゲスト出演。テーマは「右翼も左翼も生き難い現代にっぽん」。
7月24日　地デジ移行
7月31日　芝公園にて針谷議長企画による脱原発をアピールする集会「右から考える7・31脱原発集会&

られる。
デモ」が行われる。この模様は8月22日放映のTBS「ニュースバード」の「ニュースの視点」で取り上げ

8月1日　国会議員3名が韓国に入国拒否され、韓国国内のデモで日章旗が焼き捨てられたことに関連して、一水会が4日、事件の再発防止と実行者の処罰などを要請する文書を首相に送付した。

8月1日　故・見沢知廉の未発表の遺稿より『背徳の方程式―MとSの磁力―獄中作品集』（アルファベータ）が出版される。

8月17日　一水会フォーラム「原子力発電と新エネルギーを考える　第三弾」講師は東京都副知事の猪瀬直樹氏。

8月22日　慶應義塾大学OB有志からなる「シニアエイジセミナー」の招きにより、港区三田の駐健保会館において木村三浩が「対米自立と民族派運動」と題する講演を行った。

8月31日　小林よしのり氏の『ゴーマニズム宣言SPECIAL 国防論』（小学館）が発売される。

9月9日　高木尋士氏主宰による「天皇ごっこ～蒼白の馬上 1978326～」が千歳船橋APOCシアターにて開催される。

9月2日　野田内閣発足。

9月13日　一水会フォーラム「我が国の行き詰まりは、やはり憲法に問題がある」講師は慶應義塾大学法学部教授の小林節氏。

9月19日　鹿砦社主催の「鈴木邦男ゼミin西宮」第七回が開催される。ゲストは大阪産業大学学長・京都大学名誉教授の本山美彦氏。

9月25日　三上卓先生の門下生で大昭会の会長・吉野詮氏、死去。

10月7日　週刊朝日増大号に木村三浩が「日本から8000キロ『アブハジア共和国』で見た日本文化」

と題して寄稿。

10月11日　一水会フォーラム「～中国漁船衝突から一年～ sengoku 38からの挑戦状！ 仙谷由人よ、受けて立て!!」講師は元海上保安官の一色正春氏。

10月19日　元自民党参議院議員会長の村上正邦氏や「週刊金曜日」が主宰する「日本の司法を正す会」が暴排条例を考える勉強会を開催。10月1日に全国の都道府県の条例が出揃ったことによる。

10月20日　リビアのカダフィ大佐が殺害される。

10月22日～25日　鈴木邦男、北朝鮮訪問。

10月25日　牛込箪笥区民ホールにて第五回「守れ！わが領土」国民決起集会が開催された。

10月26日　大行社の機関誌「大吼」の創刊三十周年祝賀会が横浜市内において開催され、木村三浩が出席する。

10月28日　一水会、「環太平洋経済連携協定（ＴＰＰ）に不参加とし、わが国の国柄を守ることについての建議書」を総理補佐官に手交。

10月29日　大浦信行監督による、見沢知廉の痕跡をたどるドキュメンタリー映画「天皇ごっこ　見沢知廉・たった一人の革命」が新宿 K's cinema にてロードショー。

11月6日　日比谷公会堂にて吉水神社宮司・佐藤一彦氏が代表を務める「錦の御旗けんむの会」主催の「11・6拉致された国民・領土・憲法の奪還・ＴＰＰ参加反対国民大集会・大行進」が開催された。

11月17日　『愛国と憂国と売国』（集英社）鈴木邦男著

11月20日　ＢＳ11の「本格闘論ＦＡＣＥ」において木村三浩と元日本共産党政策委員長の筆坂秀世氏が「政治・教育・ＴＰＰいま日本で何が……」をテーマに討論。

11月24日　一水会野分祭記念講演「憂国の経済論」講師はジャーナリストの東谷暁氏。

11月25日　テレビ朝日の「朝まで生テレビ」に木村三浩がパネリストとして参加。テーマは『激論！暴力団排除条例と社会の安全』

11月27日　鹿砦社主催の「鈴木邦男ゼミin西宮」第八回が開催される。ゲストは京都造形芸術大学教授・映画評論家の寺脇研氏。

12月3日　MXTV「西部邁ゼミナール」で木村三浩が2週にわたり「大東亜戦争開戦七十周年の意義」を語った。

12月3日　故三浦重周氏の七回忌の集いがアルカディア市ヶ谷で開かれ、木村三浩、鈴木邦男、犬塚顧問が参加した。

12月10日　北海道青年フォーラム開催。講師は元海上保安官の一色正春氏。来賓として蜷川正大氏が挨拶。

12月10日　『【人と思考の軌跡】竹中労―左右を越境するアナーキスト』（河出書房新書）鈴木邦男著

12月13日　一水会フォーラム「スポーツから見る日本と世界～今こそスポーツ維新を～」講師はスポーツジャーナリストの二宮清純氏。

12月17日　金正日総書記、死去

12月18日　読売テレビ「そこまで言って委員会」で木村三浩が「ご皇室の宮中祭祀の重要性」を指摘した。

12月23日　明治記念館にて呉竹会主催の「祝天長節　天皇陛下ご生誕の日を祝い　ご健康をお祈りする集い」が行われた。

**平成二十四年**（二〇一二年）

1月6日　島根県隠岐島に北朝鮮の漁船が漂着する。

1月14日　石垣市市民会館において「尖閣諸島開拓の日」式典と記念シンポジウムが開かれた。

1月14日　15日の両日、横浜パシフィコにて「脱原発世界会議」が開催された。
1月17日　一水会フォーラム「TPP亡国論」講師は京都大学大学院准教授の中野剛志氏。
1月19日　木村三浩、日印国交樹立六十年の企画としてインド政府より招待され、25日まで渡航。現地にて大臣と会見。
1月19日　『増補 失敗の愛国心』（イースト・プレス）鈴木邦男著
1月22日　鹿砦社主催の「鈴木邦男ゼミin西宮」第九回が開催される。ゲストは「週刊金曜日」発行人の北村肇氏。
1月24日　〈暴力団排除条例〉の廃止を求め、「暴対法改定」に反対する表現者の共同声明〉が発表され、鈴木邦男の他、ジャーナリストの青木理氏、評論家の田原総一朗氏、佐高信氏などが参議院議員会館で記者会見を行った。
1月28日　千代田区にてアジア自由民主連帯協議会の設立パーティーが開催され、木村三浩が挨拶を行った。
2月7日　一水会フォーラム「最近のサイバー脅威の動向～主要なサイバー攻撃の分析～」講師は工学博士で元陸上自衛隊システム防衛隊初代隊長の伊東寛氏。
2月27日　河村たかし市長の南京事件否定発言で中国が政府職員に渡航禁止を通達する。
2月29日　スカイツリー竣工。世界2位。
3月4日　ロシアでプーチン大統領が当選。
3月4日　鹿砦社主催の「鈴木邦男ゼミin西宮」第十回が開催される。ゲストはジャーナリストの重信メイ氏。
3月7日　『生きた思想を求めて―鈴木邦男ゼミin西宮報告集〈Vol.1〉』（鹿砦社）
3月11日　明治記念館において「躍進日本・春風の会、日本人の原点『祈りの日』実現国民運動実行委員会」

主催による『第一回　日本人の原点「祈りの日」式典』が開催され、木村三浩が出席した。
3月13日　一水会フォーラム「日本はアメリカから独立せよ！～憲法・沖縄・アメリカ文化～」講師は株式会社アシスト代表取締役のビル・トッテン氏。
3月16日　江東区の民族革新会議の事務所で「博友会」主催の民族派勉強会が開催され、講師に三島由紀夫研究会代表幹事の玉川博己氏を招いて「三島由紀夫と天皇論」と題して講演を行う。
3月23日　ロシア大使の離任レセプションに木村三浩が招待される。
4月11日　一水会フォーラム「ミャンマーに見る植民地支配の傷跡」講師はジャーナリストで元朝日新聞編集委員の伊波新之助氏。
4月11日～17日　鈴木邦男、北朝鮮訪問。
4月11日　北朝鮮で金正恩が第一書記に就任。
4月13日　北朝鮮がミサイル発射。
4月14日　北海道青年フォーラムが開催される。講師は田母神俊雄氏。
4月28日　木村三浩、ルース駐日米大使へ長崎原爆慰霊訪問の要請文を送付。
3月10日　一水フォーラム「なぜ三島由紀夫をテーマにしたのか？」講師は映画監督の若松孝二氏。
3月15日　岐阜で五・一五事件八十周年「大夢祭」が斉行され、木村三浩、鈴木邦男が出席した。
6月5日　『憂国か革命かテロリズムの季節のはじまり』（鹿砦社）鹿砦社編集部編
6月6日　寛仁親王殿下、薨去。
6月8日　駐日ロシア大使館にて「ロシアの日」の祝賀会が催され、木村三浩が招待された。
6月10日　鹿砦社主催の「鈴木邦男ゼミin西宮」第十一回が開催される。ゲストはジャーナリストの田原総一朗氏。

6月15日　一水会フォーラム「自立の思想～日本の行方～」講師は作家の辻井喬氏。
6月16日　月刊「実話時報」（竹書房）に木村三浩の「任侠私塾こそ若者たちを救える唯一の場所である」とのインタビューが掲載される。
6月22日　岡山で一水会岡山支部による「レコンキスタ読者の集い」が開催され木村三浩、鈴木邦男を招いて講演を行った。
6月30日　石垣島で木村三浩の講演会が開催された。
7月8日　日本青年館にて大吼出版主催による時局講演「劣化を極める政治　目前に迫る恐慌　いずれ来る震災」―われわれはいまなにをすべきか―が開催された。
7月17日　一水会結成四十年企画「日本農耕文明に回帰せよ～社稷と祭政を考察～」講師は『インサイダー』編集長の高野孟氏。
7月17日　神社新報社から「次代へつなぐ葦津珍彦の精神と思想―生誕百年・歿後二十年を記念して」が出版される。木村三浩も文を寄せている。
7月22日　鹿砦社主催の「鈴木邦男ゼミin西宮」第十二回が開催される。ゲストは翻訳家・作家の池田香代子氏。
8月8日　緊急一水会フォーラム「あえて私が北朝鮮に行った理由」講師は元金正日の料理人である藤本健二氏。
8月9日　ルース米大使、長崎平和式典に初参列。
8月10日　韓国の李明博大統領が竹島に上陸。
8月15日　BS11の報道番組「INside OUT」で木村三浩が元ブント叛旗派代表の評論家、三上治氏と「六十七年目の夏　日本の今・そして未来」と題して議論を行った。

8月18日　石垣氏において「尖閣諸島戦時遭難死没者慰霊祭」が行われる。
9月1日　一水会が発行する機関誌「レコンキスタ」が四百号を迎える。
9月14日　アルカディア市ヶ谷において一水会結成四十年・レコンキスタ創刊四百号・一水会フォーラム通算五百回記念大会が開催された。
9月15日　中国全土で尖閣の国有化に反発した反日デモが発生。
10月8日　鹿砦社主催の「鈴木邦男ゼミin西宮」第十三回が開催される。ゲストはひかりの輪代表の上祐史浩氏。
10月10日　一水会フォーラム「プーチン再登場と日ロ関係」講師はジャーナリストの小林和男氏。
10月17日　若松孝二監督、死去。
10月18日　参議院議員会館において「第三回北朝鮮残留日本人墓参報告および北遺族連絡会設立についての説明会」が行われた。
10月19日　木村三浩がハンガリーを訪問。フランス国民戦線のブルーノ・ゴルニッシュ氏が代表を務める欧州民族主義運動同盟の第一回会議に出席。
11月6日　アメリカのオバマ大統領、再選。
11月8日　中国で習近平が総書記に選ばれる。
11月16日　衆議院解散。
11月20日　針谷大輔著の『右からの脱原発』（ケイアンドケイプレス）が出版される。
11月24日　一水会野分祭記念講演「尖閣に上陸して見えたもの」講師は元海自特別警備隊小隊長二等海佐の伊藤祐靖氏。
12月8日・15日　MXテレビ・西部ゼミナール「忘れるな、あの『大いなる戦い』を」に木村三浩が出演。

12月4日　山形にて開催された「佐高塾」に鈴木邦男が招かれ「右翼と左翼の交差点」と題して対談を行った。

12月12日　北朝鮮、人口衛星弾道ミサイル発射。

12月15日　大阪にて「維新フォーラムみをつくしの會」が開催され、木村三浩による「我ら日本恢復の挑戦者たらん！」と題した講演を行った。

12月16日　「たかじんのそこまで言って委員会　かしこいオッサン大賞」に木村三浩が出演。「北方領土の取り戻し方」について語り、見事大賞を受賞した。

12月16日　総選挙、自民党が復活し、26日には安倍内閣発足。

12月16日　鹿砦社主催の「鈴木邦男ゼミin西宮」第十四回が開催される。ゲストは講談師の神田香織氏。

12月19日　一水会フォーラム「国民よ日本のルネサンスを起こせ！」講師はスタンフォード大学フーバー研究所教授の西鋭夫氏。

**平成二十五年**（二〇一三年）

1月12日　都内にて平和力フォーラム主催の「東アジアに平和の海をつくるVol.1～竹島／独島問題を手掛かりに」と題するシンポジウムが開かれた。パネリストは在日朝鮮社会科学者協会の康熙奉氏、竹島＝独島問題研究ネットの朴炳渉氏、木村三浩。

1月15日　一水会フォーラム「安倍政権と我が国の戦略的方向を問う」講師はジャーナリストで『アエラ』スタッフライターの長谷川熙氏。

1月16日　BS11の報道番組「ＩＮｓｉｄｅ ＯＵＴ」に木村三浩が出演。「右傾化する安倍政権？　左右の雄が斬る」と題し、議論を行った。

1月23日　『秘めてこそ力』（柏艪舎）鈴木邦男著
1月26日　豪紙「ウイークエンド・オーストラリアン」に木村三浩のインタビュー記事が掲載された。
2月2日　水道橋にて開催された「テントを守ろう討論会」に針谷議長が出席。
2月3日　「たかじんのそこまで言って委員会　オッサン大賞グランプリ編」に木村三浩が出演。
2月3日　鹿砦社主催の「鈴木邦男ゼミin西宮」第十五回が開催される。ゲストは社会活動家の湯浅誠氏。
2月5日　『思想の混迷、混迷の時代に―鈴木邦男ゼミin西宮 報告集〈Vol.2〉（鈴木邦男ゼミin西宮報告集Vol. 2）』（鹿砦社）
2月6日　一水会フォーラム「北方領土の取り戻し方の秘訣」講師は元外交官で京都産業大学法学部教授の東郷和彦氏。
2月8日　週刊金曜日に〈坂本龍一と鈴木邦男が語る。左右を超えた脱原発、そして君が代〉が掲載される。
2月9日　都内にて平和力フォーラム主催の「東アジアに平和の海をつくるvol.2～尖閣諸島問題を手掛かりに」と題するシンポジウムが開かれた。パネリストは陳慶民東京華僑総会副会長、岡田充共同通信客員論説委員、木村三浩。
2月9日　新大久保にて在特会の反韓デモでヘイトスピーチが行われる。
2月12日　北朝鮮、三度目の核実験
2月15日　大行社が内閣総理大臣に対北朝鮮政策について要望書を提出。
2月25日　韓国、朴槿恵大統領就任
3月2日　木村三浩がネパールを訪問。
3月10日　3・10「東京大空襲を忘れない」対米集会実行委員会の呼びかけで集会・デモが行われた。
3月13日　BS11の報道番組「INside OUT」に木村三浩が出演。「TPPおよび日米首脳会談の真実」。
3月13日　一水会フォーラム「安倍晋三総理はプーチン大統領といかに渡り合うか?」講師は元労働大臣で元衆院院外務委員長の山口敏夫氏。
3月14日　参議院議員会館で行われた「排外・人種侮蔑デモに抗議する国会集会」に木村三浩が出席。
3月24日　鹿砦社主催の「鈴木邦男ゼミin西宮」第十六回が開催される。ゲストは格闘技プロデューサーの前田日明氏。
4月4日　日本外国特派員協会で鈴木邦男が「従軍慰安婦と歴史問題」と題して講演を行った。
4月6日　北海道青年フォーラムが開催される。講師は木村三浩とジャーナリストの小河寛大氏。
4月9日　柏艪舎主催の「鈴木邦男シンポジウムin札幌時計台」第一回が開催される。ゲストは新党大地代表の鈴木宗男氏。
4月15日　一水会フォーラム「安倍首相の訪露を待つプーチン・ロシアの現状!」講師は東京新聞論説委員兼外務部デスクの常盤伸氏。
4月21日　渋谷にて「TPP断固反対!自民党公約違反糾弾デモ」が行われ、木村三浩が街頭演説を行う。
4月24日　木村三浩が安倍総理に対し「主権回復の日」記念式典の中止を求めて建白書を提出。
4月24日「右から考える脱原発デモ　アフター5 in銀座」Vol.18が行われる。
4月26日　27日の両日、木村三浩が参議院議員会館前で「主権回復の日」記念式典の中止を求めて断食抗議行動を行う。
5月3日　高田馬場にて「自民党の憲法改正案を検証する—昨今の憲法をめぐる諸状況を考える勉強会—」が開催される。
5月12日　岐阜にて「全国有志大連合第三十一回大会」が開催され、木村三浩が招かれる。

5月13日　一水会フォーラム「検証　官邸のイラク戦争―元防衛官僚による批判と自省」講師は元内閣官房副長官補の柳澤協二氏。
5月17日　『領土とナショナリズム』(三一書房)前田朗氏、木村三浩著
5月18日　岡山市民会館において木村三浩を招き「第二回木村ゼミ出前講座」が開催された。
5月25日　鹿砦社主催の「鈴木邦男ゼミin西宮」第十七回が開催される。ゲストはジャーナリストの青木理氏。
5月31日　朝まで生テレビ「激論!大丈夫か!?日本の防衛」に鈴木邦男が出演。
6月2日　「たかじんのそこまで言って委員会　嘆きのオッサン大賞」に木村三浩が出演。
6月10日　一水会フォーラム「日本政治の危機―安倍政権がもたらす七つの災厄―」講師は経済評論家の植草一秀氏。
6月11日　柏艪舎主催の「鈴木邦男シンポジウムin札幌時計台」が開催され、ゲストに中島岳志氏を迎え「愛国・アジア・革命」と題して対談を行う。
6月18日　木村三浩が26日までロシアに渡航。
7月7日　鹿砦社主催の「鈴木邦男ゼミin西宮」第十八回が開催される。ゲストは神戸女学院大学名誉教授の内田樹氏。
7月8日　一水会フォーラム「「滅びゆく日本を救う道」講師は国民生活産業・消費者団体連合会会長の清水信次氏。
8月5日　『せめぎあう言霊2―一水会フォーラム講演録』(鹿砦社)
8月13日　柏艪舎主催の「鈴木邦男シンポジウムin札幌時計台」が開催され、ゲストに北海道大学教授の山口二郎氏を迎え「民主主義の危機を乗り越える」と題して対談を行う。

8月12日　一水会フォーラム「自立自尊の日本を創ろう！」講師は中央大学大学院公共政策研究科客員教授の稲村公望氏。
9月6日　オフィス再生による読書劇「テロならできるぜ」が秋葉原ACT&Bにて上演される。
9月9日　一水会フォーラム「戦争というプリズムから現代史を見る」講師は作家の宮崎学氏。
9月15日　「たかじんのそこまで言って委員会」に木村三浩が出演。
10月12日　柏艪舎主催の「鈴木邦男シンポジウムin札幌時計台」が開催され、ゲストに北海道大学大学院教授の藤野彰氏を迎え「異質な隣人・中国といかに向き合うか」と題して対談を行う。
10月17日　一水会フォーラム「いまの日韓関係について語る」講師は評論家で拓殖大学国際学部教授の呉善花氏。
11月17日　「たかじんのそこまで言って委員会　祝！500回記念SP輝け！名言・暴言大賞2013」に木村三浩が出演。
11月19日　柏艪舎主催の「鈴木邦男シンポジウムin札幌時計台」が開催され、ゲストに北海道大学特任教授の小磯修二氏を迎え「地方の論理」と題して対談を行う。
11月23日　三重県四日市市にて〈一九七〇年、森田必勝が駆け抜けた時代＝あの時代を、いま語り継ぐ〉が開催され、鈴木邦男が講師として招かれた。
11月23日　中国が防空識別圏を設定
11月24日　市ヶ谷の健保会館にて野分祭斉行。
11月30日　天皇皇后両陛下、インドを53年ぶりに公式訪問。
12月4日　木村三浩著の『お手軽愛国主義を斬る―新右翼の論理と行動』（彩流社）が発売される。
12月8日　日比谷にて「これでいいのか?!ＴＰＰ12・8大行動」が開催される。

12月9日　一水会フォーラム「これまでの日ロ交渉をこまかく検証する」講師は社会科学研究家で東京大学名誉教授の和田春樹氏。

12月11日　兵庫県姫路市にて「飛松塾in姫路」が開催され、黒田官兵衛をテーマに元刑事の飛松五男、作家の柳谷郁子、鈴木邦男がトークを行う。

## 平成二十六年（二〇一四年）

1月7日　国家安全保障会議の事務局である国家安全保障局が発足。

1月10日　一水会フォーラム「新年にあたり今後の運動の展望をさぐる―昨年の出来事を回顧する―」講師は一水会代表の木村三浩。

1月15日　広島県大竹市阿多田島沖の瀬戸内海を航行中の海上自衛隊輸送艦「おおすみ」と釣り船が衝突する事故発生、海に投げ出された釣り船の船長と釣り客の1人が意識不明の重体。

1月16日　東京地方裁判所で、オウム真理教元幹部の平田信に対する、1995年の公証人役場事務長逮捕監禁致死事件など、関連事件の裁判員裁判初公判開廷。

1月16日「慰安婦像設置に抗議する全国地方議員の会」で活動する地方議員ら13人が、アメリカ合衆国カリフォルニア州グレンデールを訪問、同市内の公園に韓国系団体により設置された所謂従軍慰安婦を象徴する像の撤去を求める抗議文を同市幹部に手渡す。

1月18日　一水会岡山支部結成三十周年記念講演が開催され、木村三浩と鈴木邦男が講演を行う。

1月18日　キャロライン・ケネディ駐日アメリカ大使、自らのTwitterで、和歌山県太地町で行われているイルカ追い込み漁に対し「イルカが殺される追い込み漁の非人道性」を理由に「米国政府はイルカの追い込み漁に反対」と表明。同月20日、菅義偉内閣官房長官が定例記者会見で「わが国の伝統的な漁業の一つであり、法令に基づき適切に実施されている」と反論。
1月19日　中華人民共和国黒竜江省ハルビン市ハルビン駅前に、「安重根義士記念館」開館。
1月19日　沖縄県名護市長選挙で、同市辺野古地区への普天間基地からの米軍移転反対派で現職の稲嶺進が再選。
1月20日　第七管区海上保安本部、同18日に北九州市若松区の響灘沖に漂着・転覆したゴムボート内にあった遺体を、海中で収容。同29日、遺体の身元が、留学先のアメリカから韓国で同月上旬に開かれる経済関係の会議に出席予定だった内閣府職員と判明。
1月23日　東京地方裁判所、2013年10月に行われた朝鮮総連中央本部の土地・建物の再入札において50億1000万円で落札したモンゴル企業「アヴァール・リミテッド・ライアビリティ・カンパニー」への売却を許可しない決定を下す。同月29日、決定を不服として同社が執行抗告。
1月21日　柏艪舎主催の「鈴木邦男シンポジウムin札幌時計台」が開催され、ゲストに元北海道警察釧路方面本部長の原田宏二氏を迎え「監視社会と警察」と題して対談を行う。
1月24日　日本政府、「領土問題に関する専用サイト」立ち上げを発表。2月には英語版も立ち上げる方針。
1月25日　那覇検察審査会、2012年8月に発生した香港の活動家らによる尖閣諸島魚釣島不法上陸事件で、那覇地方検察庁が入管難民法違反容疑で逮捕、強制送還された14人について2013年7月に不起訴（起訴猶予）とした判断に対し、不起訴不当と議決。
1月28日　下村博文文部科学大臣、教科書作成や教員による指導の指針となる中学校と高校の学習指導要領解説書を改定、中学校の社会科、高校の地理歴史と公民に、尖閣諸島と竹島を「固有の領土」と明記した上で、竹島は韓国に不法占拠され、尖閣には領土問題が存在しないとの政府見解に沿った内容を追加したことを正式に発表。

1月28日　坂本龍一と鈴木邦男の対談『愛国者の憂鬱』（金曜日）が発売される。
1月29日　日本では島根県隠岐の島町、韓国では慶尚北道が管轄する竹島に、同道知事・金寛容が上陸、前日に発表された学習指導要領解説書記載内容に抗議する声明を発表。
2月3日　橋下徹大阪市長、市長を辞職し、「大阪都構想」政策実行の加速を争点に掲げて出直し選挙に出馬することを表明、同月7日に大阪市議会議長に辞表を提出するも、14日の同市議会で同意を得られず、同月27日午前零時をもって自動失職。3月23日に再選される。
2月3日　『東京人』3月号「特集・墓地で紡ぐ14の物語」で鈴木邦男が革命家について寄稿する。
2月7日　23日までロシア・ソチでオリンピックが開催される。安倍晋三内閣総理大臣、ソチオリンピック（日本国外で開催される冬季オリンピック）開会式に日本の総理大臣として初めて出席し、翌日、ウラジーミル・プーチンロシア連邦大統領と日ロ首脳会談。同年10月もしくは11月のプーチン大統領の訪日を確認したほか、極東ロシア・シベリア開発を含む経済やエネルギー分野の協力強化、4月の岸田文雄外務大臣のロシア訪問に合わせ、重要閣僚で両国の経済課題を協議する「貿易経済政府間委員会」を開催することなどでも合意。
2月10日　『連合赤軍は新選組だ!〜その〈歴史〉の謎を解く〜』（彩流社）鈴木邦男著。
2月11日　一水会、「『建国記念の日』民族派全国統一行動」に実行委員として参加。四宮顧問が街頭演説を行う。
2月12日　政府、2010年に発生した尖閣諸島中国漁船衝突事件の当事者である中国船籍の漁船船長に対し、海上保安庁の巡視船修理費など約1429万円の損害賠償を求め那覇地方裁判所に提訴。併せて、事故発生当時民主党菅直人政権が秘匿し、当時海上自衛隊所属だった一色正春がYouTubeに流出させた衝突時の映像も公式に一般公開。

2月12日　一水会フォーラム「日米関係と自立―ナショナリズムについて」講師は評論家の三上治氏。

2月17日　北朝鮮の人権状況を調査した国際連合の調査委員会、日本人ら外国人拉致や公開処刑など残虐な人権侵害行為を挙げ、北朝鮮が国家として組織的に「人道に対する罪を犯した」と非難する最終報告書を公表。同国による広範な人権侵害を裁くため、国際連合安全保障理事会に対し、国際刑事裁判所に付託するよう勧告。

2月21日　ウクライナ騒乱。6月7日にはペトロ・ポロシェンコ大統領が就任。

2月24日　外務省、日本海が19世紀初頭から国際的に確立された唯一の呼称であり、近年になって日本海の単独呼称に異議を唱え「東海（トンへ）」併記を求める韓国の主張は「根拠がない」とする日本語、英語、韓国語での紹介を同省ウェブサイトにて開始。翌25日には総理大臣官邸ウェブサイトにも掲載。

2月25日　シンガポールで開催され、甘利明TPP担当大臣らが出席していたTPP協定交渉の閣僚会合で、日本とアメリカ合衆国が最難関の関税撤廃の協議で折り合えず、「大筋合意」を断念。

3月1日　『「日本の分」について考える』（柏艪舎）が発売。「鈴木邦男シンポジウムin札幌時計台」の報告書で鈴木邦男と鈴木宗男・中島岳志との対談本。

3月2日　沖縄県石垣市長選挙で、陸上自衛隊の石垣島配備に柔軟姿勢を取る現職の中山義隆が、配備反対派で元市長の大濵長照を破り再選。

3月7日　東京地方裁判所、公証人役場事務長逮捕監禁致死事件、島田裕巳宅爆弾事件、およびオウム真理教東京総本部火炎瓶事件の3件について起訴されていた元オウム真理教幹部平田信に対する裁判員裁判で、懲役9年の判決。

3月7日　東京堂書店にて『愛国者の憂鬱』の出版記念トークが開催される。金曜日の北村社長と鈴木邦男。

3月11日　一水会、憲政記念館にて『三月十一日　日本人の原点「祈りの日」式典』に参列。

3月14日　一水会フォーラム「安倍政権が目論む集団的自衛権を考える」講師は慶応義塾大学教授・弁護士の小林節氏。

3月16日　北朝鮮により日本海側に10発のロケット砲が発射された。

3月18日　ロシアのプーチン大統領がクリミア自治共和国の編入を表明。

3月18日　中国と台湾の間に結ばれたサービス貿易協定に反対する学生が台湾立法院を同年4月10日まで占拠。

3月18日　柏艪舎主催の「鈴木邦男シンポジウムin札幌時計台」が開催され、ゲストに北海道大学教授の石川明人氏を迎え「戦争、宗教、そして人間」と題して対談を行う。

3月25日　週刊「アサヒ芸能」にて鈴木邦男とテリー伊藤氏が最近の右傾化、中国や韓国とどのように付き合うかの対談を行う。

3月26日　北朝鮮、中距離弾道ミサイル「ノドン」2発を日本海に向け発射。

3月26日　自衛隊、陸海空3自衛隊が個別に行ってきた情報収集や攻撃手法の調査、隊員訓練などの任務を一元的に行い、日常的に外部からコンピュータウイルスなどのサイバー攻撃を受けている自衛隊のネットワーク防護、防衛省や自衛隊のコンピューターシステムの状況の24時間監視、被害発生時の緊急対応などの役割を担う「サイバー防衛隊」を新規編成、約90人体制で発足。

3月27日　1966年に発生した袴田事件で48年前に逮捕され、34年前に死刑判決が確定し拘置されている死刑囚について、「重要な証拠が捜査機関に捏造された疑いがある」として再審開始を認め、同時に「拘置を続けることは耐え難いほど正義に反する」との理由で刑と拘置の執行停止も決定、即日釈放。確定死刑囚の再審開始決定は2005年の名張毒ぶどう酒事件以来、戦後6例目。

3月28日　韓国大統領朴槿恵がドイツのドレスデン工科大学から名誉法学博士号を授与される。授与式で三大提案（いわゆる「ドレスデン構想」）を発表する。
3月28日　参議院会館にて行われた「北遺族連絡会会合」に木村三浩が招かれる。
3月30日　東京日比谷野外音楽堂にて一水会も実行委員に名を連ね、「もうやめよう！ＴＰＰ交渉３・30大行動」に参加。
3月31日　国際司法裁判所、オーストラリアが日本の南氷洋における調査捕鯨を国際捕鯨取締条約違反として訴えた裁判で日本の調査捕鯨は「研究目的ではない」と述べ、条約違反と認定、今後実施しないよう命じる判決を下す。
4月1日　消費税が17年ぶりに増税され、５％から８％となる。
4月1日　チリ沖を震源とするマグニチュード８・２のイキケ地震が発生。
4月11日　一水会フォーラム「血盟団事件―昭和維新テロから原題は何を学ぶべきか」講師は北海道大学大学院法学研究科準教授准教授の中島岳志氏。
4月14日　阿佐ヶ谷ロフトにて『「連合赤軍は新選組だ！』発売記念！高橋伴明監督と『光の雨』を見よう！」と題して映画「光の雨」が上映され、監督の高橋伴明氏と鈴木邦男がトークを行う。
4月16日　大韓民国全羅南道珍島沖で仁川港から済州島へ向け航行していたクルーズ旅客船「セウォル号」が沈没、死者294人を出す海難事故が発生。
4月19日　静岡市の「スナック・バロン」で「三島由紀夫と連合赤軍事件」と題してトークが行われる。パネラーは植垣康博、横山郁代、御手洗志帆、鈴木邦男。
4月21日　一水会、23日のオバマ大統領来日に向け、ケネディ駐日米国大使に広島、長崎の慰霊参拝と大使自身の８月の慰霊参拝を求める「要望書」を提出。
4月23日　オバマ大統領が29日まで、日本・韓国・マレーシア・フィリピン各国を歴訪。

4月26日　六四天安門事件から25年を機に、香港に六四記念館が正式開館。
4月26日　『ヘイトスピーチってなに？ レイシズムってどんなこと？』（のりこえねっと編集）が発売される。鈴木邦男が寄稿。
4月29日　一水会、新宿駅西口にて「奉祝　昭和節」として民族派活動家とともに街頭演説と金平糖の街頭配布を行う。
5月7日　タイのインラック首相が失職。20日には王国陸軍による戒厳令がタイ国全土に発令される。22日には軍がクーデターを宣言し、憲法を停止する。（タイ軍事クーデター）
5月13日　大阪ロフトにて「タブーの側からタブーを斬る！」と題して、みなみあめん坊氏と鈴木邦男がトークを開催する。
5月14日　ベトナムで、南沙諸島での石油採掘を巡り衝突している中華人民共和国に反対するデモにより死者発生。
5月15日　一水会フォーラム「日露エネルギー同盟を締結せよ！」講師は世界平和研究所主任研究員の藤和彦氏。
5月19日　別冊宝島『新しい「代表的日本人」』が出版され、鈴木邦男が寄稿する。
5月20日　柏艪舎主催の「鈴木邦男シンポジウムin札幌時計台」が開催され、ゲストに弁護士の伊東秀子氏を迎え「冤罪と特定秘密保護法」と題して対談を行う。
5月21日　上海でアジア相互協力信頼醸成会議（ＣＩＣＡ）が開かれ、アジア新安保宣言を採択。露大統領プーチンが上海を訪問し中国国家主席習近平と中露東線天然ガス協力プロジェクト覚書に署名し、中国石油天然気集団公司とガスプロムが中露東線天然ガス供給購入販売契約を締結する。
5月21日　横浜地方裁判所、厚木基地の海上自衛隊保有機について、午後10時から午前6時までの夜間の飛行差し止めを認め、国に70億円の賠償を命じる全国初の判決。ただし同基地を使用するアメリカ合衆国海軍機については国の管轄外であるとして差し止めおよび賠償を認めず。

5月22日　『歴史に学ぶな』（株式会社dZERO）が出版される。鈴木邦男著。

5月24日　千歳船橋APOCシアターにてオフィス再生「スーザンナ・マルガレータ・ブラント」が上演され、「鈴木邦男が芸術を語る」と題して、鈴木邦男と代表の髙木尋士のトークが開催される。

5月25日　姫路市にて「連合赤軍は新選組だ！」の出版に寄せて飛松塾が開催される。ゲストは植垣康博氏、鈴木邦男。

6月3日　一水会フォーラム「ウクライナで暗躍する謎の武装組織」講師は国際政治アナリストの菅原出氏。

6月8日　パキスタン・カラチのジンナー国際空港をターリバーンが襲撃、ターリバーン戦闘員10人を含む29人が死亡。翌9日、パキスタン政府が収束を宣言、同日、パキスタン・ターリバーン運動が「同志への拷問とワジリスタンでの攻撃に対する報復」とする犯行声明発表。

6月16日　別冊宝島「日本『愛国者』列伝」が発売される。鈴木邦男が寄稿。

6月18日　サイゾー7月号に「新右翼・鈴木邦男が語る真の愛国と右傾エンタの実像とは？」と題して鈴木邦男が寄稿する。

6月20日　政府、いわゆる従軍慰安婦問題に関する1993年の河野談話の作成過程を検証した報告書を衆議院予算委員会理事会に提出。談話作成は韓国側から提案されたこと、談話を作る際に日韓両国が文言を調整し、韓国側の要求により「総じて本人たちの意思に反して」という表現が加えられたこと、金泳三韓国大統領も内容を了解していたこと、両国は協議した事実は公表しないことで一致し、元慰安婦の聞き取り証言は裏付け調査をしていなかったことなどが判明。

6月20日　最高裁判所第三小法廷、在日本朝鮮人総連合会（朝鮮総連）中央本部土地建物の強制競売により高松市の不動産業者マルナカホールディングスへの売却許可が下りたことに朝鮮総連が不服申し立てをしていることを受け、朝鮮総連が1億円を供託することを条件に、売却許可の効力を一時的に停止する決定を下す。

6月21日　大阪のジュンク堂なんば店にて『歴史に学ぶな』の出版記念トークイベントが開催される。

6月22日　豊橋市民文化会館にて「今を生きる覚悟」と題して浜岡原発の危険性を考える会で鈴木邦男の講演会が開催される。

6月23日　秋葉原アトリエACT&Bにてオフィス再生の読書劇「二十歳の原点」が上演され、「学生運動を知っていますか?」と題して鈴木邦男と代表の髙木尋士のトークが行われる。

6月24日　姫路市にて「終らないオウム」と題して飛松塾が開催される。ゲストは上祐史浩氏、鈴木邦男。

6月26日　アメリカ合衆国ハワイ州沖で第24回環太平洋合同演習開始、過去最多の23カ国中、中華人民共和国海軍が初参加。

6月26日　日本、北朝鮮両政府が5月末に拉致被害者らの再調査実施で合意してから初めて、太平洋戦争終戦前後に現在の北朝鮮地域で死亡した日本人の遺族9人が墓参のため北京経由で北朝鮮に到着、7月5日まで滞在。

6月29日　イラク北部を制圧するイスラム教スンニ派武装組織ISIL（IS）が、カリフ（予言者ムハンマドの後継者）を最高指導者とする国家の樹立を宣言、アルカーイダなど他のイスラム組織に従属を求める。

6月30日　東京地方裁判所、オウム真理教事件の被告の一人で、1995年の東京都庁小包爆弾事件における爆発物取締罰則違反と殺人未遂幇助罪に問われた菊地直子に対する裁判員裁判で、懲役5年の判決。

7月1日　北京で日朝局長級協議。

7月1日　政府、臨時閣議において、日本と密接な関係にある国が攻撃された場合、「日本の存立が脅かされ、国民の生命、自由と幸福の追求権が根底から覆される明白な危険がある」「日本の存立を全うし、国民を守るために他に適当な手段がない」「必要最小限の実力行使にとどまる」の3条件を満たせば、日本以外の親密な他国が攻撃を受けた場合における自衛隊の反撃が「憲法上許容されると考えるべきであると判断」、集団的自衛権の行使を認める憲法解釈の変更を閣議決定。

7月1日　紀伊国屋書店新宿本店にて「鈴木邦男が選ぶ連合赤軍」ブックフェアが開催される。

7月3日　習近平中国国家主席、国賓として韓国を初訪問、朴槿恵大統領とソウルの大統領府で会談、共同声明で、北朝鮮による「朝鮮半島での核兵器開発に断固として反対する」と明記、所謂旧日本軍の従軍慰安婦問題について関係機関による共同研究を進める旨声明付属文書に記載。

7月4日　政府、閣議で、北朝鮮に対し日本独自で課している経済制裁のうち「人の往来」「北朝鮮への送金や現金持ち出しの報告」「人道目的の北朝鮮籍船舶の入港禁止」の3項目を緩和、人の往来については「入国申請があった場合、個別具体的に適切な審査を行う」こと、持ち出すのに届け出が必要な現金の下限は10万円超から100万円超に、送金時に報告が必要な下限は300万円超から3000万円超にそれぞれ戻し、他国並みとすることなどを決定。

7月8日　イスラエル軍が本格的なガザ攻撃を開始。

7月10日　政府、同月1日北京で開かれた日朝政府間協議の際、北朝鮮が複数の拉致被害者を含む約30人の日本人生存者リストを提示したと日本経済新聞が同日付朝刊で報じたことについて、菅義偉内閣官房長官が記者会見で否定、同新聞社関係者を外務省に呼び、同省と内閣官房拉致問題対策本部事務局、警察庁の連名による抗議書を手渡し、記事の訂正を求める。

7月11日　在大韓民国日本国大使館、同日に予定されていた自衛隊創設記念行事の開催会場として予定していたソウルのロッテホテルが、前日の10日夜になり「国民感情に触れる」などとして突如取り消しを通知してきたことに対し同ホテルに強く抗議、菅義偉内閣官房長官、岸田文雄外務大臣らが遺憾の意を表明。レセプションについては在韓国日本大使公邸に会場を変更し予定通り開催。

7月15日　参議院会館にて「北遺族連絡会」の報告会が行われ、木村三浩と伊藤事務局長が出席。

7月15日　柏艪舎主催の「鈴木邦男シンポジウムin札幌時計台」が開催され、ゲストに作家の合田一道氏を迎え「『北の墓』から見えるもの」と題して対談を行う。

7月16日　一水会フォーラム「異論・反論・オブジェクション～東アジア共同体構築へ～」講師は元内閣総理大臣の鳩山由紀夫氏。

7月19日　エルおおさかにて和歌山カレー事件を考える人々の集い。鈴木邦男が出席。

7月19日　ポレポレ東中野にて大浦信行監督の映画「靖国・地霊・天皇」の緊急ロードショー。

7月20日　名古屋市立大学にて「愛知サマーセミナー」が開催され、鈴木邦男が講演を行う。

7月22日　群馬県、高崎市の県立公園群馬の森の朝鮮人追悼碑をめぐり、設置者の「追悼碑を守る会」が碑前で開いた集会で日本政府を批判する発言があった問題で、設置許可条件だった「政治的行事および管理を行わない」に違反していると判断、同会による設置期間更新の申請を不許可とすることを正式決定。

7月25日　中華人民共和国で覚醒剤密輸の罪で日本人の死刑が執行される。

7月25日　『右翼』と「左翼」の謎がよくわかる本』（PHP研究所）が鈴木邦男の監修で出版される。

7月26日　千駄ヶ谷区民会館にて「欧州極右の躍進と日本のゆくえ」と題してトークイベントが開催される。パネラーは五百蔵洋一、及川征二、鈴木邦男。

8月1日　イスラエルとハマスが72時間の停戦合意。

8月3日　木村三浩を団長とした「一水会ロシア・クリミア訪問団」がモスクワ経由でクリミアを訪れ、オレグ・ベラヴェンツェフ・クリミア連邦管区大統領全権代表ほかクリミア政府高官との会見と視察を行う。

8月6日　池袋の自由学園明日館講堂にて「軍歌・戦時歌謡とその時代」と題して「音楽寺子屋」が開催される。パネラーは白井伸幸、戸ノ下達也、鈴木邦男。

8月8日　世界保健機構（WHO）は、西アフリカ諸国にエボラ出血熱の感染が拡大していることをうけ、「国際的に懸念される公衆衛生上の緊急事態」を宣言。

8月8日　アメリカを中心とした有志連合国が、イラクに展開するISIL（IS）に対して空爆を開始。26日にはオバマ大統領がISIL（IS）に対して「正義の鉄槌を下す」と演説。

8月11日　一水会フォーラム「政治経済・教育に求められる日本の気概」講師は参議院議員・弁護士の丸山和也氏。

8月14日　ジュンク堂書店池袋本店にて『戦場体験キャラバン＝元兵士2500人の証言から』（彩流社・戦場体験放映保存の会編集）の出版記念トークが行われる。パネラーは田所啓子、中田順子、鈴木邦男。

8月21日　木村三浩、アブハジア大統領選挙の国連選挙オブザーバーとして参加。新大統領はハジンバ氏。

8月23日　文京シビックホールにて映画「ジョン・ラーベ～南京のシンドラー」が上演され、シンポジウムが開催される。パネラーは永田浩三、永田喜嗣、鈴木邦男。

8月27日　1945年以来69年ぶりに国内でデング熱の感染が発覚。

9月1日　プーチン大統領が中国国務院常務副総理張高麗とサハ共和国ユス・ハトゥン（Ус хатыы）で中露東線天然ガスパイプラインシーラ・シビーリの起工式に出席する。

9月3日　プーチン大統領がモンゴル国ウランバートルを訪問しエルベグドルジ大統領とハルハ川戦役勝利75周年招待会に出席する。また2020年までに100億ドルへの貿易拡大、ビザ免除制度の復活などの15件の文書に署名する。
9月8日　札幌において「天皇制を考える〜右翼と左翼、そのレッテルを超えて」と題して鈴木邦男の講演が開催される。
9月9日　柏艪舎主催の「鈴木邦男シンポジウムin札幌時計台」が開催され、ゲストにイラク戦争ボランティアの高藤菜穂子氏を迎え「イラクから学ぶ―『対テロ戦争』とは何なのか？」と題して対談を行う。
9月11日　上海協力機構元首理事会第十四次会議がタジキスタン共和国ドゥシャンベで開催。プーチン大統領と習近平中国国家主席が会見し中露西線天然ガスパイプラインの建設について協議する。
9月13日　習近平中国国家主席がドゥシャンベでタジキスタン大統領ラフモンとトルクメニスタンガルクヌシガス田（英語版）からウズベキスタン・タジキスタン・キルギスを経て新疆烏恰県に至る中央アジア＝中国・ガスパイプライン（英語版）D線の起工式に出席する。
9月16日　一水会フォーラム「日ロ関係と国益を守ること」講師は新党大地代表の鈴木宗男氏。
9月18日　スコットランドでイギリスからの独立を問う住民投票を実施。結果は「否決」。
9月20日　姫路市にて「日朝日韓関係を考える！」と題して飛松塾が開催される。ゲストは朴一氏と鈴木邦男。
9月21日　大阪ロフトにて「オウム・警察・社会の真相」と題して、鈴木邦男と上祐史浩、飛松五男のトークが開催される。
9月27日　御嶽山が7年ぶりに噴火。50人以上が死亡し、1991年に発生した雲仙普賢岳の火砕流による犠牲者数を上回る。
9月28日　香港で雨傘革命が勃発。12月15日、最終的に警察の強制排除で終了。
10月8日　一水会フォーラム「人物から学ぶ」講師は元全学連中央執行委員の篠原浩一郎氏。

10月13日　中国国務院総理李克強がモスクワでメドベージェフ露首相と第19次総理定期会談を行い、欧亜高速運輸走廊（ユーラシア高速輸送回廊）の一部としてモスクワ・カザン区間の高速鉄道建設計画を実施すること、中露間の天然ガス輸送への40年間の協力（特別の意思表示のない限り5年間延長）などに合意。また中国衛星導航系統委員会とロシア連邦宇宙局が全球衛星測位システムに関する協力について覚書に署名する。

10月13日　名古屋市教育館にて「原発を考えるシンポジウム」が開催される。パネラーは湖西市市長の三上元氏と鈴木邦男。

10月21日　柏艪舎主催の「鈴木邦男シンポジウムin札幌時計台」が開催され、ゲストにひかりの輪代表の上祐史浩氏を迎え「いま、語るべきこと」と題して対談を行う。

10月24日　秋葉原アトリエACT&Bにてオフィス再生の読書劇「岸上大作全集全一巻」が上演される。「孤立無援の思想」と題して鈴木邦男と代表の高木尋士氏のトークが行われた。

10月27日　『いま語らねばならない戦前史の真相』（現代書館）孫崎享、鈴木邦男の共著。

11月3日　9・11テロ事件で崩壊したニューヨーク・ワールドトレードセンターの跡地に高さ約541メートルの「1ワールドトレードセンター」（1WTC）が完成。

11月4日　アメリカ合衆国中間選挙投票日。共和党が上院、下院共に過半数を制した。

11月5日　ネイキッドロフトにて映画「日本鬼子」のDVD化を記念したトークイベントが開催される。パネラーは「日本鬼子」の松井稔監督、原一男映画監督、鈴木邦男。

11月16日　三重県四日市市で「11・25自決の日　三島由紀夫と若者たち」の上映会が開催され、司会は御手洗志帆、ゲストに森田治と満島真之介を迎え、鈴木邦男とのトークが行われる。

11月18日　安倍首相が消費税10％を1年半（2017年4月）先送りと、11月21日衆議院解散、12月14日、

第47回衆議院議員総選挙投開票が行われ自民党、公明党両党が計326議席を獲得し勝利した。24日には第三次安倍内閣が発足。

11月18日　姫路市にて「全国被害者集会」と題して飛松塾が開催される。ゲストは河野義行氏、鈴木邦男。

11月24日　一水会フォーラム顕彰祭記念講演「三島・森田両烈士の精神を恢弘する時代がやってきた！」講師は日本武道教育新聞社編集主幹の安田光敦氏。

11月25日　星陵会館にて「憂国忌」が開催される。シンポジウム「吉田松陰と三島由紀夫」パネラーはキャスター・女優の葛城奈海、政治学者の藤井厳喜、評論家の宮崎正弘、日本文化チャンネル桜代表の水島総。

11月28日　韓国中央会館にて「日韓社会文化シンポジウム」が開催される。二部の党論のパネラーとして鈴木邦男が登壇。

12月6日　岩手県教育会館にて「佐高信文化塾」が開催され、鈴木邦男が日本の教育、政治、日教組との闘いについて講演を行った後、元日教組委員長の森越康雄氏と対談を行う。

12月10日　一水会フォーラム「世界を操る支配者の正体」講師は駐キューバ、駐ウクライナ兼モルドバ前特命全権大使の馬渕睦夫氏。

12月14日　紀伊国屋ホールにて『いま語らねばならない戦前史の真相』（現代書館）の刊行記念トークが開催される。

12月16日「表現者58号」（MXエンターテイメント）の特集「ポツダムを超えて」で「日韓関係の根本を糺す」として西部邁、富岡幸一郎、木村三浩の座談会が収録される。

12月23日　一水会、新宿駅西口にて義進護国会主催の「天長節」の街宣活動に参加し、木村三浩は街頭演説を行い、奉祝金平糖を街頭配布した。

## 平成二十七年（二〇一五年）

1月7日　フランス・パリの政治週刊紙「シャルリー・エブド」本社がイスラム過激派の男2人により銃撃され、12人死亡、4人重傷。同9日、パリ郊外ダマルタン＝アン＝ゴエルで人質を取り立てこもっていた容疑者2名をフランス警察特殊部隊が射殺。

1月9日　植村隆北星学園大学非常勤講師、元朝日新聞記者時代の1991年に同紙に掲載した元慰安婦へのインタビュー記事など2本について捏造であると主張した北朝鮮に拉致された日本人を救出するための全国協議会会長の西岡力東京基督教大学教授、および週刊文春発行元の文藝春秋社を相手取り、謝罪広告の掲載や1650万円の損害賠償などを求め東京地方裁判所に提訴。

1月12日　名古屋市教育館にて「現代日本を考えるシンポジウム」が開催され、鈴木邦男と、ゲストに静岡県湖西市市長の三上元氏と愛知大学教授の樫村愛子氏を迎え、脱原発・ヘイトスピーチ・日本の右傾化について対談を行う。

1月14日　一水会フォーラム「今後の政治展望を読む」講師は政治評論家の森田実夫氏。

1月15日　一水会、舛添要一東京都知事に「2020年東京オリンピック・パラリンピックの開催に先駆けて米軍の首都圏航空管制空域変換などについての公開質問状」を手交。回答期限の1月29日に回答書を受領した。

1月16日　東京地方裁判所において、オウム真理教事件の高橋克也の初公判。

1月20日　YouTubeに、イスラム過激派組織ＩＳＩＬ（ＩＳ）が日本人の人質2人の殺害を予告、『72時間以内に身代金2億ドルを払わなければ殺害する』と警告する映像が投稿される。同月24日、人質のうち一人がもう一人の人質が殺害されたとする写真を持って登場し、日本政府の対応遅れが殺害理由であると非難する声明、かつ生き残った人質の釈放要件として、身代金要求を取り下げる代わりに、2005年11月にヨルダンの首都アンマンで発生した同時爆破テロの実行犯の一人でヨルダンで拘束されているとみられる女死刑囚を釈放するよう求める声明が英語で流れる動画が投稿される。日本時間2月1日、「日本政府に告ぐ」とした上で、「勝ち目のない戦いに参加するという安倍（首相）の無謀な決断により、このナイフは（人質）を切り裂くだけではなく、あらゆる場所で日本人の虐殺をもたらすだろう。日本の悪夢が始まる」と脅迫し、もう1名の人質を殺害したとする声明を含む動画が投稿される。

1月20日　柏艪舎主催の「鈴木邦男シンポジウムin札幌時計台」が開催され、ゲストに衆議院議員の逢坂誠二氏を迎え「北海道のこれからを考える」と題して対談を行う。

1月24日　一水会が設立メンバーに名を連ねる「TPP交渉差止・違憲訴訟の会」の設立総会がAP秋葉原にて行われる。

2月2日　国土交通省、イスラム国日本人拘束事件を受け、同省内に、国土交通大臣をトップに各局の局長らで構成され、国内でのテロを未然に防ぐため、従来行ってきたテロ対策の有効性を検証し、対策強化を検討する「国際テロ対策本部」を新たに設置。

2月3日　参議院本会議、安倍晋三内閣総理大臣が1月に表明したイスラーム過激派組ISIL（IS）と戦う周辺国に対する人道支援拠出2億ドルを含む総額3兆1180億円の2014年度補正予算を与党の賛成多数により成立。

2月3日　柏艪舎主催の「鈴木邦男シンポジウムin札幌時計台」が開催され、ゲストに写真家の岡田敦氏を迎え「表現の自由はどこまで許されるか？」と題して対談を行う。

2月6日　イエメンで2011年のアラブの春、イエメン騒乱に伴う暫定選挙によって選出されたハーディー大統領の任期が終了し、この頃までに制定を目指す新憲法のもとに新たな大統領が選ばれる予定であったが、1月22日にイスラム教シーア派武装組織のフーシが事実上のクーデターを起こし、ハーディー暫定大統領とバハーハ首相が辞任、政権が崩壊した。フーシは議会を強制的に解散し、暫定統治機構として大統領評議会、国会に代わる暫定国民評議会を開設し、「憲法宣言」を発表、今後2年間は「革命委員会」が統治権を握ると宣言。

2月11日　一水会、新宿駅西口において「建国記念の日」の政府主催での奉祝式典を求める民族派有志による街頭宣伝活動に参加し、木村三浩も街頭演説を行う。

2月13日　一水会、多摩瑞穂青年勤労奉仕団として、武蔵野陵墓地の勤労奉仕を行う。

2月17日　週刊朝日に「イスラム国」に関連してヨルダン訪問について木村三浩のインタビューが掲載される。

2月18日　一水会フォーラム「改めて問う　戦後処理の実質」講師はジャーナリストの下村満子氏。

2月20日　警視庁公安部、1977年のダッカ日航機ハイジャック事件の際に「超法規的措置」で釈放された後、1986年のジャカルタ事件などの主犯となり、1996年にネパールで身柄拘束後アメリカ合衆国で収監され、1月に釈放後同国から強制送還され成田空港に到着した日本赤軍メンバーの城崎勉を逮捕。

2月20日　「伝統と革新18号」の特集「『昭和』は遠くなったのか?」に木村三浩が「日本人に帰属性を感じさせない、戦後空間の根本問題」と題して寄稿。

2月20日　「週刊金曜日」に「イスラム国人質事件で安倍首相は責任をとれ」と題して行われた座談会が掲載される。メンバーは亀井静香、菅沼光弘、村上正邦、木村三浩の4名。

2月20日　「月刊日本」の「イスラム国」特集で木村三浩のインタビュー「欧米協調主義から脱却せよ」が掲載される。

2月26日　東京地方裁判所、反原発市民団体が経済産業省敷地内に2011年9月11日から設置しているテントが不法占拠であるとして、国が代表者2人に撤去などを求めた裁判で、被告側にテント撤去と敷地明け渡しに加え、土地使用料などとして約1140万円の支払いを命じ、併せて原告側に判決確定前に強制執行可能な仮執行を認める判決。

3月2日　ニコニコ生放送「孫崎享チャンネルPresents「よど号」グループに直撃生電話～なぜハイジャック犯は帰国を望むのか～」に鈴木邦男出演。

3月5日　韓国・ソウルで、朝食会に出席していたマーク・リッパート駐韓アメリカ合衆国大使が、2010年7月に在大韓民国日本国大使館大使にコンクリートの破片を投げ付け執行猶予付き有罪判決を受けた男にナイフで切りつけられ、80針を縫う傷を負う事件発生。

3月9日　一水会フォーラム「TPP交渉を止める戦いを巻き起こそう」講師は山田雅彦氏元農林水産大臣・弁護士。

3月16日　内田樹、鈴木邦男著『慨世の遠吠え』（鹿砦社）の出版。

3月17～19日　鈴木邦男が韓国を訪問。ソウル大学で「私はなぜヘイトスピーチを嫌うのか―日本の右翼がみる日本のネット右翼」と題して講演を行う。

3月21日　サンテレビ「カツヤマサヒコshow」に鈴木邦男が出演。日本の右傾化、ネトウヨ、ヘイトスピーチなどについて対談。

3月24日　週刊SPA！に「『視察団』に同行した民族派右翼一水会・木村三浩が鳩山バッシングに大反論！」と題して木村三浩のインタビューが掲載される。

4月8日　一水会フォーラム「「ロシア、ヨルダン活動報告」木村三浩。

4月13日、16日　民族革新会議のメンバーでもあり、盛道烈士會の盛義一氏が一水会事務局前で街宣。内容は以下の三点。1、鳩山由紀夫元首相とともにクリミアを訪問した木村三浩に対する抗議　2、一水会創設メンバーの犬塚博英氏（民族革新会議議長）が創設に関わった一水会の伝統を木村が汚している　3、木村は右翼を辞めろ。

4月17日　一水会HPに「一水会への街宣行動に対する木村三浩の見解」を掲載。主な内容は以下の通り。1、運動には様々なアプローチがあっていい。クリミア訪問は、ウクライナ問題を契機として日本政府が欧米追従の経済制裁を課した結果、日ロ関係は冷却し、北方領土交渉の進展が見えなくなった。それを打開するためのもの。2、犬塚氏は、鈴木邦男顧問に対する意見の相違で、論争を展開することも求めておられたが、まだ実現していない。しかしそれをもっての木村批判は筋違い　3、街宣では「一水会の会員に対してではなく、木村に対する文句だ」とのことなので、電話をしたが連絡はつかなかった。街宣は一つの行動形態だが、今回の街宣は内向きのもので発展性が乏しいと言わざるを得ない。

4月30日　木村三浩が、故後藤健二氏の御母堂石堂順子さんとともに記者会見に臨み、湯川遥菜さんと後藤健二さんの遺骨の帰還をめぐって、ダーイッシュ（IS）と交渉にあたってきたヨルダン人弁護士ムーサ・アブドラ氏が日本政府より入国を拒否されていることを報告。

5月8日　一水会HPにて「一水会への街宣行動に対する木村三浩の見解」を発表。

5月8日　一水会フォーラム「混沌のアラブ情勢～『イスラム国』を中心に」田原牧氏（東京新聞特報部）

5月22日　この間の事態を受け、一水会HPに「一水会独自活動宣言」を掲出。中で以下の3つの行動方針を宣言。1、鳩山元首相とのクリミア行が戦後右翼のイメージと乖離する行動だったと認めつつ、これからも鳩山氏らへの諫言などを含めて行動すること。2、一水会が自ら右翼と呼称するのをやめ、社会政治活動家・思想探求者などの名称のもとに国家革新運動を展開する。3、祖国日本のあるべき姿と世界平和を追求するため、既存の左右を含んだ活動家諸氏や様々な立場の人々とも真摯な関係構築のもと、連帯していく。

6月8日　一水会フォーラム「対米隷属を排し自主独立を確立する」植草一秀氏（経済評論家）

# あとがき

第四章「新右翼の現在」でも書いたが、今の日本には「言論の自由」はない。あるように見えるのは幻想だ。こう言うと、信じられないと思う人がいるかもしれない。しかし、例えば右でも左でもアナキズムでもいい、いや社会問題化している住民運動や市民運動でもいい。それらの集会に行ったりデモに行った人ならわかるだろうが、公安警察にパチパチと写真をとられ尾行され、家の近所や職場に聞き込みをされる。何も違法な事をやってるのでもないのにこの始末だ。これでは「言論の自由」があるとは言えない。

表現の自由、集会の自由、結社の自由…もない。「いや何も警察は思想、言論は取り締まってない。それを元に暴力的事件を起こすおそれがあるので、それを警戒してるだけだ」と言うかもしれない。しかし、そんなおそれの全くない市民運動や自然保護運動も徹底的に監視している。集会に集まった人間が、いつか暴力に訴えるかもしれないというが、それなら野球やプロレスやボクシングの試合に集まる観客の方がより可能性は大きい。プロレスやボクシングを見て興奮し、ケンカをしたり、人を傷つけたり…と、こちらの方が余程、暴力に訴える危険性のある観客だ。

又、巨人が負けた日は放火や交通事故が多いという。負けてムシャクシャして事故を起こすらしい。これは何かの本で警察のお偉がたが認めていた。その辺の政治団体や市民団体、住民団体よりも巨人ファンの方が圧倒的に事件を起こし、暴力に訴えているわけだ。阪神ファンにしても同じだろう。巨人ファンよりその危険度、過激度はさらに高いかもしれない。

しかし、警察は巨人ファン、阪神ファン、ボクシングファンをマークしたり、写真をとったり尾行したりはやらない。ファンの数が多すぎてやれないということもある。だがそれだけではない。いくら暴力に訴える危険性があっても、そこには思想がないからだ。左右の思想もないし、政府批判もない。だから体制にとっては脅威ではない。

その点、思想を持ち、自分の意見を持った人間は恐《こわ》がり、徹底的に押し込めようとする。権力がいくら巨大でも、それを批判するマスコミが健全ならば、人々はまだ救われる。しかし、マスコミの現状はご覧の通りだ。公共の活字を使い、公共の電波を使い一体何をやっているのか。権力をチェックする気は毛頭なく、愚民政策そのままだ。

今、「言論の自由」は大新聞の記者にしかない。それと一部の評論家だけだ。一般の人々は自分の考えを発表する場がないし、機会がない。非難されればされっ放し。反論の自由もない。警察が冤罪をつくれば、マスコミはそれをチェック出来ず、さらに追随して、冤罪をより大きくするだけだ。さらに土地問題を初め国民が苦しんでいる問題からは目を外らそうとする。それならばと、言論を持たない人間が最後の手段として〈肉体言語〉に訴えれば、「ともかく暴力はいけない」「いいたいことがあれば言論でやれ」「そのための言論の自由だ」とマスコミは説教をたれる。

しかし、言論が封殺され、「言論の自由」がないから、こういう事件は起こるのだ。デモや集会や抗議行動などは無制限に自由にやらせたらいい。チラシ配りやビラ貼りもだ。それを弾圧し、写真をとり、尾行し、「言論」を自由にさせないから政治的非合法活動しかないと思い込むのだ。そこまで追い込んでいるのは警察とマスコミだ。デモを自由にしたからといって、突如として沿道の人々を襲ったりはしない。首相官邸や外国の大使館が襲われそうだというのなら、そこだけ厳重に守っていたらいい。それだけの話だ。

警察が人々の思想にまで立ち入り、取り締まろうとするから変なことになる。日本は国民が国会議員を選び、その議員が総理大臣を選ぶ。こういうシステムを間接民主主義というのだそうだ。そのかわり、言論だけは一〇〇%自由だという。だが、その言論だって、今見てきたように自由ではない。いわば「間接・言論の自由」だ。大マスコミを通してしか人々は意見を聞けないし、言えない。

いや、言う自由もない。自分が発言することは出来ない。せいぜい、新聞やテレビに出ている評論家か記者の中で、この人間は俺と考え方が近いと思い、ひいきにする。それ位しか出来ない。自分の考えをストレートに発表しようとして、ミニコミ誌をつくったり、街頭でマイクで喋ったり、チラシをまいたりすると、それだけで警察にマークされてしまう。

大新聞がいくら害悪をたれ流して、日本人の心を毒していると怒っても、それを是正し訴える手段はない。「言論には言論で来い」といわれても、向かって行きようがない。そうした現状に対しての怒りが鬱積している。朝日新聞を連続して襲撃した「赤報隊」が、もし右翼だとするならば、彼らもこうした怒りからあの行動を起こしたのだろう。

去年、「赤報隊」と共に注目された住友不動産を相手どっての右翼の一連の直接行動も、そうした巨悪と、それを放っておいたマスコミへの怒りだったと思う。これらの事件は皆「新右翼」がやったと報道されている。では新右翼とは何か。何を考えているのか。その辺を書いてくれと言われて出来たのがこの本である。

僕としては本を出すのはこれで七冊目だ。言論の自由のない時に、例え小なりとはいえ、こうして言論の場が確保されたのは嬉しいし、ありがたいと思う。

ただ、当初意図した「新右翼入門」的なものになったかどうかは疑問だ。どうも編集部の意図には応えられなかったようだ。新右翼の「思想的拠点」をはっきりと書いて下さいと言われたが、どうもそれも出来なかったようだ。第一章を読んでもらえば分かるが、民族派の運動に入った動機も決して思想的なものではなかった。いわば人間の縁だ。その後、運動を続けて来たのも、決して思想的、理論的なものではないと思う。もっと精神的、心情的なものだ。

「赤報隊」の事件が起きた時、僕はマスコミに取材されて、「あれは右翼ではないと思う。右翼ならあんな涙のないテロはやらない」と言った。トップではなく一線の記者を殺害した方が朝日にとっては言い知れぬ恐怖を与えるかもしれない。しかし、相手に与える恐怖を冷静に計算してテロをやるなんてことは右翼に出来ない。右翼は涙のテロしかやってない。「右翼は詩であり、左翼は散文だ」と言った人がいた。言いえて妙である。

この「新右翼・民族派の歴史と現在」という本を書き上げながら、今でも自分は右翼でも新右翼でもない、普通の日本人だし、人間だと思っている。日本に対し当り前のことを言ってるだけだと思っている。この戦後の日本の歩みが、どこかで大きく歪んできた。それを皆で考え直そうではないかと言ってるだけである。国家や憲法や防衛のことも含めて、皆で考えたいと。

本を出すのはこれで七冊目だと言ったが、完全な書き下しは今回が初めてである。本を一冊書き下すというのがこんなにキツいものだとは思わなかった。それにこの本が出版されるまでには色々とアクシデントがあり、難行苦行、紆余曲折の道のりだった。実を言うと、これは初め他の出版社から出る予定だった。それなのに四百枚近い原稿を書き上げてから、向こうの社内事情で出版がダメになった。それも何度か大幅に書き直しをさせられた後だ。もういいやと出版をあきらめたこともあるが、『読書大戦争』でお世話になった彩流社に原稿を移して、やっと出ることになった。ここでも大幅に書き直したり、削除したり、入れ換えたりと大変な作業だった。

初めの原稿を出してから一年もたっている。その間、「赤報隊」をはじめ、事件が続き、その度に書き直したりした。だから初めの原稿で生きているのは半分位だと思う。さらに「新右翼」の理論書的なものを出そうと目論む担当者の茂山氏と、そんな力のない僕とのギャップが大きくて、難航に難航を重ねた。「直したからといっていいものにはなりませんよ」と僕も最後にはふてくされてしまった。そんならもう出さなくていいやと何度も思った。

そんな僕を脅したりすかせたりしながら茂山氏は何とかここまで連れて来てくれた。一度は難破した船を引き上げ、修理し、港まで引っぱってきたのだから大変な苦労だったと思う。茂山氏には心から感謝したい。その苦闘の成果がこの本に出ていれば嬉しい。

第一章を読んでもらえば分かるように、学生運動に飛び込んでから二十数年になるが、その間の資料などはほとんどない。自分のおぼろげな記憶だけを頼り「資料篇」や「年表」をつくった。記憶違いがあるかもしれないし、もっと重要な事件を書きもらしているかもしれない。自分なりに慎重を期したつもりだが、その点はどうも自信がないし、読者には申し訳ない。あくまでも僕の自己史だと思ってほしい。客観的な新右翼史にはなってない。その点は了承してほしい。

ただ、これから客観的な新右翼史を作ってみよう、書いてみようと思う人には一つの叩き台になると思う。実際に、日学同、全国学協から始まって民族派学生運動の興亡史を書きたいという人がいた。近い将来、より正確な形で、それは実現するだろう。僕としてもその為の協力は惜しまないつもりだ。

三島事件、経団連事件から始まって、各種の檄文も収録した。ただ、「赤報隊」に関しては、僕はこれは右翼の事件でないと言ってるし、今もそう思っているのでここに収録することに抵抗があったが、第四章で「赤報隊」の事件について触れてるので、あくまでその参考資料として載せた。「日本民族独立義勇軍」に対する統一義勇軍の「支持声明」も、同じ理由から、一つの参考資料として入れている。

「参考文献」一覧は入れなかった。「新右翼」に影響を与えた思想家、理論家の本を書き出しても、書き切れないし、又、書店に行って無い本を書き出しても読者には意味がないと思った。僕個人としては北一輝、里見岸雄、谷口雅春、葦津珍彦、影山正治、三島由紀夫…といった人々の影響を主に受けてると思う。とりわけ精神的、宗教的には谷口雅春師だ。その上に、理論的、思想的なものがあると思う。

もっと「新右翼」のことを知りたいという人のために、すぐ手に入る本を二冊紹介しておこう。まずは、猪野健治著『フォア・ビギナーズ右翼』（現代書館）。イラスト入りで読みやすいし、戦後の右翼運動の中で、どういう経過で新右翼が出てきたかについて詳しく書かれていて、理解しやすい。

もう一冊は堀幸雄著の『戦後の右翼勢力』（勁草書房）で、三島事件以後の新右翼についてこれほど詳しく書かれた本は他にない。僕などよりもずっと詳しく知ってるし、当時の日学同、全国学協などの資料も集めて、細かく分析している。運動の渦中で生きてきた人間の自己史にはない客観的、冷静な見方、解説、批評がある。これは是非読んでもらいたい。

新右翼運動の教祖ともいうべき野村秋介氏も、自ら四冊の本を書いている。河野邸焼打ち事件で千葉刑務所に十二年、経団連事件で府中刑務所に六年入り、その激動の半生を中心に、新右翼とは何か、何を考えてるかについて書いている。

『友よ山河を亡すなかれ』（暁書房）、『獄中18年＝右翼武闘派の回想＝』（現代評論社）、『いま君に牙はあるか＝天皇、民族そして革命』（幸洋出版）、『塵中に人あり＝右翼・任侠・浪漫』（広済堂出版）の四冊である。それとルポライターが野村氏に取材して書いた本がある。田中いずみ著『死んでも「男」＝野村秋介のロマンと狂気』（ＫＫベストブック）である。この野村氏関係の五冊は新右翼運動の生きた歴史であり、貴重な証言になっている。

僕の書いた今までの本の中では新右翼運動や、その歴史について書いたのはない。この本が初めてだ。ただ、「朝日ジャーナル」で喋ったのが『若者たちの神々Ⅱ』として新潮文庫から出ている。これはどこでも手に入るだろう。それと、僕が主宰する一水会の機関紙『月刊レコンキスタ（失地回復）』の十年間の歴史をまとめたのが出ている。『レコンキスタ縮刷版（一号〜一〇〇号）』（エスエル出版会）である。昭和五十年以降の新右翼運動についてはこれが一番詳しいと思う。

昭和六十三年一月九日

鈴木邦男

# 増補版あとがき

この『新右翼』の初版第一刷が出たのが昭和六十三年の二月だ。以来、コンスタントに売れて二年の間に二刷、三刷と出た。「これはロングセラーになりますよ」と彩流社は言ってたが、その通りになった。新聞やテレビには時々「新右翼」という言葉が出るが、ではその新右翼とは何か。そういった資料もまとまった本もなかった。

「今のうちに新右翼の歴史と、何を考えているかを書くべきですよ」と言われて書いたのが、この本だし、後々残るものだから年表なども作って下さいよと言われて、かなり苦労して書いた。それから二年だ。

その間に、いろんなことがあった。昭和から平成と時代は変わったし、平成二年になってからは長崎市長へのテロ事件があり、右翼がさんざんに叩かれた。だが、おかしなことに、叩かれ糾弾されただけでなく、その右翼を取り上げ、発言の場を与えようと風向きが少しずつ変わってきた。その経過の詳細は増補版の補章に譲るが、これは当の右翼側も戸惑うほどの大変化だった。僕なども マスコミに取材されることが多くなったし、今年出した二冊の本（株式会社ＩＰＣの『平成元年のペレストロイカ』とエスエル出版会の『赤報隊の秘密』）も売れに売れた。

『新右翼』の方も、そんな中で売り切れ、品切れ状態が続いた。新右翼について、まとまって書いたのはこの一冊しかないし、問い合わせが殺到した。早く四刷を出して下さいよと僕も彩流社の方に催促した。その時、「どうせなら、この機会に大幅に書き加えて増補版をつくりませんか」と言われた。

たしかに、この二年間の変化は大きいし、資料篇の声明文や年表にしても、かなり古くなっている。書き加えなければならない。「それに増補版にすれば、新本として書店に流せますから」と言う。なるほど、そうかと思った。これで決心した。

ただ、やたらと忙しい。今まではかなり暇だったのに、ここにきてドッと仕事が舞い込んできた。民族派運動の仕事もあるし、それ以外の単行本や原稿もある。地方にも行くことも多い。でも時期を逸したら又、古くなるしとも焦った。ともかく一ケ月半の猶予をもらった。四月中旬に決めたから、五月末には出来るだろうと思った。何も一冊書き下すわけではない、ちょっと書き加えるだけだと軽い気持ちで考えていた。

ところが、他の仕事もあるし、締切りの早いのから先にやってるから、どうしても『新右翼』は後回しになる。資料集めや構成は別にして、五月の末になっても原稿は何も出来てない。彩流社に電話して、待ってもらい、あとは難行苦行の一週間だった。実はこの原稿が後回しになったのには他にも理由がある。初版の「あとがき」にも書いたが、『新右翼』が出来るまでは大変な苦労だった。難産だった。

その時の記憶があるので、いやだなー、後回しにしようか…と潜在意識の中では思ったのかもしれない。そしてやりやすい仕事から先に片づけたのかもしれない。しかし、どんなにキックとも、これはやらなくてはならない。現在やってる運動について最も大系的にまとめたものだし、資料的価値もある。

又、この本を読んで、一緒に運動をやりたいとか、「レコンキスタ」を取りたいという人も増えた。そういう意味では一水会の宣伝・広報にも役立っている。この場を借りて、レコンのことを書いておきたい。本文にも少し書いたが、「レコンキスタ」とはスペイン語で「失地回復」の意味だ。少なくとも、そういう意味で使っている。僕が主宰する一水会の機関紙で今月（平成二年六月）で一六四号になる。創刊以来十六年だ。

この新聞を見てみたい、取ってみたいと、かなりの人から手紙をもらった。『新右翼』の奥付に僕の住所と電話番号を書いてるからだ。ところが手紙ならいいが、電話だと居ない事が多い。それで連絡がとれなかったことも多い。今回は一水会の連絡先も明示したのでそちらにお願いしたい。

それと、もう一つ報告することがある。新右翼運動について、この本を叩き台にして、もっと詳しい本が出るだろうと書いたが、それが出版された。山平重樹氏の『果てなき夢・ドキュメント新右翼』（二十一世紀書院）がそれだ。

「維新に夢を賭けた新右翼の活動家群像―気鋭のルポライターが渾身の力をふりしぼって全国取

材を重ね、遂に完成した六〇〇枚の書下し大作！」と帯には宣伝文句が書かれている。山平氏自身も学生時代には民族派運動に身を投じていたこともあり、この辺の事情には詳しい。又、帯に書かれているように全国を歩き、昔の活動家を訪ね、厖大な証言と資料を駆使して書かれている。生き生きとしたドキュメントになっている。僕の本と共に読んでもらえば、「新右翼」といわれるものが、どうして生まれたのか、何を考え、何を目指しているのかがよく分かると思う。

今回の増補版にあたっては増補として「昭和の終わりと平成時代の民族派運動」を五十枚書いた。資料篇の声明文では赤報隊の朝日新聞静岡支局爆破未遂事件（昭和63年3月11日）以降の分をつけ加えた。又、年表では昭和63年3月から今日まで二年分の事件を書き加えた。そしてこの「増補版あとがき」だ。合計して八十枚ほどを書き加えたことになる。初版に比べたら、本もかなり厚くなるのではないだろうか。

今回も彩流社側が考えていた「増補版」とは大幅に違うものになったようだ。より思想的に完璧なものを目指そうとしたらしいが、僕の力不足で、どうもそうはならなかったようだ。申し訳ない。ただ、新しい時代を迎え、全く新しい運動方針、方法を模索している僕自身の悩みは率直に出たのではと思っている。一人でも多くの人と共に、この日本につき、世界につき考えることが出来ればと思う。この本がそのキッカケになれれば幸いだ。

増補でも書いたように、世界は今、信じられないほどの速さで変わっている。この小さな日本で右翼だ左翼だと言い争ってる時ではない。自分の立場に固執し意地を張ってる時でもない。立場を忘れ、離れて考え、語り合う問題が多いはずだ。一人でも多くの人々とそうして語り合って行きたいと思う。

平成二一年六月四日

鈴木邦男

# 新増補版あとがき

増補版が出たのが平成二年（一九九〇年）の八月だ。その第二刷が翌平成三年に出ている。しかしこの時は内容はそのままだ。だから増補版が出てから四年近くになる。そろそろ内容を補充して増補版の増補を書かなくっちゃ…と思っていた。そんな時に彩流社から電話があった。

「今さら新右翼でもないかもしれませんが、増補版をもう一回やりませんか。年表も付け加えて、それに野村秋介さんのことについて一章新しく書いてくれませんか」

と言う。こちらも「そろそろ」と思い、心の準備もしていたので、すぐに引き受けた。ただ、彩流社の方で「今さらと思われるかもしれませんが…」と躊躇したのには理由がある。去年（平成五年）の十二月に（株）ＩＰＣから僕が『脱右翼宣言』という本を出したからだ。この本は「右翼に対する疑問に答える」というインタビュー形式の本で、タイトルも「右翼との付き合い方」にする予定だった。

しかし僕の言っていることが余りに当たり前のことばかりで、インタビューする方も「これじゃー右翼と言えませんよ。じゃーいっそ、脱右翼宣言にしましょう」ということでそうなったのだ。それと出す直前に野村秋介さんの自決があったので「さらばです、野村秋介さん」を急遽書いて巻頭にもっていった。本のタイトルも刺激的だが帯に書いている「野村秋介氏の死と共に新右翼は終わった」という言葉も刺激的だった。

「じゃーお前はもう仲間じゃない」「転向者に用はない」「運動をやめるのか。失望した」という手紙や電話を随分ともらった。本のタイトルだけを額面通り受けとったからだろう。しかし内容を読んでもらえば分かると思うが、僕らの言っていることは奇異なことでも過激な、あるいは右に偏ったものでもない。当たり前のことを主張しているつもりだ。だからもう「右翼」とか「新右翼」とかいうニックネームで呼ばれなくてもいいだろう。ソ連も崩壊し、左翼もなくなりつつあるのだ。右翼だけが残るのもおかしい。右とか左とかに区分けして安心している時代は終わった。テロやゲリラで団体の言い分を通すのではなく、誰もが自由に言論の場に上げて闘うべきだ。そんな時代に来ている。

…と、そんなことを書いただけだ。野村さんだって「テロ肯定」といいながら最後は誰も傷つけず、誰も殺さず、自分を殺すことによって「大きな言葉」を残した。だからこそ多くの人々の心を打ち、考える契機を与えたと思う。

平成二年に増補版を出した時、「増補・昭和の終わりと平成時代の民族派運動」を書き加えた。その最後の部分もこれと同じことを書いた。我々の言っていることは「一般の声」になる。戦後的諸問題も堂々と皆でオープンに論議される時代になるだろう。その時は、わざわざ「新右翼」というあだ名で我々が呼ばれる必要のない時代だ……と。

そして四年たった今が「その時」だと思う。だから『脱右翼宣言』は『新右翼・増補版』の続編的なものだと僕は思っている。それとその少し前（去年の七月）に日新報道から『これが新しい日本の右翼だ』を出した。これも『新右翼』の延長上にある本だ。というのは『新右翼』は、いわゆる新右翼の歴史や現状を書いたものだが、日本の右翼そのものの発生から今までを書いてほしいと頼まれて書いたものだ。

「右翼」「左翼」という言葉はフランス革命後に初めて生まれたという。つまり二百年の歴史しかないわけだ。それが日本に入って来た。さらに「俺は右翼だ」と自任する人々が現われてきた。そういった歴史、時代背景を含めて書いてみた。興味のある人は読んでほしい。

今回、この『新右翼』増補版の増補を出すに当たっては新たに野村秋介さんについて三十二枚書き下した。それと年表（平成二年六月から六年五月まで）二十三枚を書いた。さらには、野村さんの遺言ともいうべき一文を入れ、最後にこの「あとがき」を書いている。本当を言うと、野村さんのことだけでなく、まだまだ書かなくてはならないことがある。しかしそれは又、時間のある時に挑戦してみることにする。今日は「年表」だけで我慢してもらいたい。

年表を書いていて改めて思ったが、この四年間だけでもいろんなことがあった。ざっと見てみても…。平成二年には湾岸戦争が起こり、日本の対応が迫られた。この頃から憲法改正はタブーではなく大っぴらに論じられるようになった。一水会はイラク支援を言って右翼の中からも総スカンを食った。大嘗祭をめぐっては論議の場に引っぱり出された。

平成三年はフランスのクレッソン首相の侮日発言があり、僕らも抗議した。ただ、クレッソン人形を斬首するというパフォーマンスをやり、「やりすぎだ」「悪のりだ」と非難を浴びた。野村さんは映画やビデオをつくり、さらに若い人達に訴えようと精力的に駆け回っていた。持ち時間がないと思っていたからなのか。又、金丸信抗議、攻撃が活発になり、火炎ビンを自宅に投げつける事件が続いた。

平成四年には「暴対法」反対で新右翼、新左翼、ヤクザの三派共闘が成立し、集会、デモをやった。マスコミには「世紀末のマンガだ」「理念のない野合だ」とさんざんからかわれた。又、ソ連崩壊をうけて新生ロシア大使館と右翼団体トップとの話し合いが持たれた。かなりいい雰囲気で話し合いは進められた。「時代は変わった」と思った人が多かった。

この年は一水会が結成二十年を迎えた。僕がサンケイ新聞に勤めている時に学生運動のOB達が作ったのが最初だ。サラリーマンのサークル活動のようなものだった。それがいつの間にか二十年だ。それに僕は学生運動から含めると三十年近くこの運動をやっていることになる。

この年の夏は民族派にとってさらに画期的なことがあった。野村秋介さんを中心に「風の会」が選挙に打って出た。結果は敗れたが善戦した。又、「生テレビ」で右翼特集をやった時と同じように、国民に自分たちがどう思われているかが分かった。又、国民に分かってもらうにはどんな訴え方をしなくてはいけないか。言論のルールをどう守るべきか。そうしたことも分かってきたし、このままの運動スタイルではいけないと皆反省した。これは大きかったと思う。

「風の会」の闘い方をめぐり中でも激しい討論があり、外からも批判をあびた。その問題は今でも残っている。しかし全国の右翼・民族派が結集して野村さんを国政の場に出そうとした。つまり、テロやクーデターで国家を変えようというのではなく、議会制民主主義を認め、そこで言論で闘おうと方針を転換したのだ。さらに選挙運動中は、黒い街宣車、軍歌は一切禁止。ポスター、チラシにも「天皇制、憲法改正、北方領土返還」などは一切書かれていない。なんだ右翼のミニ政党かと思われないためだった。

右翼・民族派はその一部にはなっていても、広く国民運動をおこし、国民政党を作ろうとしたのだ。だから（いろいろと批判はあったが）横山やすしなどの芸能人の力も借りたし、評論家、文化人、大学教授の力も借りた。今までのように嫌われてもいいから大きな声で街角で言いたいことを絶叫するというのではなく、言いたいことを控えて「言論の場」「発言の場」を得ようとしたのだ。

もし野村さんが当選していたら右翼・民族派も根本的に変わっていただろう。あんなに早く死ぬこともなかった（と僕は思う）。又、この波乱、激動の日本政治の中にあって、かなり面白い動きをしてくれたのではないか。そう思うと本当に残念だ。

この選挙の敗北のショックは大きかった。さらに「週刊朝日」でブラックユーモアだが「風の会」を「虱（しらみ）の会」と揶揄された。それから朝日新聞との闘いがはじまるし、次の年の野村さんの自決へとつながる。

この年には僕ら一水会が「よど号」ハイジャックの赤軍派の人々の招きに応じて北朝鮮を訪問す

る予定だった。これも実現していたらかなり面白かったと思うのに、残念だ。この年はいろんなことがあった。天皇訪中をめぐり右翼側から反対の動きが出た。「天皇を政治利用するな」というのが表向きの理由だが、アメリカはよくて中国は悪いというのは中国が社会主義の国だからだ。「天皇訪中反対」というのはつまり右翼の好みを天皇に押しつけることにならないか。そういう意見も出た。僕もそう思う。

それに中核派も右翼も「天皇訪中反対」と全く同じようなビラを貼っているのに違和感をおぼえた。昭和天皇の時ならこんなことは起きなかっただろう。「昭和天皇は偉大だったが今の天皇は…」という頼りなさを右翼が感じていることは事実だろう。「国民と共に憲法を守る」と断言された天皇についても戸惑った右翼が多かった。それが次の年の「宝島30」の「皇室の危機」をめぐる論争にもつながってゆく。

こうした右翼の危機感を懸念してか「暴対法」「暴騒音条例」などのしめつけが図られてくる。さらに国政を揺るがす皇民党事件が発覚する。「政界と右翼の癒着」が大袈裟に言われる。

平成五年は天皇陛下が沖縄に行かれた。部落解放同盟に呼ばれて僕が講演に行った。こういうチャンスを与えてもらい本当にありがたかった。六月九日、皇太子さまのご結婚。当日夜に衛星チャンネルで矢崎泰久氏と「天皇制、是か非か」をめぐって激論。なかなかいい企画だと思った。ところが、「こんなお目でたい日に何事か」と電話やＦＡＸをもらい僕も非国民扱いされた。

天皇問題では「宝島30」が火をつけた「皇室の危機」論争が大問題になる。僕も何度か書いたり喋ったりした。さらに右翼の焦燥感もあった。ソ連も「反共」もなくなり、最後に守るものと思っていた天皇までが「憲法を守る」といわれ、「開かれた皇室」をめざしておられるようだ。これでいいのか。皇室はおかしいと「憂国派」ゆえの皇室批判が起こってくる。「宝島30」や「週刊文春」はそうしたムードを察知し、あるいは先取りして問題提起をした。と言えるかもしれない。

そんな騒ぎも収まりかけた中、突然、野村秋介さんの自決事件が起こった。「突然」と書いたが、野村さんにとっては前々から考えていたことだろう。十年前に府中刑務所を出てから、ずーっと考えていたように思う。自決当日は全日空ホテルで民族派のシンポジウムがあった。又、その日、野村さんの『さらば群青』(二十一世紀書院)という本が出て会場受付に並べられていた。本の帯には、「戦闘的ナショナリストの遺言」とはっきり書かれていた。しかしそれでも誰も気付かなかった。野村さんなりの厳しい表現かと思っていたのだ。

又、やはり会場受付には「天の怒りか地の声か」と題する野村さんのメッセージがおかれていた(注:これはこの本の資料編に入れた)。「まるで遺言のようだな」と参加者は言い合っていた。しかし、それでも本当の遺言だとは思わなかった。その前から、「もう死ぬしかない」「死にざまを見せてやる」という厳しい言葉が何度となく野村さんの口から発せられていた。だから僕らも麻痺していたのだ。

野村さんの自決をめぐっては、まだまだ分からないことが多い。僕だって百%は理解できない。三島のように死にたいという美学は分からないわけではない。「言論」に対する責任とはこんなに重いもんだよという野村さんの覚悟、真剣さも分かる。しかし、それでも、もったいないと思う。何とかして生きて、生きのびて闘ってもらいたいと思った。

府中から出てきた直後に対談した時は「新右翼でいいじゃないか」と言っていたが、ここ三、四年は、「俺のことをもう右翼と呼ばないでくれ」と言っていた。そんな野村さんだから僕の『脱右翼宣言』やこの第二次増補版『新右翼』にも笑って納得してくれるだろうと思う。あるいは、「まだまだ、お前は甘い」と叱られるだろうか。ともかく、そうしたことについても、もっともっと話してみたかった。

平成六年になってからは四月一日に野村さんの後輩による朝日新聞襲撃事件がおこっている。彼らの思いつめた気持ちは分かるが、何とも残念だと思う。これから「新右翼」はどうなるのか。これは現在進行形だ。この本はまさに進行形の本だ。それについては又、次の機会に書いてみたい。

大急ぎで平成二年から六年までの年表の解説を書いてきた。この各々についても、もっと詳しく書きたいが紙面が尽きた。次の機会にやりたい。又、興味のある人は最近出版された僕の『90年代のナショナリズム』（長崎出版）を読んでもらいたい。イラク支援、「よど号」ハイジャックの日本赤軍との交流、ロシア大使館との話し合い、クレッソン斬首事件、ネオナチをどう見るか…などについて、それぞれ一章をもうけて書いている。

では、このあと書きもこれで終わりだ。読んで下さった皆さんに感謝したい。そして、近いうちに又、もっとちゃんとした形で増補版を作りたいと思っている。こんな形で第二次増補、第三次増補と加えていったら、この本も厖大なページになってしまうかもしれない。それが心配だ。まあ、その時は何冊かに分けて出すことになるかもしれない。ともかく、僕のライフワークとしてこの『新右翼』は何度も何度も書き足し、手直ししながら書き進めていきたいと思う。これからもご愛読のほどを。

平成六年五月十二日

鈴木邦男

# 改訂増補版あとがき

こういう本も珍しい。一九八八年二月に初版を出して、一七年になるが、四年おき位に増補版を出している。「新右翼」運動そのものが生きて動いているからだ。本も成長し、どんどん頁も増えていく。増補の書き下し、資料、年表の追加で、今や初版の倍近いのではないか。そして、僕が書き続けている本、というだけでなく、右翼運動の「資料」になっている。新右翼運動についてまとまった本が他にないこともある。何か事件があると参考にされる。僕が原稿を書く時も参考にしている。年表や声明文などは特に助かっている。自分で書いた本なのに、自分の手を離れて、客観的な資料・文献・辞典のようになった。その点はちょっと怖いし、責任を感じている。これからも、自分のライフワークとして書き続けていきたいと思う。

この本の表紙は三島由紀夫だ。一九七〇年の三島事件に触発されて「新右翼」は生まれたからだ。本文にも書いたが、三五年前、三島は「憲法改正」を訴えて自決した。憲法改正は軽々しくいえないテーマだった。ある意味、タブーだった。だから三島もそれを言うために生命を賭けなければならなかった。しかし今は、誰もが軽々しく、「憲法改正」を言い、「愛国心」を言っている。隔世の感がある。

日本全体が総右傾化、総保守化だ。しかし、思想的な転回ではない。思想なき管理化であり、保守化なのだ。そして警察国家化だ。憲法改正、愛国心、日の丸・君が代…も、その次元で国家に利用されているのだ。その証拠に、国家に逆らい、自分の頭でものを考える人達は容赦なく弾圧されている。

今年（二〇〇五年）二月一四日、文京シビックホールで、「おかしいぞ！警察・検察・裁判所」というシンポジウムに参加した。僕は二〇〇四年一〇月に、『公安警察の手口』（ちくま新書）を書いたので呼ばれて、第二部で大谷昭宏さん（ジャーナリスト）と話をした。第三部では元大阪高検公安部長の三井環さんが話をした。三井さんは、検察の裏金作りを内部告発しようとした矢先に、「口封じ逮捕」をされた人だ。又、第一部では、立川反戦ビラ裁判被告、JR労組逮捕事件被告、葛飾ビラ逮捕事件関係者が、警察不当逮捕の実態を告白していた。郵便受けにチラシを入れただけで逮捕され七五日も勾留される。共産党が区政報告を郵便受けに入れたら、それも逮捕される。組合内で口論があったら、それだけで「強要罪」をデッチ上げられ、七人が逮捕され、一年間も勾留された。警察は何でも出来るのだ。検察・裁判所も一体となっている。

「昔は火炎瓶を投げても二泊三日だったよ」と昔の活動家が言っていた。今なら何年かは刑務所だ。昔、僕らは、ビラ貼りでよく捕った。朝までとめられ調書をとられた。あー、一日ムダにしたな、権力は酷いたと思った。しかし今だったら何年ぶち込まれるか分からない。なんせ、家庭のポストにビラを入れただけで七五日も勾留される時代だからだ。商店街には、「この商店街は防犯カメラで守られています。安心してお買物して下さい」と書かれている。日本中が監視カメラだらけだ。それに、警察官がいきなり通行人を呼び止めて、鞄の中味を改めたりしている。酷い話だ。でも警察に逆らったら大変だと、おとなしく見せている。

一般の人も従順だ。「だってそれは過激派から僕らを守るためにやってるんでしょう」という。だから自分には関係ないと思っている（本当は違うのに）。又、「安全の為ならば自由を制限されても仕方ない」と思っている。支配されたがってる人々かもしれないが、公安（警察）もそれを最大限に利用する。「新左翼の過激派がまだいるぞ。爆弾を造っているぞ。新右翼だって、テロやクーデターをやろうとしてるんだ」と恐怖を煽り、「だから公安は必要だ」と言う。最近では、アルカイダなど「国際テロ」の危険性を盛んに言う。

右も左も活動家は生きにくい時代になった。ほとんどは暴力路線を捨てて、合法的な市民運動的にやっているのに。又、国会や県議、市議を目指したり、反戦運動、環境運動に取り組んでいるのに。「いや、それは擬装だ」と決めつけ、ビラ配り位で逮捕している。本当は、そんな公安の方が思想的に武装された「日本最大の過激派」なのだ。

それに公安は、自分たちこそが日本を守っている「愛国者」だと自認している。「殺人犯やドロボーが捕まらなくても日本はビクともしない。しかし、左右の過激派は日本を転覆させようとしている。我々は、それを監視し、先んじて捕まえる。この日本を守ってるのは我々だ」…と。

とんでもない話だ。治安を乱しているのは公安だ。合法的にデモや集会をし、ビラを配布しただけで捕まり、長期拘留される。これでは「合法運動」をしている意味がない。だったら、普段は何もしないで、休みの日に、爆弾を投げた方がいい。その方が公安にはマークされないし、ずっと「安全」だ。そう思う人間も出る。つまり、合法運動家を非合法運動に追いやることになる。これではまずいだろう。一般の人も「公安の論理」に洗脳されている。〈思想戦争〉では公安の方が優位だ。国民も、「安全の方が大事」「過激派はこわい」と思っている。

そんなことを、『公安警察の手口』では書いた。書いた後で、あっ、僕のデビュー作と似てるなと思った。僕が初めて本を出したのは、ちょうど三〇年前の一九七五年一〇月だ。『腹腹時計と〈狼〉』(三一新書)だ。この時のサブタイトルは、「〈狼〉恐怖を利用する権力」だ。どちらも権力(公安)の手口についての告発だ。自分自身も、原点回帰なのかもしれない。『腹腹時計と〈狼〉』は三島事件の五年後に出ている。この本が出た直後に野村秋介さんと対談した。この『新右翼』の「資料編」に入っている。その中で野村さんは、「三島事件のこだまが〈狼〉になってできていると思うし、この〈狼〉の行動が右の方に反響すると思うね」と言っていた。実に示唆的だ。

それまで、長い間、右翼は権力や公安とは、なあなあだった。中には、「公安は反共の仲間だ」と本気に思ってる右翼も多かった。ここでも洗脳されていたのだ。「権力との対決姿勢があるかないか。それで本物の右翼か否かが分かる」と野村さんは言っていた。野村さんとのこの対談「反共右翼からの脱却」は、「新右翼を作った対談」と言われた。でも、この『腹腹時計と〈狼〉』がなかったら、対談は実現しなかったと思う。その意味では貴重なデビュー作だ（なお、この本は絶版になり、その後、彩流社から『テロ』と解題され出ている）

そして三〇年たって、『公安警察の手口』で、このデビュー作に戻っている。新右翼は〈反権力〉である。別に非合法をやるわけではないが、精神において、運動の姿勢において反権力である。それだけは忘れないでいこうと思っている。

平成十七年三月七日

鈴木邦男

# 「右翼」との決別——新改訂増補版あとがき

「あとがき」を書くのが、つらい。苦しい。出来ることなら、こんな「あとがき」は書きたくなかった。「あとがき」を書く時、こんな気持になるのは初めてだ。初めての体験だ。今まで七〇冊ほど本を出してきたが、この本が一番愛着がある。愛しい。自分が運動に入ってからの〈全て〉がある。いや、運動に入る前から書かれている。だって、「たった一人の卒業式」から始まっている。高校三年の卒業間際に、教師を殴って退学になった。それから教会に通い続け、懺悔の生活をして、やっと退学だけは取り消してもらい、半年後、「たった一人の卒業式」に臨んだ。「やけになるなよ」と言った校長先生の言葉が忘れられない。普段はおとなしく、気弱で、ボーっとしているくせに、何かあると、カーっとなって自分で自分を制御できなくなる。自分の中に凶暴な狼がいる。そう思ってきた。早稲田大学に入り、「生長の家学生道場」から通学する。そして全共闘と出会い、戦いの日々が始まる。普通の学園生活はなかった。でも、戦いの中でも充実していたし多くの先生、先輩、仲間たちに会った。勉強し、闘っていく。そして、「この国を救うのだ」という使命感があって気持が昂揚していた。その「手応え」もあった。楽しかった。「こんな運動が永遠に続けばいい」と思った。その通りになった。一時期、新聞社に勤めたが、又、運動の世界に引き戻された。運動が好きだったからだろう。しかし、大きな敵と戦うだけではない。内部抗争もあったし、運動の世界から追放されたこともあった。自分の中の〈狼〉が暴れ出し、過激な運動に走って逮捕されたことも何度かあった。陰惨な事件にも巻き込まれた。勝手なことを言って、仲間たちから批判、糾弾されたことも多い。それは今でも続いている。その〈全て〉がこの本にはある。「同時進行の貴重な運動史」と帯に書かれていた。その通りだ。だから僕にとって一番、愛着のある本だ。

この本が初めて出たのは一九八八年だ。もう三〇年近く前だ。そして何度も何度も書き加えられた。三〇年前から、ずっと書き続けてきたようだ。三〇年もの長い間、書店に置かれ、それに書き加えられ、新しくなっていく。「新右翼」の歴史を書いたものとして、他に本がなかったからだろう。貴重な資料となった。又、「新右翼」の考えも、運動スタイルも変わり、その変化の過程も書かれている。運動の歴史であると共に、自分自身の歴史でもあった。永遠に書き続けるのだ、と思っていた。だが、永遠なんてない。人生にも、本にも。今迄何度も書き足し、その都度、「あとがき」を書いてきたが、これが最後の「あとがき」になる。

この本のタイトルになった「新右翼」だが、これは自分たちで言い出した言葉ではない。評論家の猪野健治さんが名付け親だ。一九七五年頃、「今までの右翼とは違う」と言って、「新右翼」と名付けたのだ。他人から付けられた「あだ名」のようなものだ。でも、それまでの右翼に不満を持ち、ダーティなイメージでみられることの多かった「右翼」とは違う。そう言ってもらい、ありがたかった。だから、「あだ名」でありながら、「こう言われている」と言って、自分から使った。この本も、そのあだ名がタイトルになっている。「最終章」で書いたが、今、時代が大きく変わり、「右翼・左翼」は、ほとんどなくなっている。でも「あいつは右翼だ」「こいつは左翼だ」というレッテル貼りは、盛んになされている。実体がない分、そうしたレッテル貼りの言い争いは横行している。又、少ない勢力の中で、「自分たちこそ真の右翼だ」「俺たちが本物の左翼だ」と言う人々もいる。「ラストサムライ」のようだ。そして、「新右翼は、本物の右翼ではない」「ニセ者だ」とも言われた。これは、ひとえに僕の責任だ。その時々で、かなり思いつき的に言ってきたことが批判された。又、僕自身、書いたり、喋ったりすることに、正確さ、誠実さを欠いていた。人間の信用もない。友人も少ない。だから誤解が誤解を呼んで、多くの人たちに迷惑をかけてきた。そんな恥多き、運動の歴史でもある。楽しかったし、誇らしくもあった。と同時に、恥ずかしくて思い出したくない過去もある。何であんなことをしたんだろうと思うことも多い。でも、それら全てを抱きしめて、愛しいと思う。これは愛国心と似ている。失敗も反省も含めて、その全てを抱きしめ、愛しいと思う。その気持が愛国心で、同じように運動に対する「愛」が、この本だ。

僕が一水会の代表をやめ、木村三浩氏が代表になってから、運動は飛躍的に伸びている。もっともっと早く替わるべきだったと思う。木村氏がクリミヤに鳩山由紀夫元総理と一緒に行ったことに対し、マスコミや右翼から、かなり攻撃を受けている。一水会の事務局や木村氏の自宅が右翼の街宣車に押しかけられ、街宣をかけられる、という事態も起きている。「こんなことをやる人間はもう右翼ではない」そう言われる。それなのに「新右翼」はマスコミに出る機会が多い。一部の特異な主張であり、運動なのに、あたかもそれが全ての右翼を代表しているように思われ、誤解される。そう批判された。木村氏もこれは真剣に受けとめ、よく話し合ってきた。そして、「自分から右翼」とは言わないと言った。〈今後、私および一水会は、これまでの様に右翼団体の名を自ら呼称することやめ、社会政治活動家・思想研究者などの名称のもとに国家革新運動を展開します〉と言っている。

かえってよかったのかもしれない。神聖な「右翼」という名は、返上し、自分たちは社会、政治運動をやる。かえって広い視野とフィールド与えられたようだ。これは「一水会独自活動宣言」だ。そんな時に、この『新右翼』も終わる。長らく読んで下った方たち、応援して下さった方々にお礼を言いたい。特に、彩流社の茂山和也さんには本当にお世話になり、ご迷惑をかけました。おかげで、三〇年間、楽しく続けることが出来ました。次はどうなるのか。木村氏が新しいシリーズを書くのか、あるいは、新たな社会政治活動の報告集を出すのか。考えてみたい。

平成二十七年六月二十七日

鈴木邦男

# 鈴木邦男『新右翼』〔最終章〕へのあとがき――追悼にかえて

木村三浩

令和五年一月一一日午前一一時二五分、一水会・鈴木邦男顧問が、誤嚥性肺炎により七九歳で逝去いたしました。

故人を静かに見送りたいとのご遺族のご意向を受け、一水会としては一月二六日に訃報の一報を受けてから、翌二七日に近しい関係者にお知らせするとともに、一四時にツイッターで訃報を発表させていただきました。その直後から電話、メール、ツイッターに五〇〇〇件を超える弔意の言葉をいただきました。しかも、ツイッターアクセス数は二〇〇万件に達しました。

皆様から鈴木邦男さんに寄せられた弔意に心より感謝申し上げます。また、鈴木さんがやってこられたことの重みをひしひしと感じ、改めて身の引き締まる思いです。

さて、この「新右翼」シリーズは、平成二七年八月発行の新改訂増補版で「最終章」となるはずでしたが、令和の時代に入り、鈴木さんの旅立ちをもって、再び蘇らざるを得なくなりました。鈴木さんはこの「あとがき」で、「一水会独自活動宣言のもとに、国家革新運動を展開することがかえってよかった」と指摘し、「次はどうなるのか、新しいシリーズを書くのか」との宿題を出していました。

鈴木さんが本書の中で綴ってきた思いは、いままさに的確に日本をなぞるような状況になってきています。日米同盟という安全保障体制にますます組み込まれ、現状は対米従属国家の固定化が進んでいっているからです。米国の軍産体制に煽られる形で、国家権力が愛国というキーワードを用いて、アジアにおける好戦状況に走らせる可能性が出現しています。

世界は依然として列強のグローバリストによって牽引され、政治、経済、安全保障分野などのシステムが、富める者をより富ませるように形成されています。国家の主権を制限しつつ、ダブルスタンダードが平然と行われる不公平、不平等が現出しているのです。

まさにこういう世界システムに抗い、正義や反戦平和を構築するために、改めて自主独立日本を創出するための陣形を作らなければならず、一水会と「レコンキスタ」はそのために闘ってきたといえます。

皆様もご存じかもしれませんが、一水会機関紙「レコンキスタ」はスペイン語で失地恢復を意味します。戦後占領体制の「失地」状態で剥奪された我が国の主権・領土と日本人としての魂を「恢復」させることが一水会運動の核心です。

「日本の民族派団体が機関紙の名称にスペイン語を使うのはそぐわないのではないか」との

声も結構ありました。平成二年からのアラブ諸国、とくにイラクとの関係構築や、米国の侵略戦争に対抗するために、たとえば「『ジハード』などの名称に変えたらいいのではないか」などの意見もありました。また近年では、より意味を明確化するため、「日本語の『恢弘』などに変更する」といった案もありましたが、一水会創立時代につけた斬新さを尊重して、歴史の継承として機関紙名を「レコンキスタ」にとどめています。

私が一水会の門を叩いたのは昭和五五年ごろで、鈴木さんの『腹腹時計と〈狼〉』『現代攘夷の思想』『時代の幽閉者たち』などを読んで共鳴し、ご指導をいただくことになりました。昭和五六年には統一戦線義勇軍が結成され、私が議長に就任。なんだかんだ鈴木さんとの縁は四十数年になりました。「産経新聞」が、鈴木さんの訃報で「右翼版全共闘を作りたかった」と報じていましたが、規模は全く違うにせよ「義勇軍」もそのような試行の延長線上にあったのかもしれません。

この間、さまざまな活動がありました。まず、米ソ冷戦時代には反米愛国、抗ソ救国を掲げ、急進的な火炎瓶闘争なども行ってきました。そのような過程で日本民族独立義勇軍の行動や問題提起、見沢知廉氏の組織内粛清事件などもあり、警察当局からの家宅捜索や弾圧が頻発し、まさに闘う歴史であったわけです。

鈴木さんがよく言っていたように、「民族派には言論が与えられていなかった」時代であり、問題を顕在化させるための行動として急進的な行動がとられ、警察とも緊張状態が続いた時代であったのです。対公安警察においては、今日でも昔とさほど変わらない姿勢で対峙していますが、我々の主張の訴える方向性がより政治的解決を見出していくことに特化したため、合法的活動が主体となっており、問題解決のアプローチに幅が出てきているといえます。ある意味で、運動の幅と影響力と存在自体の政治力が増してきたということなのかもしれません。

ここ一〇年近くは「レコンキスタ」の新年号に鳩山由紀夫元首相、自民党閣僚経験者、与野党国会議員、大学教授、ジャーナリスト、評論家、各国大使などの方々から新年のメッセージを寄せていただいています。

また、対米自立・日本の独立のための連帯の幅が大きく広がっています。これまでコツコツと積み上げてきた実が少しずつ大きくなってきたようです。社会的認知度が少しずつですが増していっているのではないでしょうか。

毎月恒例の「一水会フォーラム」は、令和五年二月で二四〇回を数えました。ざっと計算しても二〇年間毎月講師を調整して勉強会を開催しているということであり、活動の一つの実体であるといえます。一水会フォーラムは、以前は「一水会現代講座」、その前は「民族派青年学生勉強会」、さらにその前が「一水会勉強会」の名称で開催され、参加者数は毎回平均五〇名弱ですが、五〇年間で六〇〇回以上開催しています。

鈴木さんは言論に力を入れ、言論の覚悟として単著共著含め一〇〇冊弱の著書を上梓しています。「レコンキスタ」もタブロイド判八ページからブランケット判八ページに変わって一〇年以上が経ちます。今年一月、ツイッターのフォロワーが四万六二五〇を数え、同月二〇日には「レコンキスタ・オンライン」を公開し、好評をいただいています。我々の考え方、思想と行動を現代のツールに載せていくための努力をしているところです。
また、さまざまなメディアに登場し、我々の主張と行動を訴えています。それればかりではなく、具体的に政治的問題、社会的問題を是正するために現場主義を徹底し、実りある活動を展開しています。

本書の「新右翼運動関係年表」にも書かれていますが、一水会は平成二七年五月二二日に「独自活動宣言」を発表しました。それ以来、一水会は自らを新右翼団体と名乗るのをやめました。右翼という狭いカテゴリーにとどまるのではなく、活動の幅を広げ、機関紙「レコンキスタ」でもさらに多彩な視点からの問題提起が可能になったわけです。その甲斐があってか、さまざまな分野や領域から新たに戦線に加わってくださる方、信頼を寄せていただくことが増えたというのも皮肉ではないでしょうか。

我々の思想と行動が、創設時の「三島由紀夫・森田必勝両烈士の果敢な行動を原点とし、日本の国家革新・真の独立を達成する」ことにある点はいささかも変わることなく、戦後体制の打破、真の独立、尊皇を基調としています。

それを踏まえ、新右翼という旗を掲げてきた鈴木さんの崇高な思想と行動に敬意を表します。鈴木さんからの宿題は大変重いのですが、それと真剣に格闘していくことが、まず私の使命であると思います。そして、鈴木さんが常々言っていた「国家は暴走する。その手段を愛国に置き換える」——そこを峻別していく判断力と覚悟を持って、一水会の旗を守っていきたいと思います。私なりに、今日まで担ってきたことをさらにバージョンアップして継続していく所存です。

この闘いを通し、所期の目的を達成するまで、民族派の灯を燃やし続ける最大限の努力を重ねていくことが、鈴木さんに報いることになると思います。これは、民族派・一水会の運動体を後継する者たちの使命であり役割であると認識します。

鈴木邦男顧問の御魂に、衷心より哀悼の誠を捧げます。合掌。

令和五年二月一八日